尽善尽美   弗求弗迪

DIGITAL
SIMULATION

数字仿真

三一集团
产品创新加速器

郤永军 主编

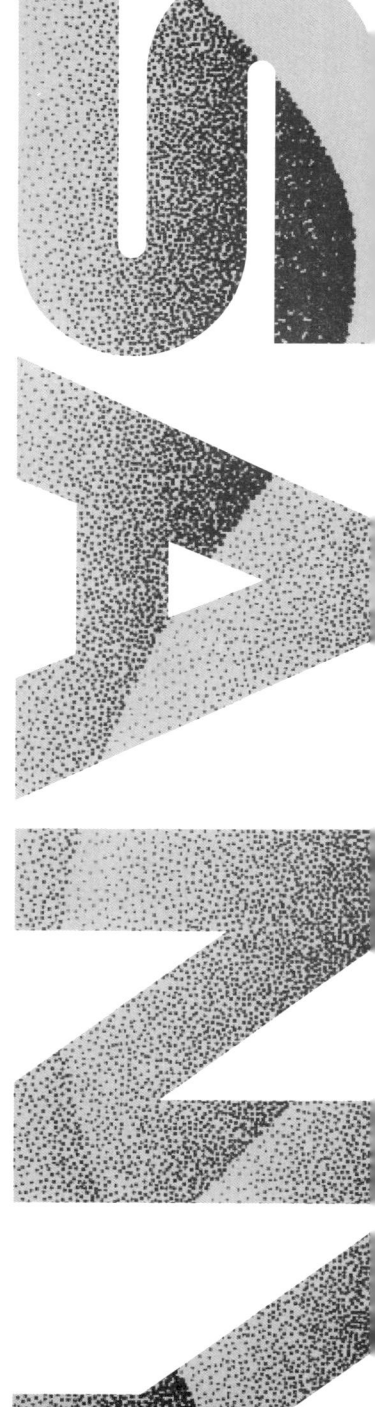

电子工业出版社
Publishing House of Electronics Industry
北京·BEIJING

未经许可，不得以任何方式复制或抄袭本书之部分或全部内容。
版权所有，侵权必究。

图书在版编目（CIP）数据

数字仿真：三一集团产品创新加速器 / 郄永军主编．
北京：电子工业出版社, 2025.5. -- ISBN 978-7-121
-50051-0

Ⅰ．F426.4-39

中国国家版本馆 CIP 数据核字第 20254ND729 号

责任编辑：王陶然
印　　刷：三河市兴达印务有限公司
装　　订：三河市兴达印务有限公司
出版发行：电子工业出版社
　　　　　北京市海淀区万寿路 173 信箱　邮编：100036
开　　本：720×1000　1/16　印张：14　字数：250 千字　彩插：3
版　　次：2025 年 5 月第 1 版
印　　次：2025 年 5 月第 1 次印刷
定　　价：69.00 元

凡所购买电子工业出版社图书有缺损问题，请向购买书店调换。若书店售缺，请与本社发行部联系，联系及邮购电话：（010）88254888，88258888。
质量投诉请发邮件至 zlts@phei.com.cn，盗版侵权举报请发邮件至 dbqq@phei.com.cn。
本书咨询联系方式：（010）68161512，meidipub@phei.com.cn。

编委会

主　编　郊永军
委　员（按姓氏拼音排序）
　　　　黄丽美　李栋升　李　婷
　　　　廖建国　夏学文　杨　涛
　　　　张　凡　张　涛　周诗纬

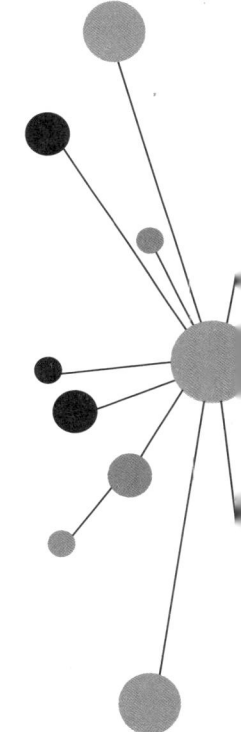

Preface 推荐序一

数字仿真是三一[①]研发创新的核心技术之一，是三一打造产品全球竞争力的有力工具，在三一积极践行"全球化、数智化、低碳化"的"三化"战略中发挥了至关重要的使能作用，留下了浓墨重彩的一笔。

当今世界处于百年未有之大变局，中国经济需要转型升级，寻找新动力。习近平总书记关于"新质生产力"的重要论述，符合中国经济现阶段发展要求，是中国式现代化建设的重要理论成果，也是我国高质量发展的主要任务，为中国经济的高质量发展指明了方向。对三一而言，绝不能错过时代赋予的机会。于是，三一于2023年提出了"全球化、数智化、低碳化"的"三化"战略。

在全球化方面，海外市场已成为三一的关键业务。本着"不出海就出局"的决心，为支撑全球化业务更好地开展，三一已建立"1+5+N"的全球研发体系，开发不同区域市场所需的产品，满足全球客户需求。2023年，三一销售额的60%来自海外，其产品销售已覆盖全球180多个国家和地区，实现了历史性的跨越。通过数字仿真技术的深入应用，三一产品的可靠性、舒适性、平顺性、动力经济性、环境适应性等核心性能大幅提升，这让三一产品在全球市场拥有极强的竞争力。

在数智化方面，三一围绕三个智能（智能产品、智能制造、智能运营），瞄准用户价值，对准业务场景，基于"数智蓝图"持续服务好三大生态（工程与建筑、矿山与物流、风电与新能源）。在智能产品方面，三一推出行业首台5G无人挖掘机、全球首台无人电动混凝土搅拌车、无人压路机、无人摊铺机、无人起重机、消防无人机等重量级无人装备，引领行业率先迈入"无人时代"；通过应用数字仿真技术，精确模拟无人装备在抢险救灾、高危施工等复杂场景下的作业性能，提升作业可靠性与安全性。在智能制造方面，三一大力建设智能制造工厂和数字化车间与生产线，通过引入工艺仿真、生产线物流仿真、工厂数字孪生等技术，提升了加工制造与生产效率，实现了对生产过程的全面监控和优化，显著降低了运

[①] 本书将三一集团有限公司简称为"三一"。

营成本，当前已有 40 余座"灯塔工厂"建成投产。在智能运营方面，三一工业互联网平台已实现 1.8 万台设备、2.3 万个"四表"（水表、电表、气表、油表）、4.6 万个摄像头的实时接入，2023 年节约能源费用 1.2 亿元。

在低碳化方面，三一紧抓低碳转型所带来的经济和产业机会，积极促成传统工程机械的绿色低碳化转型。三一将新能源产业作为公司转型发展和第二增长曲线的主攻方向，已经布局了风能、光能、氢能、储能和新能源电池行业，发展态势良好。2022 年，三一重能（三一重能股份有限公司）成功上市，通过应用载荷仿真技术，实现风电叶片及机组轻量化设计，整机重量相比国外竞品优势明显。2023 年，三一发布全球最大单体制氢电解槽——S 系列 3000 标方方形电解槽，通过应用电化学仿真技术，碱性电解槽能耗达到行业领先水平。三一推出了 130 多款电动化新品，其中电动搅拌车、电动起重机等电动化产品的市场占有率稳居行业第一，电动化企业的龙头地位凸显。此外，三一通过应用热管理仿真技术，显著降低了电动化产品能耗，提升了续航里程。

当然，三一"三化"战略的成功落地离不开研发创新的持续发力。2023 年，三一重工（三一重工股份有限公司）的研发费用为 61.01 亿元，占营业收入的 8.33%，在行业处于领先地位，彰显了三一对技术创新的坚定承诺。2023 年，三一推出了 750 多种新产品、新技术，新增专利近 4000 件，发明专利申请占比同比增长 18.6%，高新技术立项和发明专利申请创历史峰值，获得"国家知识产权示范企业""国家知识产权优势企业"等 7 项国家级荣誉。数字仿真技术极大地提升了三一的产品研发创新能力，使其产品功能／性能在数字空间得到了充分的验证与迭代，使完全依赖物理样机的验证手段逐步转变为以数字样机为主的产品验证模式。在全新超大型挖掘机产品研发过程中，三一通过整机级数字样机技术的深入应用，显著提升了多方案选型、系统与零部件匹配效率，控制策略验证与调试周期由过去的 2 年缩短为 2 个月。

近年来，三一积累了丰富的数字仿真经验和实践案例，尤其是郄永军先生加入三一以来，进一步加速了三一数字仿真技术应用的宽度与深度。我相信本书不仅能给读者朋友们带来丰富的参考案例，同时也能带来对数字仿真技术应用价值的启发与思考。随着数字仿真技术与云计算、大数据、人工智能、增强现实（AR）／虚拟现实（VR）等先进技术的融合发展，数字仿真技术必将变得更加高效、更加智能，加速工业企业高质量发展步伐。

在机遇与挑战并存的时代，三一坚定推进新质生产力建设，怀揣长期主义信念，在充满不确定性的时代，把握确定性的力量。其中，最大的确定性，是两大旷世机遇：一是中华民族伟大复兴的中国梦，二是第四次工业革命叠加第三次能源革命带来的"超级技术窗口"。三一立足于历史的新起点，以新质生产力为纲，不断巩固和推进自身在全球化、数智化、低碳化方面的转型，坚持创新驱动，通过本地化生产和研发，不仅在产品和技术上实现了重大突破，更在国际市场上取得了显著的成就。展望未来，三一将继续坚持"品质改变世界"的企业使命和"创建一流企业，造就一流人才，做出一流贡献"的企业愿景，坚定不移地推进"三化"战略。在新时代的征程中，坚持以人为本和创新驱动，积极践行高质量发展要求，为中国打造一个世界级的民族企业。

向文波
三一集团党委书记、董事长
三一重工董事长

Preface 推荐序二

在我手中，是《数字仿真：三一集团产品创新加速器》的初稿，我怀着极大的兴趣和期待翻开了它。这本书不仅是三一多年实践经验的集大成之作，也是他们与业界同人分享数字化转型和数字仿真领域探索成果的诚意之作。我相信它能够为工程机械行业以及所有关注其发展的人士提供宝贵的参考。

凭借我在西北工业大学以及航空工业大型飞机总体设计单位——第一飞机设计研究院超过30年，中国航空工业集团信息技术中心超过10年，以及参加工业和信息化部、中国工程院、科技部多个项目的学习和工作经验，我对机械产品复杂的研制和生产过程有着浓厚的兴趣和超乎常人的爱好。10多年前，我有幸到访三一长沙总部，自此便开始关注三一的创新精神和实践成果。我曾参观过三一在国内外的多个工厂，包括北京桩机工厂和长沙18号工厂——两座被誉为"灯塔工厂"的重工行业标杆，以及在印度浦那的三一工厂（那里的本地化制造投资超过7.5亿卢比，当地市场保有量超过2.5万台）。三一在印度市场的成功，无疑是中印经济合作的典范。2024年4月，我再次带领企业家团队前往三一重工位于德国的普茨迈斯特（普迈）工厂学习。三一重工在2012年以3.6亿欧元收购了普迈[①]，到2023年，普迈的年收入已达到11亿欧元，成为中德经济合作的典范，并被纳入哈佛大学MBA案例。普迈的成功，不仅在于其盈利能力的持续上升，更在于其管理的不断改善。蒋向阳先生的一句话给我留下了深刻印象，即"不能用中国人的思维管理德国企业"，这或许就是三一在德国只有5人团队却能管理年销售额达到11亿欧元企业的秘密。

在这个快速变化的时代，工业的脉搏比以往任何时候跳得都要快。我们见证了数字技术以前所未有的速度改变着传统工业体系。三一作为工程装备制造业的领军企业，始终站在科技创新的前沿，不断探索新技术、新方法，以保持在市场

[①] 普迈是一家总部位于德国的著名工程机械制造商，以生产高品质的混凝土泵送设备而闻名。

竞争中的领先地位。

20世纪90年代，随着信息技术的飞速发展，传统的工业生产方式面临着前所未有的挑战。如何在保证产品质量的同时，提升生产效率、降低成本、减少产品投放市场的时间，成为每一个复杂产品制造企业面前的重要难题。波音公司率先在1986年至1990年，完成了4架飞机部件的三维设计、工艺、制造验证。在此基础上，波音公司形成了三大成果：世界上第一个三维设计标准，经过验证的成熟三维设计工具软件，以及培养了上百名掌握三维设计技术的工程师。凭借这些成果，波音公司于1990年决定在全新研制的波音777飞机上全面采用三维数字化设计制造技术。有了完整的零件、组件、部件、系统以及飞机整体的三维模型，在飞机研制过程中，如何确定飞机的气动布局和总体布置？如何选择材料？如何确定各种零部件的静力、动力、强度、疲劳性能？此时，数字仿真技术以其独特的优势，逐渐走入人们的视野。它不仅可以帮助人们更精确地模拟产品的性能，还能在产品设计阶段就发现问题，减少实物试验次数，大大缩短研发周期。简单来说，就是用全面的、精准的数字模型来做数字仿真，并以此研制新型工程机械产品、简化产品试验系统、减少产品试验次数，目的是缩短产品研发周期，降低研发成本，提高产品质量，提高客户满意度。最终，波音777飞机采用三维数字化的建模仿真技术，仅仅用了四年半的时间，就飞上了蓝天，比同类飞机传统研制方式缩短了超过一半时间。

三一很早就意识到数字仿真技术对未来工业发展的深远影响，并将其作为推动企业创新和发展的重要手段。三一建立了专业的仿真与数字孪生专业委员会，整合了结构仿真、振动与噪声仿真、多体动力学仿真等多个学科的知识和技术，形成了完整的数字仿真体系。本书详细介绍了数字仿真技术在三一的具体应用实例，从挖掘机结构件的疲劳寿命仿真到电动堆高机的振动舒适性仿真，再到氢燃料牵引车的动力经济性仿真，每一个案例都是三一将理论转化为实践的真实写照。通过这些具体的应用场景，读者不仅能了解到数字仿真技术的强大功能，更能感受到它为企业带来的实实在在的利益。

数字仿真技术体系性强，对技术人员的要求极高。多年前，我就说过："智能制造的难点是建模，焦点是仿真，最重要的是大规模工业软件的应用。"那么，大规模工业软件应用的规模有多大呢？1994 年 6 月首飞的波音 777 飞机，由于采用了三维数字化设计制造技术，其应用的工业软件超过了 800 种；进入 21 世纪，波音 787 飞机在研制过程中更是应用了超过 7000 种工业软件，其中数字仿真软件数量超过 85%。实际上，工业软件是人类的知识结晶。人们不断对产品设计知识、工艺知识、生产制造知识、设备运行知识、远程维护维修知识、企业管理和决策知识进行反复迭代、重复验证，然后开发形成工业软件，从而解决了历史上人类知识口口相传、字纸文件相传的弊端。换句话说，工业软件让人类的知识传递变得非常简单，即它把人类智能变成了机器智能，让机器帮助我们实现复杂产品的高质量制造，也就是现在的智能制造。从长期来看，工业软件只会越来越多，因此如何实现统一的对话，就是相互能够听懂看懂、成为一致的工业语言，是一个世界性难题。2021 年，在海口举行的第十七届中国 CAE 工程分析技术年会开幕式上，我在致开幕词时说过，数字仿真是一项复杂的系统工程，如果把数字模型建模比喻为现代工业的皇冠的话，数字仿真毫无疑问是皇冠上的那颗明珠。以机械结构来说，建模仅仅是生成产品的几何数据，要形成工业产品的功能、性能数据，只能用基于复杂理论力学、材料力学、流体力学、固体力学、结构动力学的计算才能够完成。数字仿真后的结果，需要经过大量物理实验验证，并持续迭代优化、完善算法、定义边界条件，不断改进、提升、创新工业软件版本，通过持续多年的努力，才能够形成不仅能用，而且好用、易用的数字仿真软件，最后成为市场上的成熟商品。

数字仿真技术的发展前景无限广阔，只有想不到，没有做不到，关键原因在于数字仿真给了我们一个全新的赛博空间（Cyberspace），让我们可以随意遐想，任意遨游。随着新一代人工智能、大数据、大模型、AR/VR/MR[①] 等先进技术的不断融合，数字仿真技术正在逐步向智能化的方向迈进。三一致力于推动数字仿真技术与这些先进技术的深度融合，旨在实现更高层次的产品创新。此外，三一还积极探索数字孪生技术的应用，通过构建虚拟模型来实现对物理实体的全方位管理、监控与优化运行，从而开启一扇通往新一代智能制造的大门。

---

① MR，即混合现实。

这本书将三一在数字仿真方面的经验和心得与广大读者分享。我坚信，通过不断进行技术交流与合作，整个制造业将迎来更加辉煌的明天。无论你是学习理工科的大学生、从事技术研发的专业人士，还是对数字仿真感兴趣的普通读者，抑或是从事工业发展的研究者和管理者，我都诚挚地邀请你加入这场关于未来工业发展方向的对话中来。

让我们携手并进，在数字仿真的道路上不断前行，共同开创制造业的美好未来。

宁振波
中国航空工业集团信息技术中心原首席顾问
中国船舶工业股份有限公司独立董事
中国核工业集团特聘专家

Foreword 前　言

"推动三一仿真能力行业领先，达到世界先进水平"，这是三一集团创始人梁稳根先生在我入职三一时，对我提出的殷切期望。我已铭记于心，并将其作为一切工作的初心，不敢违背。2020 年 12 月，三一成立了数字孪生研究院，负责全集团仿真能力统筹与能力提升路径规划、共性重点 / 难点仿真技术攻关与应用推广、仿真人才培养与能力共建等工作，这标志着三一仿真能力建设迈入了快车道。近年来，三一陆续荣获了"中国仿真技术应用大会仿真技术创新优秀案例奖""中国仿真技术应用大会优秀仿真技术解决方案奖""中国数字仿真论坛数字仿真科技杰出贡献奖""数字孪生国际会议数字孪生创新应用奖""中国 CAE 工程分析技术年会优秀论文一等奖""工业和信息化部 2024 年全国仿真创新应用大赛一等奖"等多项荣誉，参与编制了 IEEE P3144《工业数字孪生成熟度模型和评价方法》《数字孪生模型评估规范》《制造业数字化仿真 分类》《机电液控联合仿真技术要求》等 10 余个国际、国家和团体标准。

从 2002 年到 2020 年，我在中国航空工业集团工作了 18 年，亲身经历了飞机装备从跟踪仿制、并驾齐驱到创新超越的跨越式发展历程。在这个过程中，系统工程方法以及数字化建模与仿真技术发挥了不可替代的使能作用。中国航空工业集团引入了国际系统工程协会基于模型的系统工程知识体系，累计培养了数百名与国际接轨的系统工程领军人才，建立了覆盖整机、系统、零部件开发全流程数字化建模与仿真体系。我作为中国较早一批通过了国际系统工程师认证和国际架构师认证的专业人员，有幸参与了 10 余种型号飞机的数字化研制工作，对数字化建模与仿真相关流程、方法与工具有了深刻认知。2018 年，由我作为主创人的"大型航空企业基于数字系统工程的正向创新型研发体系建设"项目荣获了第二十五届全国企业管理现代化创新成果一等奖，我本人也荣获了中国航空工业集团数字化杰出贡献奖。

三一非常重视产品创新，将产品创新作为事业发展的第一动力，而数字仿真技术是产品创新的重要驱动引擎。在三一，无论是混凝土机械、挖掘机械、起重机械、筑路机械、桩工机械、港口机械、石油装备、煤炭装备、商用车、装配式建筑 PC（预制混凝土）机械，还是风电装备、锂电装备、氢能装备、光伏装备，均可以利用数字仿真技术优化产品设计、提升产品核心竞争力（如结构件可靠性、驾驶室舒适性、整车平顺性、动力经济性、环境适应性、电磁兼容性等），打造高可靠、长寿命、低能耗的高质量产品。三一通过持续提升仿真方法成熟度，逐步减少并替代物理试验，缩短物理验证周期，降低研发成本。为了更好地帮助读者理解数字仿真技术的应用价值，本书"技术篇"从结构仿真、振动噪声仿真、多体动力学仿真、流体仿真、系统仿真和电磁兼容仿真六大学科入手，结合三一数字仿真最佳实践，为读者提供了丰富的参考案例。

数字仿真能力建设是一个长期、持续的过程，需要体系保障。本书对三一数字仿真体系进行了简要介绍。在三一，我们将仿真要真（应准尽准）、仿真要快（应快尽快）、仿真要全（应仿尽仿）三个核心要素作为仿真能力建设的重要抓手。在我看来，仿真的第一要务是"真"，如果仿真做不到"真"，那么仿真对设计的指导意义就会大打折扣，更谈不上替代物理试验。仿真要快，对于研发效率提升至关重要。工程装备具有品种多、批量小、设计周期短、产品迭代速度快的特点，如果仿真不够快，就无法满足产品设计周期要求，更做不到应仿尽仿。影响仿真效率的主要因素是仿真前后处理效率和仿真计算效率。目前，仿真前后处理效率，尤其是仿真前处理效率是影响三一各单位仿真效率提升的主要因素。近年来，三一自主研发了多个领域专用的仿真自动化工具，极大地提升了仿真效率（本书第 8 章做了详细阐述）。在仿真要真和仿真要快的基础上，我们努力实现应仿尽仿。应仿尽仿是实现产品过程质量保证的重要手段，贯穿产品定义、方案设计及详细设计，覆盖整机、系统及零部件。我们持续开展产品各项关键性能的数字仿真验证，确保交付满足客户使用需求的高质量产品。在三一，质量是唯一不能妥协的事情。

云计算、大数据、人工智能、AR/VR 等先进技术的逐步成熟和深入应用推动着数字仿真向数字孪生、工业元宇宙的方向加速演进，使数字仿真自动化与智能化程度得到了进一步提高。随着建模与仿真技术贯穿产品定义、设计、制造、试验、交付、运维全生命周期，传统的装备研制范式也将发生革命性变化。未来将在数字空间由计算机强大的计算能力和人工智能加持的产品概念原型生成能力快速完成产品定义、方案设计与迭代优化，再由智能制造技术一次制造成功。本书"创新篇"对仿真自动化、仿真智能化、数字孪生、工业元宇宙等进行了阐述和畅想，供读者参阅。

非常感谢三一集团董事长向文波先生、三一重工总裁俞宏福先生。他们在工作上给予了我足够的指导、信任、鼓励与包容，让我有机会将数字样机、数字仿真与数字孪生相关技术充分应用到三一产品研发实践中，躬身入局，与全体三一人一起为中国贡献一个"世界级品牌"。

非常感谢我的导师。清华大学原副校长郑力教授以及清华大学工业工程系党委书记李乐飞副教授对我博士期间学业的指导，尤其是让我系统性地学习并掌握了系统工程与数字孪生理论、方法与关键技术。

在本书编写过程中，我得到了三一集团徐鹏、王新峰、贾海庆、白晨光、王纯、李飞、闻蕴、陈韬艺等同事的大力支持，一并表示衷心感谢。

由于时间仓促，书中难免有阐述不妥之处，敬请读者批评指正！

编 者

Contents 目　录

识局篇　工业转型战略选择 / 001

Chapter 1
第 1 章
数字仿真：现代工业企业升级之道 / 002

1.1　时代变革：走近数字仿真 / 003
　　1.1.1　数字仿真究竟是什么 / 003
　　1.1.2　数字仿真有哪些特点 / 004
1.2　发展格局：数字仿真不断进阶 / 006
　　1.2.1　仿真技术发展历史 / 007
　　1.2.2　新时代的数字仿真内涵 / 008
1.3　应用场景：数字仿真价值展现 / 013
　　1.3.1　产品设计：优化产品性能，提升产品竞争力 / 013
　　1.3.2　物理试验：缩短试验周期，降低试验成本 / 018
　　1.3.3　售后服务：洞察故障机理，提升客户满意度 / 021
1.4　价值升级：数字仿真与产品创新 / 024
　　1.4.1　加快产品创新速度 / 024
　　1.4.2　降低产品创新成本 / 025
1.5　三一集团：争做行业数字仿真引领者 / 028
　　1.5.1　体系战略：自主打造数字仿真体系 / 028

1.5.2 技术战略：将仿真技术价值发挥到极致 / 036

1.5.3 数智战略：提升仿真自动化与智能化水平 / 039

技术篇　数字仿真技术落地 / 043

Chapter 2
第 2 章
结构仿真：提高结构可靠性，延长寿命 / 044

2.1 结构仿真概述 / 045

  2.1.1 结构仿真关键技术 / 045

  2.1.2 结构仿真典型应用场景 / 048

2.2 结构可靠性仿真典型案例 / 049

  2.2.1 挖掘机：工作装置更加经久耐用 / 049

  2.2.2 装载机：车架更加安全可靠 / 052

  2.2.3 机械式压裂泵：疲劳寿命仿得更准 / 054

  2.2.4 风力发电机：叶片疲劳试验周期更短、成本更低 / 056

  2.2.5 自卸车：电池框寿命更长 / 059

2.3 结构轻量化仿真典型案例 / 061

  2.3.1 起重机：配重块不"重"很关键 / 062

  2.3.2 消防车：臂架全姿态减重增效 / 064

Chapter 3

第 3 章

振动与噪声仿真：舒适度大提升 / 067

3.1 振动仿真概述 / 068
  3.1.1 振动仿真关键技术 / 068
  3.1.2 振动仿真典型应用场景 / 069

3.2 噪声仿真概述 / 070
  3.2.1 噪声仿真关键技术 / 070
  3.2.2 噪声仿真应用场景 / 071

3.3 振动与噪声仿真典型案例 / 072
  3.3.1 电动堆高机：更好的操作舒适体验 / 072
  3.3.2 电动港口牵引车：更好的驾乘舒适性 / 075
  3.3.3 电动自卸车：让驾驶更平顺 / 078
  3.3.4 挖掘机：出色的产品降噪性能 / 080
  3.3.5 柱塞泵：运行更安静 / 083

Chapter 4

第 4 章

多体动力学仿真：解析运动特性 / 086

4.1 多体动力学仿真概述 / 087
  4.1.1 多体动力学仿真关键技术 / 087
  4.1.2 多体动力学仿真典型应用场景 / 089

4.2 多体动力学仿真典型案例 / 090
  4.2.1 混凝土泵车：臂架走得稳、打得准 / 090

4.2.2　牵引车：更精准的载荷数据 / 092

4.2.3　自卸车：卓越的驾驶操控 / 094

4.2.4　正面吊：更好的防倾翻性能 / 097

Chapter 5

第 5 章

流体仿真：将复杂流体运动具象化 / 100

5.1　流体仿真概述 / 101

    5.1.1　流体仿真关键技术 / 101

    5.1.2　流体仿真典型应用场景 / 103

5.2　流场仿真典型案例 / 103

    5.2.1　氢燃料牵引车：更好的散热性能 / 104

5.3　温度场仿真典型案例 / 106

    5.3.1　驾驶室：把冬日严寒挡在车外 / 106

    5.3.2　驾驶室：不惧酷热挑战 / 109

    5.3.3　驾驶室：除霜又除雾，视野更清晰 / 111

    5.3.4　自卸车：有温度的货箱底板 / 113

    5.3.5　光伏装备：温度均匀的真空镀膜设备 / 115

5.4　多相流仿真典型案例 / 117

    5.4.1　粉体搅拌机：搅拌既快又均匀 / 117

    5.4.2　氢燃料电池：高效的分水性能 / 119

5.5　离散元仿真典型案例 / 122

    5.5.1　挖掘机：铲斗装载物料模拟更逼真 / 122

    5.5.2　光伏装备：加料器硅料输送更稳定 / 124

5.6　多物理场耦合仿真典型案例 / 127

　　5.6.1　氢能装备：节能与降本两者兼得 / 127

Chapter 6
第 6 章
系统仿真：让系统 / 零部件匹配更好，性能更优 / 130

6.1　系统仿真概述 / 131

　　6.1.1　系统仿真关键技术 / 131

　　6.1.2　系统仿真典型应用场景 / 133

6.2　机电液控联合仿真典型案例 / 134

　　6.2.1　电动装载机：效率更高、能耗更低 / 134

　　6.2.2　破拆消防车：臂架系统作业更平顺 / 136

6.3　动力经济性仿真典型案例 / 139

　　6.3.1　氢燃料牵引车：更低的氢耗、更长的续航 / 139

　　6.3.2　汽车起重机：更低的作业能耗、更出色的机动性能 / 142

6.4　能量管理仿真典型案例 / 144

　　6.4.1　电动自卸车：电池 / 电机系统匹配更好、运行更安全 / 145

　　6.4.2　电动装载机：集成式热管理系统极致的性能开发 / 147

6.5　数字样机：提升研发效率、缩短研发周期的利器 / 150

　　6.5.1　什么是数字样机 / 151

　　6.5.2　超大型挖掘机：整机级性能样机带来的美好体验 / 152

Chapter 7

第 7 章

电磁兼容仿真：减少干扰，让系统更安全可靠 / 156

7.1 电磁兼容仿真概述 / 157
  7.1.1 电磁兼容仿真技术分类 / 157
  7.1.2 电磁兼容仿真典型应用场景 / 158
7.2 电磁兼容仿真典型案例 / 159
  7.2.1 牵引车："大脑"更加安全可靠 / 159
  7.2.2 牵引车：整车天线布局更合理 / 161

创新篇　数字仿真创新战略 / 163

Chapter 8

第 8 章

仿真数智化：引领数字仿真发展趋势 / 164

8.1 仿真自动化 / 165
  8.1.1 仿真自动化的价值 / 165
  8.1.2 路机：结构仿真自动化工具集 / 167
  8.1.3 履带板：结构轻量化仿真自动化工具 / 169
  8.1.4 装载机：三维热平衡仿真自动化工具 / 172
  8.1.5 牵引车：动力经济性仿真自动化工具 / 174

8.2 仿真全量全要素在线 / 176
  8.2.1 仿真在线的价值 / 176
  8.2.2 三一仿真在线实践 / 177

8.3 仿真智能化是大势所趋 / 181
  8.3.1 仿真智能化的内涵 / 181
  8.3.2 仿真智能化的探索与实践 / 182

Chapter 9
第 9 章
数字孪生：谱写数字仿真新篇章 / 185

9.1 数字孪生概述 / 186
  9.1.1 数字孪生概念与内涵 / 186
  9.1.2 数字孪生关键技术 / 187

9.2 数字孪生典型案例 / 189
  9.2.1 抓料机：基于数字孪生的产品能耗优化 / 189
  9.2.2 混凝土搅拌站：基于数字孪生的智慧园区 / 191
  9.2.3 光伏装备：基于数字孪生的组件智能工厂 / 193
  9.2.4 综采设备：基于数字孪生的综采智能作业 / 195
  9.2.5 正面吊：基于 AR/VR 的虚拟培训 / 197

9.3 工业数字孪生向工业元宇宙演进 / 198
  9.3.1 工业元宇宙概念与内涵 / 199
  9.3.2 工业元宇宙带来的变革 / 200

彩　插 / 203

识局篇

工业转型战略选择

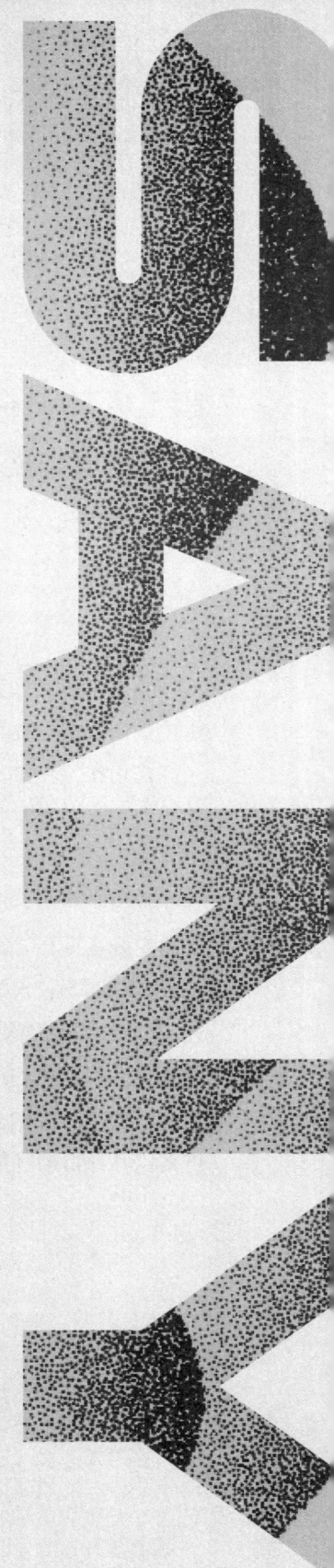

第1章 Chapter 1
数字仿真：现代工业企业升级之道

当前，以大数据、人工智能、生物、新能源、新材料等技术为代表的新一轮科技革命和产业变革突飞猛进，新的产业组织形态和商业模式层出不穷，科学研究范式正在发生深刻变革，学科不断交叉融合，这些已成为发展新质生产力的重要驱动因素。数字仿真技术作为我国发展高科技装备制造业和数字产业的前沿科技，是推动变革的重要驱动力，是数智化转型的基础和关键内容之一。2024年1月，工业和信息化部、教育部、科技部等7部门联合发布《关于推动未来产业创新发展的实施意见》，指出要"突破智能控制、智能传感、模拟仿真等关键核心技术"。以数字仿真为代表的工业软件技术，已成为我国战略性关键核心技术，在解决重大工程问题和"卡脖子"关键技术中发挥着越来越重要的作用。数字仿真技术的规模化、体系化应用推动工程技术领域发生了诸多革命性变化，加速了工业企业迈向新质生产力的步伐。从航空航天到汽车工业，从信息通信到装备制造，数字仿真以其独特的优势，正引领着前所未有的工业企业升级之道。

Chapter 1 第1章 数字仿真：现代工业企业升级之道

● 1.1 时代变革：走近数字仿真

数字仿真究竟是什么？它如何影响和改变工业企业的发展？带着这些疑问，我们一起走近数字仿真，探索它的定义和特点。通过深入了解数字仿真，你将发现它不仅是一个技术概念，更是一种推动工业企业加快产品创新速度、降低产品研发成本、提升产品质量和竞争力的有力法宝。

1.1.1 数字仿真究竟是什么

数字仿真是通过对真实世界中物理对象的模拟，获得对物理对象运行机理完整、全面的认知，进而进行分析与预测的一种数字化手段。数字仿真以仿真模型为基础，如物理模型、数学模型、计算模型等，通过仿真实验，借助数值计算和问题求解，反映系统行为或过程。数字仿真不仅可以应用于产品研发阶段，还可以应用于生产制造阶段——企业可以通过工艺仿真、生产线物流仿真等提升生产效能。广义的数字仿真不仅可以应用于产品研发、制造、试验、服务全生命周期，还可以应用于企业管理和运营领域——企业通过对管理和运营流程进行仿真，提升管理和运营效率。

点燃人类探索数字仿真世界的火苗来源于 1966 年 NASA（美国航空航天局）提出开发世界上第一套有限元分析软件。可以说，仿真从一开始就伴随着人类最伟大的工程而生。随着有限元、边界元、离散元等数值计算方法的快速成熟以及模拟计算机向数字计算机的快速发展，仿真技术在航空航天领域得到广泛应用。它在飞机结构、强度、气动等总体方案设计以及机电、飞控、航电等复杂大系统正向研发过程中发挥了不可替代的重要使能作用，极大地缩短了风洞试验、铁鸟试验、飞行试验等物理验证周期。

数字仿真是在虚拟空间通过模拟来预测、分析、优化研究对象的性能的，无须真正制造或操作实物。因此，与物理试验相比，数字仿真不受物理环境的限制，在云计算、人工智能、AR/VR/MR 等先进技术与硬件环境的加持下，其在提高效率、降低成本、安全可靠、满足个性化需求等方面有着天然的优势。数字仿真已经成为业界公认的有利于推动工业转型的技术，受到广大工业企业的重视和追捧。

数字仿真这个概念听起来充满未来感，实际上已经悄然成为全球知名企业产品创新的利器。以航空发动机为例，数字仿真技术促进了航空发动机设计模式的革命。传统的航空发动机主要是"试验出来的"。企业需要通过大量反复的物理试验来验证方案和优化设计，其研制周期长达20~30年。在这个过程中，企业需要制造50台左右的物理样机来开展物理试验。现在的航空发动机才是真正意义上正向设计出来的。企业主要基于数字仿真技术来模拟发动机性能，仅需要少量的物理试验来验证设计结果，从而大幅缩短航空发动机研制周期，节省研制成本。

作为全球领先的装备制造企业，三一很早便开始在挖掘机械、混凝土机械等产品研发上应用数字仿真技术并获得了不错的效果。三一挖掘机在我国连续多年销量稳居第一，混凝土机械连续多年市场占有率全球第一。近年来，三一持续加大数字仿真能力建设，健全数字仿真技术体系和专业人才体系，不断提升产品创新研发能力，源源不断地打造深受用户喜爱的高质量产品。

1.1.2 数字仿真有哪些特点

就现阶段而言，数字仿真为企业创造的效益越来越高，在产品研发、生产制造、服务保障等方面发挥的作用越来越大，已经成为企业提高产品竞争力的秘密武器。为什么这个秘密武器的威力如此大？可以从其特点上找到答案。

第一，数字仿真具有迭代效率高、创新性强、成本低的特点。

利用计算机强大的并行计算和分布式计算能力，数字仿真可大幅提高产品设计、验证与优化的迭代效率。传统依赖物理试验验证的方案迭代周期多数是以月为周期开展的，而以数字仿真验证为主的方案迭代周期是以天，甚至是以分钟和小时为周期开展的。通过数字仿真模拟产品运行机理，在数字空间提前验证产品性能，识别并改进产品设计缺陷，企业可以节约物理试验所需的人力、物力、设备、场地等成本。

对现代工业企业来说，产品原型如果能够实现在物理样机建造前先在数字空间进行虚拟运行，就能够极大地提升产品迭代与创新速度。仿真模型建立好之后，工程师通过调整不同的输入参数，可以模拟产品在不同运行场景/工况下的性能表现，直观展示产品运行机理，这让工程师真正做到了知其然并且知其所以然。一般而言，在全新产品研发过程中，仿真的价值会更大，不仅有利于工程师对标分析，打造极致的产品性能，还有利于工程师发挥想象力，在数字世界完成多方案的快速权衡与验证，加速产品创新步伐。

以三一产品为例，借助数字仿真技术，工程师可以在计算机中创建产品的高精度仿真模型，在设计阶段就能模拟产品在各种客户工况下的运行情况，如不同压力、温度、流量等条件下的产品性能表现。通过对仿真模型的调整和优化，工程师可以非常快速地设计出性能更优、质量更好的产品，大大缩短产品研发周期，降低研发成本。

在数智化时代，产品功能/性能的验证将由以传统的物理试验为主转变为以数字仿真为主、物理试验为辅，产品研制模式将由"设计、试制、试验、再设计"的长周期、大迭代模式转变为"设计、虚拟仿真验证、数字制造、物理制造"的短周期、小迭代模式。工程师通过数字世界的多轮快速迭代，对产品功能/性能以及工艺/制造可达性进行充分虚拟验证与确认，确保物理制造一次成功，大幅缩短研制周期。

第二，数字仿真具有可视性强、可量化分析的特点。

产品结构是静态的，行为是动态的。仿真计算的核心是通过对数学模型进行求解来分析系统的行为。复杂的物理问题，如结构的应力分布、流体的流动状态等，需要通过数值计算方法将问题离散化为一系列的计算方程，通过精确的数学表达来描述实际问题的物理规律，通过求解方程得到问题的近似解，因此数字仿真是一种可量化的分析方法。同时，数字仿真可以利用计算机图形/图像技术来对结果进行表征，且仿真的画面是实时生成的，与用户具有高度的可交互性，即用户通过修改各种仿真输入参数，可以看到不同的仿真计算结果。随着计算机图形学以及计算机计算能力的快速发展，仿真计算结果可以以图形、表格、文字等形式进行丰富的可视化展示，从而帮助工程师更加直观地理解仿真过程与结果数据，提高产品设计评估的效率。以车辆传动系统振动仿真为例，传动系统是车辆核心的组成系统，负责将动力传递到车轮以推动车辆前进。振动是传动系统性能的重要影响因素，颠簸路面引起的振动会严重影响车辆的驾乘舒适性和零部件寿命。在传动系统振动仿真分析过程中，传动系统的抖动现象可以清晰地呈现在仿真软件界面上，振动幅值、频率、相位等数据也可以进行量化展示。这种直观的可视化和数据量化，有助于工程师深入分析振动机理并优化设计。

第三，数字仿真是一种安全性极高的分析手段。

在某些领域，开展物理试验可能会带来安全风险。数字仿真可以在不危害工程师人身安全的情况下对产品的性能展开分析与优化。例如，强辐射环境、超高温/超低温环境等极端复杂的产品运行场景，会对工程师的生命安全造成威胁，所以难以开展物理试验。有些场景的物理试验根本无法开展，如登月、登火星试验。数字仿真可以对极端运行场景和运行工况进行模拟，而无须担忧安全性。对于复杂作业场景，数字仿真可以降低安全风险。以三一起重机产品为例，起重机总长度超过20米，有时需要在非常危险、存在连续弯路的深山里工作，如果直接用实车进行通过性能测试，危险系数很高。工程师利用数字仿真技术对起重机通过性能进行分析和预测，可以提前识别风险，大幅降低实车在物理测试过程中的危险性。

第四，数字仿真具有多学科、多物理场、多尺度分析的特点。

复杂产品研发涉及机械、液压、控制、电子电气等多学科的综合应用以及力场、流场/温度场、磁场等多物理场的耦合分析，同时也涉及从零部件、子系统/系统到整机，甚至是多机协同、无人驾驶等更大运行体系的多尺度分析。三一起重机有一个很重要的系统——回转系统，针对回转系统建立机电液控联合仿真模型来解决回转系统的启动冲击问题，需要应用多学科联合仿真技术。三一氢能（三一氢能有限公司）自主研发的碱性电解槽产品，需要应用多物理场（电化学反应、质量传递、热传递以及流体流动）耦合仿真技术，以优化电解槽流道结构设计，降低电解槽能耗。随着三一产品加速向电动化、智能化、无人化转型，热应力、电磁力等对结构力学性能将产生显著影响。未来产品的结构可靠性一定会更加涉及多物理场耦合仿真，如履带起重机、风机等产品，需要考虑风载荷，特殊环境下（如沙漠）还需要考虑温度影响。针对智慧矿山作业场景，工程师可以通过体系仿真和场景仿真技术，模拟挖掘机、宽体车、装载机等多机协同作业，优化协同作业效率；还可以模拟山体滑坡、地震、泥石流、雪灾等危险场景，验证与优化应急方案，提升多机协同作业安全性。

基于这些鲜明的特点，数字仿真将在未来工业创新中发挥越来越重要的作用。

1.2　发展格局：数字仿真不断进阶

科学研究的三大范式包括实验科学、理论科学和计算科学。第一大范式通过

第1章 数字仿真：现代工业企业升级之道

观察和实验，描述和解释自然现象；第二大范式通过构建模型和进行理论分析，对现象进行归纳和解释；第三大范式借助计算机技术，通过模拟和仿真来研究复杂的系统和现象。由此可见，仿真技术在计算科学中扮演了极其重要的角色，了解数字仿真的发展历史及未来的演进趋势是非常有必要的。

1.2.1 仿真技术发展历史

仿真技术的发展历史可以追溯到20世纪初，主要分为以下3个阶段。

第一阶段：物理仿真（20世纪初—20世纪30年代）

在物理仿真阶段，仿真技术只在航空航天领域得到一定程度的应用，通常用于研究航天飞行器的运行情况与行为。例如，1929年，美国人艾德温·林克发明了林克飞行模拟训练器，标志着物理仿真初步发展成熟。它可以模拟飞行器的操作和控制，为飞行员提供训练平台；每年能帮助美国节约上亿美元的飞行训练成本，减少飞行员在实际飞行中的危险性。此后，固定基座、三自由度飞行模拟座等设备相继出现并获得广泛应用。

第二阶段：模拟仿真（20世纪40—50年代）

模拟仿真通过将运算器（包括放大器、加法器、乘法器、积分器、函数发生器等）和无源器件（包括电阻器件、电容器、电位器等）连接在一起，构建仿真电路，从而实现对研究对象的动态特性分析。工程师可以调节输入端的信号，以观察和获得输出端的响应结果，并根据响应结果掌握和分析研究对象的性能。当时，模拟仿真对分析和研究飞行器制导系统、星上设备（能安装在人造卫星、太空探测器、航天飞行器上的设备）等产品的性能有深刻意义。

到第二阶段的后期，即20世纪50年代末，模拟/数字混合仿真出现并被应用于航空航天领域以外的更多领域。

第三阶段：数字仿真（20世纪60年代至今）

随着计算机的迅速发展和广泛应用，以及图形与图像处理技术的快速进步，工程师开始在计算机中模拟现实世界中的客观事物及它们之间的关系，模拟/数字混合仿真逐渐升级为数字仿真。例如，三一在产品研发过程（包括总体方案设计、产品详细设计、零部件加工、整机装配、台架试验、整机试验等）中均可以在计算机中进行定量/定性仿真与优化，不仅缩短了产品研发周期，还节省了大量的研发成本。

从 20 世纪 80 年代开始，数字仿真技术在交互性、生动性、可视化等方面有了很大进步，并催生出三维仿真、可视化仿真、虚拟环境仿真等新技术。经过几十年的发展，数字仿真技术已广泛应用于工业、农业、商业、经济、交通、教育、医疗等众多领域，特别是在航空航天、汽车、工程装备等工业企业，为实现重大工程突破和工业产品创新研发发挥了极其重要的使能作用。在建设制造强国、质量强国、网络强国和数字中国的战略背景下，越来越多的高等院校、科研机构和工业企业将数字仿真作为核心能力建设的重要组成部分。数字仿真领域涌现出一大批优秀的专家、学者和民族工业软件企业，他们在解决重大工程问题和"卡脖子"关键技术中发挥了重要作用。

当下，在物联网、云计算、大数据、人工智能、AR/VR/MR 等先进技术的加持下，数字仿真在分析效率、模拟精度、沉浸式体验等方面有了突破性进展，尤其是随着高性能计算得到较大规模的普及与应用，大大提高了仿真计算的速度与规模，满足了产品日益增长的复杂性与仿真精度要求。AR/VR 技术可以通过增加逼真与沉浸式的方式增强仿真交互体验，助力工程师更加直观地理解产品性能与行为。技术的进步拓展了数字仿真应用边界，仿真的内涵也早已突破狭义的以工程理论和数值计算为核心的范畴。"万物皆可模拟"，仿真越来越逼近现实世界，为数字孪生和工业元宇宙的发展与工程应用落地奠定了坚实的基础。随着数据的爆炸性增长以及人工智能技术的迅猛发展，计算机不仅仅可以进行模拟仿真，还可以进行分析、预测与经验总结，实现更加智能的建模与仿真，进而得到相关科学理论。至此，科学研究出现了第四大范式——数据密集型科学发现范式。

1.2.2 新时代的数字仿真内涵

在新时代背景下，工业企业面临前所未有的机遇与挑战，而数字仿真在新时代的发展中起到非常重要的作用，具有更深刻的内涵。

1. 数字仿真与数字样机

数字仿真技术应用的理想目标之一是实现"无样机量产"，也就是不需要物理样机，只需要数字样机即可在虚拟空间完成产品全部的功能/性能以及可制造性、可维修性等其他非功能性的验证与确认，确保物理制造一次成功。数字样机主要由几何样机、功能样机和性能样机组成。几何样机主要用于在产品概念

Chapter **1** 第 1 章 数字仿真：现代工业企业升级之道

设计和详细设计阶段表达产品尺寸信息、材料信息等，其核心使能技术是计算机辅助设计（CAD），可应用于干涉检查、虚拟装配、人机工程等；功能样机主要用于在产品概念设计阶段表达产品的功能流、逻辑架构和接口关系，其核心使能技术是基于模型的系统工程（MBSE）；性能样机主要用于在产品概念设计和详细设计阶段表达产品的关键性能，如可靠性、舒适性、平顺性、动力经济性、操纵稳定性等，其核心使能技术是数字仿真。传统的数字样机主要指几何样机，其构建相对比较容易。性能样机的构建是比较困难的，尤其是整机级性能样机，涉及机械、液压、电子电气、控制等多学科系统仿真技术的综合应用，不但仿真模型数量庞大，而且对计算效率有很高的要求，要让产品在物理制造前实现虚拟运行不是一件容易的事情。

作为物流行业的独角兽代表，三一重卡（湖南行必达网联科技有限公司）是三一集团"全球化、数智化、低碳化"转型的先行典范。2021—2023 年，三一新能源牵引车连续 3 年销量全国领先，市场占有率保持领先。2024 年 4 月 9 日，胡润研究院发布了《2024 全球独角兽榜》，列出了全球成立于 2000 年之后、价值 10 亿美元以上的非上市公司。三一重卡以 140 亿元人民币的价值，连续 2 年入围该榜单。为更加准确地把控产品设计意图，实现从整机、系统到关重件设计信息的有效传递，统一设计规范，提升多专业协同设计效率，三一重卡采用基于 Top-Down（自上而下）的产品设计方法，搭建了整机/系统骨架模型，确定了产品总体外形和总体结构布局，并以点、线、面等几何元素，标定关键结构件或设备的空间位置、方向、参考线等，构建了整机级数字样机（几何样机），实现了基于数字样机的设计完整度检查、硬点校核（底盘悬架、转向等运动机构的运动硬点）、间隙检查（静态间隙、动态间隙、包络间隙）、总装工艺（生产线通过性、生产线装配方便性）和零件工艺校核（零部件加工、成型等工艺可行性）、维修性校核（易损零件拆装方便性等）等。三一重卡在设计初期就考虑了装配体中零部件之间的关联、约束和定位关系，从而生成产品的布局体系，使零部件继承了整机/系统布局信息。这些布局作为设计基准，使产品各零部件在设计过程中，始终拥有设计意图所规定的信息，有效提升了设计一次成功率。此外，三一重卡还制定了《产品结构树定义指南》《整车布局创建指南》《Top-Down 骨架模型创建指南》等一系列设计规范。同时，三一重卡基于数字样机开展了人机工程仿真，包括乘坐舒适性、内部空间、视野、可视性、操作方便性、储物实用性、维护方便性、进出方便性 8 类共 380 项人机指标分析，大大提升了人机交互性能。牵引车数字样机与人机仿真示意图如下（见图 1-1）。

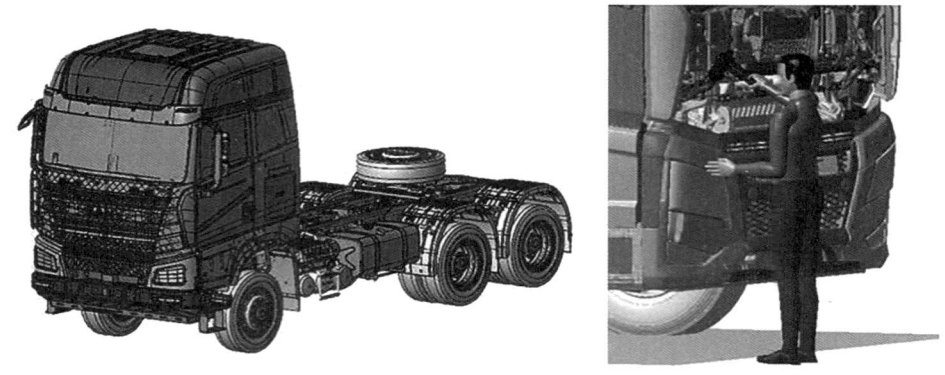

图 1-1　牵引车数字样机与人机仿真示意图（见书末彩插）

挖掘机作为工程机械行业最具代表性的产品，其技术含量最高、市场保有量最大，被称为工程机械行业"皇冠上的明珠"。改革开放初期，我国挖掘机市场主要被日本、美国等外资工程机械品牌占据。在强烈的民族责任感的驱使下，三一人怀揣"品质改变世界"的梦想，义无反顾地扛起了振兴民族挖掘机产业的大旗。2021 年，三一挖掘机年销量突破 10 万台，一举夺得全球销量冠军。在挖掘机领域，大型挖掘机，尤其是超大型挖掘机是技术复杂度最高的产品。三一利用数字仿真技术构建了超大型挖掘机整机级性能样机，深入分析超大型挖掘机在矿山作业等复杂场景下的性能表现，持续开展机械、电气、液压、控制等子系统分析与优化，做到无须建造物理样机，在方案设计阶段即可在数字空间完整展示整机的运行行为，从而帮助工程师更加直观和深入地理解各系统的工作原理、动态行为及交联关系，提前识别并改进潜在的设计缺陷，并通过动态调整系统与零部件匹配关系，优化控制策略，打造极致的产品性能，使控制策略调试时间缩短了 90%，大幅提升了产品迭代与上市速度。

2. 设计仿真一体化

在传统的专业分工模式下，设计与仿真是分离的：设计人员负责零部件的三维设计，并在设计完成后，将设计模型导出中间格式交付仿真人员进行强度与疲劳寿命分析；仿真人员会将仿真结果整理形成仿真分析报告，然后提交给设计人员；设计人员再依据仿真分析报告对零部件进行优化设计。这个迭代过程少则一两次，多则四五次，导致研发周期变长，成本增加。在此背景下，设计仿真一体化就变得非常有意义：通过定制开发，直接将 CAD 软件与仿真软件进行深度集成，以达到提高设计质量、缩短设计周期、降低成本和风险的目的。

三一在履带板产品研发过程中开展了设计仿真一体化技术应用实践，开发出面向设计人员的"产品设计、仿真验证、分析优化"高度参数化、集成化、自动化的工具软件。设计人员在软件中可以直接输入产品设计参数并进行仿真分析，然后输出仿真分析报告，从而制订优化方案，无须依赖专职的仿真人员，其产品设计效率提升了 60% 以上。

3. 仿真自动化与智能化

仿真自动化是指利用自动化程序和算法自动执行和管理仿真过程的方法和实践，可显著提升仿真效率和仿真结果的一致性，降低仿真技术门槛，固化仿真资产，实现仿真知识的复用。到目前为止，三一已自主研发了 20 余款仿真自动化工具软件，涉及结构仿真自动化、动力经济性仿真自动化、三维热平衡仿真自动化等，应用于挖掘机械、港口机械、起重机械、矿山机械、能源装备、商用车等 20 余款产品，大幅提升仿真效率。

三一海工（三一海洋重工有限公司）是三一集团旗下核心事业部，主营集装箱流动装备（正面吊、堆高机、电动集卡等）、港口设备（岸桥、场桥、门座等）、物流装备（抓料机、重叉、伸缩臂叉车等）、散料装备（卸船机、装船机、堆取料机等），致力于成为全球港口机械引领者和码头自动化解决方案提供商。场桥门式起重机产品，属于典型的订单式产品，不同国家、不同客户有不同的规范和要求。场桥门式起重机的小车、大车、龙门架结构复杂、可靠性与安全性要求高，零部件数量多（上万个），结构仿真任务繁重，有限的仿真资源难以满足产品研发周期的要求，亟须开发结构仿真自动化工具软件，以提升仿真工作效率，大幅缩短仿真工作周期，解决当下产品订单多、仿真资源少、仿真任务急的痛点。通过全面梳理场桥门式起重机产品结构可靠性仿真自动化需求，三一自主研发了场桥门式起重机结构仿真自动化工具软件，实现了结构仿真前处理（模型清理、自动抽中面、网格划分、工况加载、模型完整性检查等）、求解计算、后处理（仿真结果数据处理、仿真报告自动生成等）全过程的参数化和自动化。经测试验证，结构仿真效率提升了 65.6%，仿真结果一致率高达 98.5%，大幅提升了场桥门式起重机小车、大车、龙门架等关重件仿真效率，显著缩短了研发周期。场桥门式起重机结构仿真自动化示意图如下（见图 1-2）。

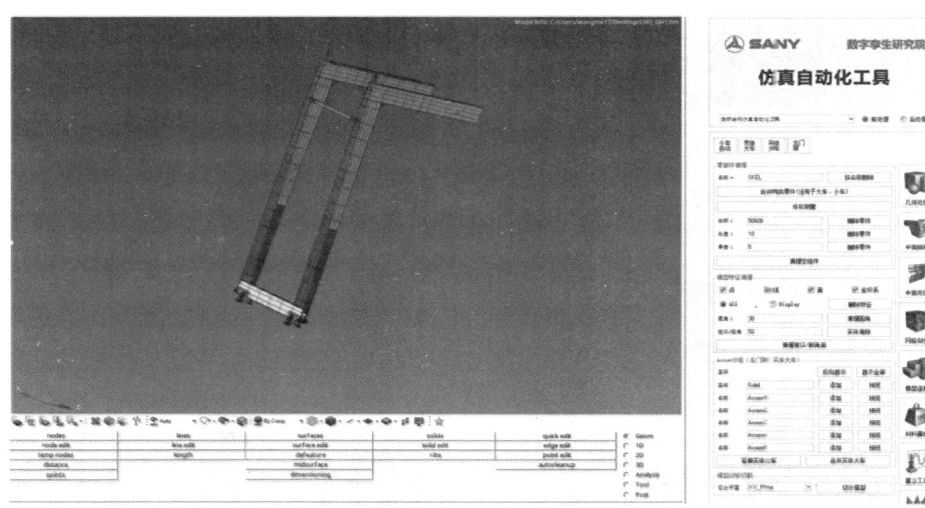

图 1-2　场桥门式起重机结构仿真自动化示意图

仿真智能化是将数字仿真技术与专家系统、知识工程、模式识别、机器学习等人工智能技术相结合，打造智能仿真平台。通过将基于仿真的机理分析与基于算法的预测性分析相结合，可实现对产品性能更准确的分析，并提出优化建议。随着计算机算力的不断提升以及领域大模型的逐步成熟，仿真精度将会越来越高，仿真将变得更加逼近现实世界。三一正在积极探索仿真与人工智能、虚拟现实（VR）、增强现实（AR）、云仿真等技术的融合发展，进一步提升仿真的实时性、置信度与用户体验。三一自主研发了基于 AR/VR 的正面吊故障诊断与预测性维修系统，通过大数据、机器学习、数字仿真与 AR/VR 技术的融合应用，可基于大数据准确定位产品故障，基于 AR/VR 复现故障现象，基于数字仿真开展故障机理分析，基于维修知识库开展维修方案智能推荐，从而指导服务人员精准、高效地开展产品维修工作，降低客户停机损失。正面吊基于 AR/VR 的故障诊断与预测性维修示意图如下（见图 1-3）。

Chapter 1 第 1 章　数字仿真：现代工业企业升级之道

图 1-3　正面吊基于 AR/VR 的故障诊断与预测性维修示意图（见书末彩插）

在数智化时代，数字仿真与人工智能技术的深度结合，将在各行各业高质量发展过程中发挥重要的使能作用，推动社会进步与科技发展。数字仿真已经成为新时代技术创新的重要引擎。

1.3　应用场景：数字仿真价值展现

当前，数字仿真技术已全面应用于航空航天、兵器、船舶、汽车、工程机械、电子、石油石化、生物医药、建筑、服装等各行各业，成为不可或缺的核心技术。在装备制造领域，数字仿真技术已广泛应用于产品设计、物理试验、服务保障等环节，在优化产品性能、缩短物理验证周期、提升产品质量等方面发挥了重要作用，极大地提升了产品竞争力。

1.3.1　产品设计：优化产品性能，提升产品竞争力

企业经营最重要的工作之一，就是交付满足客户需求的高质量产品。客户需求是一切事业的起点，理解和满足客户需求始终是企业经营第一位的工作。产品设计的源头是客户需求，对工程装备而言，产品的高可靠、低能耗就是决定产品竞争力的核心需求之一。因此，在产品设计过程中，对于需求的验证与确认变得

无比重要。工程师要在产品设计的早期阶段尽快确认方案的可行性与需求的可满足性，要为交付满足客户需求的高质量产品把好第一道关。这个时候，数字仿真技术就是不二选择，也是最经济、最高效、最安全的选择。

产品设计涉及对机械、液压、电子电气、控制、热力、电磁等多专业/多学科的综合应用。在总体方案设计阶段，工程师主要关注整机性能（如动力经济性、能耗等）及机电液控系统/零部件匹配与选型。这个时候，系统仿真技术将发挥重要作用。工程师无须制造物理样机，通过数字仿真就能迅速对多种设计方案进行权衡与分析，验证产品总体性能，优化产品设计参数，并实现整机性能向系统/零部件的分解、分配，对供应商提出明确的设备性能要求，提高方案设计效率。例如，在电动搅拌车产品设计过程中，工程师通过三电系统热管理仿真实现了三电系统的快速匹配与选型，为方案验证与优化提供了有力支撑；在起重机产品设计过程中，工程师通过动力经济性仿真，在无物理样机的情况下快速获得最大车速、最大爬坡度、加速时间等性能指标，明确了影响动力经济性的关键参数，更早地验证并优化了产品动力经济性。在产品详细设计阶段，工程师主要关注子系统/零部件的关键性能（如驾驶室热舒适性与振动舒适性、结构件可靠性与寿命、作业机构操稳平顺性、控制器与天线电磁兼容性等）。这个时候，结构刚强度与疲劳寿命仿真、流体仿真、多体动力学仿真、振动噪声仿真、电磁兼容性仿真等相关仿真技术将发挥至关重要的作用。例如，在电动自卸车产品研发过程中，工程师利用结构仿真技术，可以提升货箱底板和尾门、电池框、各类支架等结构件的可靠性与寿命；利用流体仿真技术，可以提升驾驶室除霜除雾、降温采暖性能，优化驾驶室与整车风阻；利用多体动力学与机械振动仿真技术，可以优化悬置系统、悬挂系统隔振能力，提升车辆平顺性；利用热管理仿真技术，可以优化电机、空调、电池等核心部件的散热性能等。

SY215是三一重机（三一重机有限公司）倾力打造的一款21 t级土石方挖掘机产品，其功率大、可靠性高，曾荣获中国工程机械年度产品Top50"金手指奖"，是一款性能卓越的全能机型。围绕"新动力""新造型""新技术"，全新一代SY215国四机全面升级，搭载大功率发动机，扭矩大、耐久性高，动态响应更快；采用EGR（废气再循环）+DOC（柴油氧化催化器）+DPF（柴油颗粒物捕捉器）技术，实现对进气流量和喷油量的精准控制，可进一步降低油耗，节省使用成本；通过优化控制策略，实现斗杆再生和快速回油，同时对阀芯精准控制，提

Chapter 1 第1章 数字仿真：现代工业企业升级之道

升整机挖掘能效和操控性能，可满足客户不同工况作业需求，提高客户投资回报率。三一重机建立了不同作业介质离散元模型数据库，借助离散元-多体动力学联合仿真技术预测与优化SY215挖掘机挖掘能耗及作业效率，同时利用多目标优化技术优化铲斗斗形设计参数，实现了SY215挖掘机在油耗基本不变的前提下，作业效率提升14.2%以上。SY215挖掘机示意图如下（见图1-4）。

图1-4 SY215挖掘机示意图

三一起重机作为三一集团的拳头产品，从"国内首台"到"世界首台"，见证了我国工程机械行业在市场、技术各方面实现逆袭、引领世界先进水平，成为一颗耀眼的东方启明星。想要让起重机这样的"钢铁巨兽"做到举重若轻、刚中带柔，秘诀就是构建仿真驱动设计的产品研发流程。国家"十四五"规划纲要明确提出，力争2030年前实现碳达峰，2060年前实现碳中和。《"十四五"可再生能源发展规划》提出，"十四五"时期，可再生能源发电量增量在全社会用电量增量中的占比超过50%，风电和太阳能发电量实现翻倍。为降低风电投资成本，大兆瓦、高塔筒成为行业发展趋势。随着风机功率的上升，风机单机容量和轮毂中心高度的不断增加，市场原有的轮式起重机无法满足吊装需求，亟须开发臂架超长、抗风能力强、吊装效率高、转场速度快的起重机。在这样的背景下，三一重起（三一汽车起重机械有限公司）先后立项，开发了基于全路面底盘、可变长度桅杆、全方位辅助安全系统等技术的SAC18000T/SAC24000T等超大吨位全地面起重机。在产品研发过程中，数字仿真大显身手，基于客户实际作业场景，建立整车动力学与各子系统机电液刚柔耦合仿真模型。三一重机通过数字仿真技术，对SAC24000T超大吨位全地面起重机进行了数百次的优化迭代，累计开展数千个工况分析，使整车行驶及作业性能得到了充分的验证与优化，将3米车宽性能做到了极致，实现100米高吊重275吨。该产品一经问世就刷新轮式起重机最大吨位纪录，被业内称为"风电至尊"，其行驶平顺性提升了25%，产品研发周期缩短了60%。通过从传统的仿真验证设计到仿真驱动设计的全流程改造，该产品在关键性能上远超行业标杆，成为风电大型化吊装全路面起重机的巅峰之作，不仅满足了主机公路运输的要求，还全面覆盖了8.X MW及以下风机的安装需求，成功引领了行业发展方向。截至2023年11月，三一大型风电吊系列产品销售总额达到15亿元，累计安装1.7万台风机，累计发电量超1710亿度，减少二氧化碳排放1.71亿吨，节约标准煤炭6800万吨，为国家解决能源瓶颈问题提供助力，加速从化石能源向清洁能源转型。SAC24000T超大吨位全地面起重机作业场景示意图如下（见图1-5）。

图1-5　SAC24000T超大吨位全地面起重机作业场景示意图

三一重卡持续优化产品性能，积极提升产品竞争力，并向国际市场进发。俄

Chapter 1　第 1 章　数字仿真：现代工业企业升级之道

罗斯是三一重卡实施全球化战略过程中最大的海外市场之一。由于俄罗斯常年雨雪天气较多，车辆行驶过程中轮胎甩泥现象特别严重，甩起的泥雾污染车身表面，不仅降低了驾驶舒适性（驾驶员和乘客在接触车辆表面和门把手时容易被尘土弄脏），还增加了发生交通事故的风险。为了优化车身甩泥性能，让车身更干净，三一重卡在国内没有商用车车身甩泥仿真成熟经验可借鉴的情况下，率先开展了牵引车车身表面污染仿真技术的深入探索与研究，利用流体仿真技术模拟车辆行驶过程中泥雾粒子的运动轨迹以及车身表面泥雾附着区域，并提出一套试验方法。通过试验和仿真反复标定，有效识别了影响甩泥问题的关键因素和趋势，提出了大幅降低车身表面污染率并防止重点区域被污染的解决方案。优化前，驾驶室表面污染率达到了 35%；优化后，污染率降低到 16%，污染面积降幅超过 50%。客户试用效果与仿真预测的结果完全一致，甩泥控制成效远远优于竞品，大大提高了产品竞争力。

E6 电动正面吊是三一海工针对港口、码头、铁路等作业场景推出的"节能战士，搬运猛将"。该产品采用了全新的 U 形臂架，疲劳寿命提升至 50 000 小时。通过应用结构拓扑优化和轻量化仿真技术，电动正面吊整机减重 10.7%，整机能耗下降 20%。对比同电量产品，每年节省能耗成本约 8 万元；对比燃油正面吊产品，每年共节省成本约 44 万元。E6 电动正面吊示意图如下（见图 1-6）。

图 1-6　E6 电动正面吊示意图

1.3.2 物理试验：缩短试验周期，降低试验成本

企业在将产品投放到市场前，要对产品进行物理试验，以验证产品性能是否达标。在物理试验阶段，企业要生产专门用于试验的物理样机，如果试验结果不达标，则要重新生产，这会花费大量成本。数字仿真能改变这种现状，降低物理试验成本。依托数字仿真，工程师可以在仿真模型中提前对产品性能进行优化，及早识别并解决产品设计缺陷，同时还可以提前验证物理试验方案，减少物理试验迭代次数，从而最大限度地减少在物理试验期间发现产品缺陷带来的"再设计、再制造、再试验"的迭代次数与成本。例如，通过数字仿真，可以模拟电动自卸车在不同温度、湿度等环境下的性能表现，确保产品能在各种环境条件下正常工作，提升电动自卸车环境适应性物理试验一次通过率。

在三一，有句话叫作"无仿真，不试验"。随着仿真方法有效性与仿真结果置信度的不断提高，物理试验一次通过率显著提升，甚至可以直接取代部分物理试验，大幅缩短物理试验周期、降低物理试验成本。结构件疲劳耐久试验周期长、成本高，且工程机械作业工况复杂多变，试验场难以覆盖客户侧全部的作业工况。三一采用结构疲劳耐久仿真技术，通过加速寿命分析来模拟结构长时间使用情况，对结构件寿命进行合理预测；通过应用载荷反演技术，将复杂、动态的工作装置实际作业过程提取为一种真实受载的载荷谱，并将其作为结构件可靠性与疲劳耐久仿真输入，大幅提升结构件疲劳耐久仿真分析准确性；通过建立结构件焊接工艺仿真能力，实现工艺参数快速优选，减少实物焊接工艺评定，解决了结构件变形问题；通过焊接结构的协调性设计与焊接工艺的合理性、规范性管控，融合结构件焊缝疲劳仿真与焊接工艺仿真技术，大幅提升结构件疲劳耐久性能，同时显著降低整机耐久试验周期与成本。

三一泵车以其卓越的性能在行业内赢得了"世界泵王""基建神器""城镇创富利器"等美誉。这些美誉不仅是对三一泵车整车结构和性能的认可，也是对其在细节处理上精益求精的肯定。特别是在螺栓这一关键零件上，三一泵车通过数字仿真技术的加持，实现了从整车结构到关键部件的精益设计。针对螺栓松动和断裂风险，工程师运用大数据载荷谱仿真分析技术，建立泵车臂架及转台的设计载荷谱，深入研究了VDI（德国工程师协会）螺栓校核标准和德国普曼

第 1 章　数字仿真：现代工业企业升级之道

公司标准，制定了螺栓疲劳仿真方法，精准评估了螺栓的疲劳寿命，使螺栓寿命提升了 25.9 倍，显著降低了螺栓松动与断裂风险。高精度的螺栓疲劳仿真方法可以完全替代传统的螺栓疲劳台架试验，至少节省了 3 个多月的物理试验周期。

三一重装（三一重装国际控股有限公司）首款 SKT90E 纯电动宽体车凭借自身高可靠性、高安全性、高节能性和高舒适性，自问世以来迅速赢得各地矿山客户的认可。目前，SKT90E 纯电动宽体车已在西藏、新疆、湖北、云南等多个地区成功应用，并远销泰国，最长运营里程超 10 万千米。该产品拥有行业首创双电机并联双三挡驱动系统，最高车速可达 45km/h，最大爬坡度达 35%；换挡平顺，无动力中断，彻底突破行业重载坡道换挡困难的技术瓶颈；采用自适应再生制动技术，能量回收率较同类产品提升 11%；采用双枪大电流快充技术，充电效率较行业提高 25%。工程师通过构建纯电动宽体车热管理仿真模型（包括驾驶室空调系统模型、电池包热管理系统模型和电机电控冷却系统模型）和控制策略模型（包括电池热管理控制策略模型、水泵控制策略模型和风扇控制策略模型），开展了宽体车热管理系统仿真与控制策略优化，使整车能耗下降了 22%，同时使整车热平衡性能不受季节限制，物理试验周期缩短了 2 个月，节约试验成本 100 余万元。车架是宽体车最重要的承重部件，由于宽体车作业矿区路面工况恶劣，需要承受较大的冲击加速度，导致车辆的弯曲和扭转变形较大，给宽体车车架疲劳耐久性能带来了非常大的考验。工程师通过应用多体动力学仿真技术开展整车分析，确定悬架的姿态位置，进而获得悬架的硬点位置；结合车架仿真模型，建立模块化、参数化的车架底盘一体化模型；基于等效结构应力法开展焊缝疲劳仿真分析，提升车架疲劳耐久性能。该项仿真技术的成功应用可减少 2 轮次台架试验，节约研发成本 150 余万元。目前，宽体车车架运行里程已超过 20 万千米，未发生断裂故障。SKT90E 纯电动宽体车示意图如下（见图 1-7）。

图 1-7　SKT90E 纯电动宽体车示意图

任何不使用或部分使用实际硬件来构造试验环境,完成实际物理试验的方法都可以称为虚拟试验。虚拟试验是计算机仿真技术、可视化技术和虚拟现实技术有机结合的产物。在航空领域,虚拟铁鸟试验、起落架虚拟落振式验、垂直尾翼虚拟试验、襟翼系统虚拟试验等已得到广泛应用。在汽车行业,企业利用整车动力学仿真模型和虚拟台架仿真模型搭建虚拟 24 通道耐久试验仿真环境,可以减少物理台架耐久试验周期;利用整车动力学仿真模型和虚拟路面仿真模型搭建虚拟试验场仿真环境,可以减少整车试验场耐久试验。

三一通过台架级两轴台架疲劳虚拟试验,可实现挖掘机工作装置两轴疲劳台架的虚拟仿真,预测结构件可靠性,提升结构件研发效率;通过台架级驾驶室虚拟安全认证,可模拟侧压、顶压、纵压承载曲线及冲击变形,降低物理试验次数;通过试验场应力测试虚拟试验,可再现挖掘机结构件动态应力应变,反馈设计薄弱点,减少物理样机应力次数。三一同时构建了混凝土搅拌车虚拟试验场,通过采集实际路面载荷谱,在虚拟环境中建立了整车模型及路面模型并开展了整车疲劳强度仿真计算,可高效率评估整车的应力与振动情况。

与传统的物理试验相比,基于仿真的虚拟试验有如下好处:
- 可以控制,无破坏性,耗费小且允许多次重复。

Chapter 1　第 1 章　数字仿真：现代工业企业升级之道

- 可以模拟物理试验难以考虑的极端与特殊工况。
- 可以减少成本较高的物理试验次数。
- 物理试验由于测点数量少，某些部位可能测试不到，动态的机理分析不清。数字仿真技术可以获得更全面的测量信息，可以直观清晰地看到产品实际的运行机理，如结构应力应变等。
- 不受物理场地、时间和次数的限制，仿真结果具有可重复性。
- 减少物理样机制造与试验次数，缩短产品试制与试验周期，降低成本。

此外，数字仿真还有一个重要作用：以虚拟形式构建现代工业中复杂、不容易实现、安全风险高或者对人有危害的试验场景，帮助工程师获得有价值的试验结果。典型场景包括：产品造价高导致物理试验成本高，多次开展物理试验带来较大的成本压力；物理试验周期长，如果完全依赖传统的物理试验开展产品验证，会导致产品上市速度慢，无法及时响应客户不断变化的需求；物理试验环境无法在普通环境中准确地模拟出来，或者即使模拟出来也需要消耗大量资源；试验环境对人的生命安全有危害，难以开展。随着数字仿真技术的快速发展与逐步成熟，这些无法实现的、难度较大的、成本较高的物理试验都可以用成本更低、安全性更高的数字仿真技术替代。例如，在建筑工程中，企业可以通过结构仿真技术，模拟建筑物在地震等自然灾害条件下的可靠性与稳定性。

综上所述，仿真与试验是产品性能验证的两个常用手段，两者其实是相辅相成的。一方面，企业可以通过仿真指导物理试验，减少物理试验周期和成本；另一方面，企业可以通过物理试验验证仿真方法有效性，提升仿真方法成熟度。目前，数字仿真技术尚不能完全替代所有的物理试验，在实际工程应用中，企业应当将数字仿真与必要的物理试验相结合，对产品性能进行充分验证，从而确保产品质量，提升产品竞争力。

1.3.3　售后服务：洞察故障机理，提升客户满意度

经过几十年的快速发展，我国增量市场在向存量市场转变，企业越来越重视售后服务市场，售后服务已成为企业连接客户的关键触点。在存量市场时代，优质的售后服务将成为企业核心竞争力之一，是提高复购率的重要前提，也是一个新的利润增长点。

服务是三一的核心竞争力。通过向客户提供超值的服务，三一努力让每一位客户的设备实现最大使用价值；通过实施行业内最高的服务标准，三一努力提高客户满意度。依托"客户云"App 的服务能力，客户可以"一键"创建服务召请订单。通过智能调度，服务人员很快就可以抵达现场。在高效率解决产品故障方面，数字仿真技术可以发挥积极的作用。如果产品出现故障，工程师可以通过数字仿真技术对故障机理进行分析，有针对性地提出改进建议与优化方案，从而缩短故障解决时间，提升客户满意度。例如，客户反馈某型产品车斗斗篷发生了开裂故障，工程师通过刚强度和疲劳寿命仿真，精准复现了故障现象，找到了斗篷开裂位置结构设计的薄弱点并有针对性地进行设计优化，使原开裂位置强度提高了 68%，斗篷可靠性大幅提高，投入市场后显著提升了客户满意度。又如，客户反馈某型产品空调制冷性能有所衰减，工程师对驾驶室及风道进行流场和温度场仿真，通过仿真结果准确识别风口布局及风道设计的优化方向，有针对性地提出优化方案，并通过 3D 打印技术快速完成装机测试。改进后的空调制冷效果显著提升，快速制冷率提高了 30%，制冷能力提升了 10%，显著提升了客户的使用体验。

自 2006 年三一重装第一台采煤机问世以来，经过 10 余年的创新研发，三一重装采煤机已形成薄、中、厚煤层的系列化产品，在可靠性、适应性、维护性和智能化等方面具有明显优势，处于国内领先地位，并在多个矿区创下开采高产纪录。由于采煤机在井下作业，工作环境比较复杂，难以进行有效的监控与实时反馈，对导向滑靴、行走轮、电控箱等重要部件的受力情况无法有效掌控，一旦发生磨损、断裂、振动破坏等故障，维修成本较高。三一重装采用整机多体动力学仿真技术，输出关重件连接点载荷谱，提升了各部件振动疲劳仿真分析有效性，在设计阶段提前规避结构疲劳危险点，显著提升了产品质量，为客户节约了维修成本。近年来，三一重装大力应用智能化控制技术，通过多种参数的采集及故障模型比对，实现对摇臂、行走部的状态感知、故障诊断及寿命预测，提高了设备使用寿命和维护的预见性；依托 C 端（客户端）互联平台，实现设备数据的云端展示和关键指标监控，支持移动设备实时监控设备运行状况，提供远程专家诊断及技术支持，确保及时准确地进行故障排除和技术指导。三一重装采煤机智能化控制技术不仅提升了采煤机的自动化程度和工作效率，还极大地提高了设备的安全性能与工作面的生产管理水平，目前已助力甘肃华亭砚北矿、安徽淮北朔里矿、黑龙江鸡西东

第 1 章 数字仿真：现代工业企业升级之道

山矿、山西阳坡泉矿等多个矿井顺利通过省级及国家级智能化矿井验收，受到了客户广泛的认可与赞扬。三一重装采煤机示意图如下（见图1-8）。

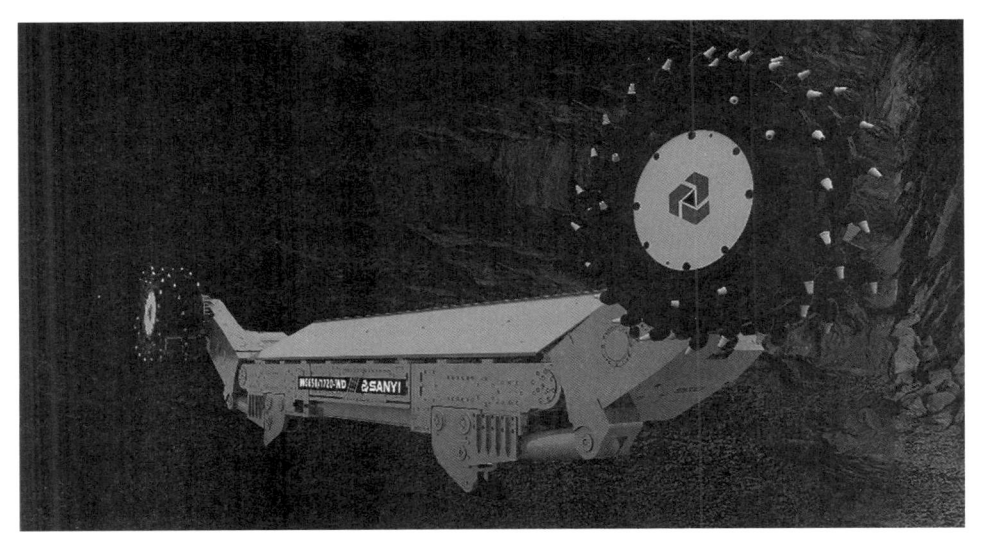

图 1-8　三一重装采煤机示意图

　　附件支架是工程装备非常重要的功能件，主要用于支持、连接平台上的各种附件，如果支架设计不合理或者性能不符合要求，会导致附件的功能无法正常使用。工程装备支架种类繁多，在复杂多变的作业工况下，容易发生开裂故障。三一构建了支架类结构仿真与测试整体解决方案，通过模态/频响仿真与振动测试，识别支架是否存在共振，从振动避频角度支持支架设计与优化；通过惯性力仿真与应力测试识别是否存在结构应力集中问题，从强度角度支持设计与优化；基于实测振动载荷谱，对支架进行疲劳仿真，判断支架的设计寿命情况；建立支架振动台架试验能力，基于疲劳等效损伤原则和振动疲劳仿真技术，编制了合理的加速台架谱，再现支架故障，并验证优化支架实际寿命提升情况。三一通过建立支架类结构仿真与测试验证整体解决方案，可以有效避免设计问题导致的支架批量故障，显著提升客户满意度。

　　对三一而言，保证设备稳定不出故障就是在帮助客户多赚钱，因此，设备出现故障，三一的服务工程师是非常着急的。对于复杂的设备故障，工程师往往需要通过产品设计与仿真的高效协同，快速识别故障原因并完成设计改进，在最短的时间内排除设备故障，让客户的设备恢复作业。三一时刻担负着保证客户设备正常运行的责任。

1.4 价值升级：数字仿真与产品创新

三一集团轮值董事长向文波先生在接受《中国企业家》杂志专访时表示，新质生产力是中国式现代化建设的重要理论成果，也是我国高质量发展的主要任务，为中国经济高质量发展指明了方向。高质量发展离不开创新，尤其是在当前技术革命时期，不创新就意味着很快被淘汰。如何通过创新打造企业独特的竞争优势，是企业持久经营要考虑的第一核心要素。

数字仿真在产品创新中扮演着关键角色，逐渐成为产品创新的重要驱动引擎。从加快产品创新速度到降低产品创新成本，数字仿真为企业带来了前所未有的机遇，使企业能在虚拟环境中快速设计、验证、优化新产品或迭代升级老产品。数字仿真不仅是产品性能验证的手段，更是驱动产品创新的使能器。

1.4.1 加快产品创新速度

"创新"是工业领域的高频关键词，有专业人士公开表示，创新很重要，创新是产品不可或缺的生命力。创新，是从零打造一款新产品或对老产品的结构、功能、性能等进行迭代和升级。产品创新的源头是基于客户需求的产品概念创新，概念是对产品如何满足客户需求的逻辑表达，包括产品的结构、功能和性能。数字化建模与仿真技术为产品概念的全数字化定义与功能/性能的验证与确认提供了最佳手段，可以大幅提升产品概念的迭代速度，为工程师提供"所想即所见"的数字工程环境，极大地释放工程师"天马行空"的创新活力。企业创新活力不足，往往是因为预先研究与产品研发难以完全切割，同时受制于对研发周期与研发成本、技术成熟度与产品质量等诸多因素的权衡，工程师在有限的产品研发周期内变得"束手束脚"。

三一非常重视产品创新，将产品创新作为事业发展的第一动力。作为工程机械行业龙头企业，三一坚持研发创新，全力推进"全球化、数智化、低碳化"的"三化"战略，在向"新"而行的道路上汇聚起高质量发展的澎湃动能。从全球第一台5G遥控挖掘机，到全球第一台无人驾驶电动混凝土搅拌车，再到全球最长的

第1章 数字仿真：现代工业企业升级之道

86米钢制臂架泵车，在产品创新方面，三一不遗余力，为工业转型做贡献。

在三一产品创新背后，数字仿真发挥着不可替代的使能作用。以往研发新产品，设计人员需要依赖物理样机反复验证产品性能，保证产品满足法规要求与客户需求，不但耗时、耗力，而且成本很高。相比之下，基于数字化建模与仿真技术构建的数字样机则可以在虚拟环境中模拟产品功能/性能，并进行低成本、高频次的快速分析与优化，为系统匹配、零部件选型、多方案权衡、整机性能优化、控制策略验证等提供决策依据。仿真工作越前置，价值越大。在传统依赖物理试验验证的研发模式下，企业往往简单地把数字仿真同物理试验一样归结为产品验证的一种手段，其实在产品设计的早期阶段且没有物理试验的前提下，数字仿真就是驱动产品创新的最佳手段。

在未开发自己的驾驶室之前，三一重卡一直采购外部供应商的驾驶室，不但难以控制成本与质量，而且客户反馈驾驶室外观相对单一、缺少力量与美感。2020年，三一重卡正式启动了自主驾驶室的研发工作。三一重卡董事长梁林河先生对驾驶室可靠性、舒适性、安全性和经济性提出了极高的要求，立志将采用全新自研驾驶室的328换代牵引车打造成为三一重卡全面突围和颠覆市场的王牌产品。在此背景下，研发团队从设计初期就引入数字仿真技术，对驾驶室风阻、白车身和安装点刚强度、驾驶室车门抗凹、驾驶室热舒适性、驾驶室振动舒适性、驾驶室噪声、整车碰撞安全等关键性能进行了多轮仿真分析与设计优化，显著减少了设计风险以及后期物理试验资源投入，节省了数百万元研发成本，缩短了50%以上的项目开发周期。全新驾驶室上市后取得了巨大的成功，其外观和舒适性得到了市场的高度认可，目前已全面推广至燃油车、氢能车和电动车，为三一重卡带来了巨大的经济效益和品牌价值。

1.4.2 降低产品创新成本

长期以来，三一致力于提高产品创新能力，积极研发能更好地迎合市场、满足客户需求的高质量产品。但产品创新面临最大的挑战就是试错成本高，相比于按部就班的产品改型、改进研发，创新型产品研发具有更高的失败率。随着产品竞争越来越激烈，设计人员越来越渴望产品创新能够"一次成功"。为强化竞争优势，三一通过数字仿真降低产品创新成本。

高可靠与高承载是自卸车产品的核心竞争力。在研发坑口专用型自卸车产品时，为避免坑口工况恶劣、路面坑洼、超载等原因引起的货箱开裂问题，三一的工程师需要设计一种新型货箱结构。为了在研发早期尽早识别并改进货箱结构设计方案的风险点，最大限度地减少物理试错次数与成本，加速新品上市，工程师建立了自卸车整车仿真模型（见图1-9），对货箱的动载、转向、制动、对抬、举升等各种工况进行仿真分析，识别出货箱在各种工况下的薄弱环节，据此优化货箱结构，改进板材厚度、板材材料等参数，使货箱结构可靠性满足客户要求，同时实现了货箱结构的轻量化，进一步提高了自卸车整车承载性能。

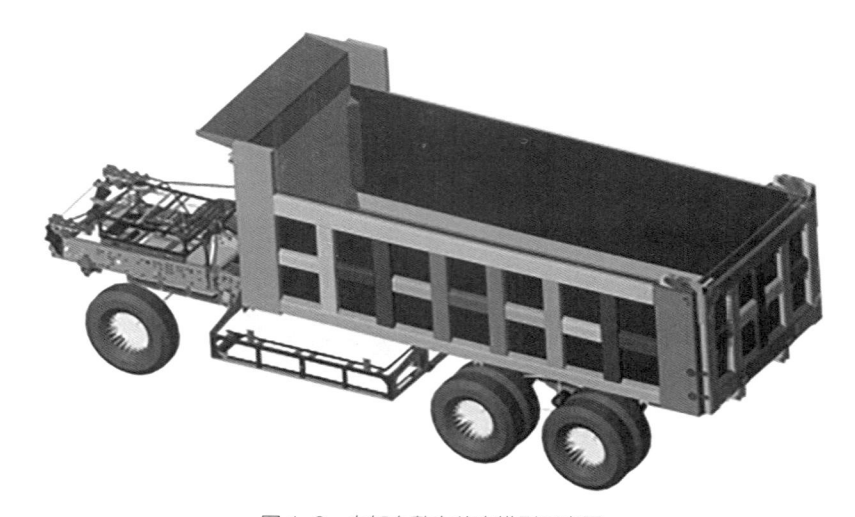

图1-9 自卸车整车仿真模型示意图

工程师如果没有应用数字仿真技术，则要基于物理样机进行大量的试验验证，一旦发现缺陷，就要重新修改设计、重新试制、重新进行试验验证，迭代周期短则几个星期、长则几个月。对产品研发而言，这种长周期、大迭代会对研发进度造成影响，因此，为了不影响研发进度，工程师通常会选择保守设计，不敢大胆创新。应用数字仿真技术后，工程师心里有底了，更有信心在较短时间内开展多种方案的设计、对比与分析，从而选择最优的设计方案，不仅提升了创新能力，还进一步释放了创新活力，同时显著降低了创新成本。

三一重能成立于2008年，致力于成为全球清洁能源装备及服务的领航者，2022年6月22日在上交所（上海证券交易所）科创板成功上市。三一重能是"全

Chapter 1　第 1 章　数字仿真：现代工业企业升级之道

球新能源 500 强企业",并被工业和信息化部认定为"智能制造标杆企业",市场占有率持续提升,成为全球综合排名前十、中国前五的风电整机供应商。三一重能的主营业务为风电机组的研发、制造与销售,风电场设计、建设及运营管理业务。三一重能通过整合国际化研发资源,持续打造具有竞争优势的风机产品;具备独立进行风电场设计、建设及运营的能力;形成了数字化顶层设计、智能化生产制造、整机系统集成、核心部件制造、风电场设计、风电场 EPC（工程、采购与施工）、风电场运营维护为一体的风电整体解决方案。为进一步提升产品竞争力,三一重能与合作伙伴联合开发了一种新型高强度铸件材料——QT500。为深入研究该材料的强度与疲劳性能,研发团队利用极限 - 疲劳 - 断裂三位一体的数字仿真技术深入分析并优化了 QT500 材料的疲劳强度和断裂韧性,在实现结构强度显著提升的同时,还降低了重量。例如,4MW（兆瓦）平台 QT500 主轴相比原锻件,单件降本约 13 万元。目前,该材料已批量应用于关键铸件研发过程。

　　三一氢能成立于 2022 年,是三一集团全资子公司,致力于为全球客户提供 GW（吉瓦）级超大规模风光并网 / 离网制氢成套解决方案。三一氢能的主营业务为制氢和加氢装备的研发、制造与销售,实现绿电—氢能—终端全生态产业链闭环,助推氢工业、氢交通、氢储能等用氢场景形成规模化、可复制的运营模式。2023 年,三一氢能发布了当时全球最大的单体制氢电解槽——S 系列 3000 标方方形电解槽。该产品具有高电流密度、宽功率波动、大型化、模块化、可带压运行、智能化等诸多特点,单小室电解面积达到了行业最大规模,每小时产氢量高达 3000 标方。这一创新型产品在研发过程中同样离不开数字仿真技术的深入应用。对碱性水电解制氢设备而言,低能耗与高可靠是产品的两大特性。在产品设计阶段,工程师通过对碱性水电解设备关键性能、工作机理及仿真方法进行深入的研究,应用电化学多物理场耦合仿真技术精确模拟小室内的温度分布,进而优化双极板、进出口结构以及工艺参数,使整机流量均匀性大幅提升,不仅提高了温度和电压的一致性,还大幅降低了因温度超限而导致的安全风险,显著降低了整机能耗,提升了碱性水电解设备运行可靠性和稳定性。电化学多物理场耦合仿真技术的应用解决了碱性水电解制氢设备试验周期长（单次试验周期大约 1~2 个月）的问题,同时解决了物理试验验证难度大、成本高（单次试验成本大约 50 万元）的难题。

1.5 三一集团：争做行业数字仿真引领者

三一在数字仿真方面布局比较早，持续引领行业数字仿真技术发展。作为"钢铁裁缝"，三一历来非常重视结构件可靠性与寿命，很早就开始使用结构仿真技术优化结构件刚强度与疲劳寿命，同时使用流体仿真、振动噪声仿真、多体动力学仿真、系统仿真等技术提升产品舒适性、操稳平顺性、环境适应性、动力经济性等关键性能，为客户提供高可靠、长寿命、强动力、低能耗的高质量产品。

为加速推进三一数字仿真能力达到"国内领先、世界一流"的水平，三一于2020年12月成立了数字孪生研究院，统筹推进全集团数字仿真技术体系规划与能力提升路径规划，负责全集团关键/共性重难点仿真技术攻关与应用推广，负责与集团各单位开展仿真能力共建与仿真人才培养等工作。从此，三一数字仿真能力建设与工程应用迈入了快车道，对标国际领先企业，打造了"仿真要真、仿真要快、仿真要全"的数字仿真能力成熟度评价体系，健全了仿真驱动的产品创新研发流程，实现了仿真与设计、试验的全量全要素在线协同。数字仿真技术已成为推动三一产品持续创新重要的加速器。

1.5.1 体系战略：自主打造数字仿真体系

数字仿真作为现代工业技术重要的一环，不仅与设计、试验等技术体系存在紧密的耦合关系，同时其自身还涵盖了仿真流程、仿真方法、仿真基础数据、仿真工具软件、仿真人才队伍等多项组成要素。企业须站在研发体系的视角对其进行整体规划，才能发挥事半功倍的效果。单一的仿真技术应用是很难达成理想效果的。

传统的装备研发模式是一种基于物理原型的逆向跟随式研发模式，一般通过物理原型类比的方式进行需求论证，产品功能和架构设计难以突破原型机的限制。由于产品功能和性能在设计早期验证不足，主要依靠后期的物理试验，所以如果物理试验验证不充分，很容易埋下质量隐患，影响企业的口碑和客户满意度。

在正向研发方面，数字仿真的重要性得到了充分体现。从系统工程的视角看，客户需求是产品正向研发的源头，而数字仿真技术则是实现产品需求/功能/性能验证与确认、分解与分配以及产品架构设计与权衡的必备手段。正向研发强调

Chapter 1 第1章 数字仿真：现代工业企业升级之道

从客户需求开始，从整机、系统到零部件，正向、逐层完成产品的设计、分析、验证与确认。如果没有数字仿真技术，在产品设计阶段（物理样机还没有产生之前），产品功能/性能的分析、验证与确认就无法高效率开展，正向研发流程就难以顺利执行。可以说，没有数字仿真就没有正向研发。

三一自主打造数字仿真体系，以保障"正向研发"战略落地。该体系是一个复杂的整体，由多个相互联系、彼此依赖的要素组成。

要素一：仿真流程

仿真流程主要由仿真需求评估流程、仿真分析流程、仿真结果输出流程3部分组成。在仿真需求评估阶段，主要由仿真代表编制仿真分析清单，由产品经理组织评审仿真分析清单；在仿真分析阶段，主要由仿真工程师确认仿真输入参数，开展仿真分析，编制仿真分析报告；在仿真结果输出阶段，主要由仿真工程师发布仿真分析报告，由产品经理、仿真代表等联合评审仿真分析报告，由仿真代表编制仿真总结报告。

仿真流程明确了"在正确的时间做正确的事情"，就是在产品研发的合适阶段做合适的仿真，使仿真贯穿产品定义、总体方案设计、产品详细设计、试验验证等不同的研发阶段。例如：

- 在总体方案设计阶段，通过数字仿真技术，对设计方案进行验证与优化。通过数字仿真技术对设计方案进行多轮迭代优化，在权衡技术成熟度、周期、成本、性能等多个指标下，选择相对合适的设计方案。这个阶段以定性和定量分析相结合为主，对仿真精度要求并不高，更多关注整机性能及系统/零部件匹配与选型。
- 在产品详细设计阶段，通过数字仿真技术，对分系统与零部件进行验证与优化。仿真必须对性能是否满足需要给出明确的量化结论，甚至要给出优化方案。这个阶段以定量分析为主，对仿真精度要求相对较高，一定要在产品特性优化上狠下功夫，助力产品团队打造行业第一的"爆款产品"。
- 在试验验证阶段，通过数字仿真技术，对物理试验方案进行验证与优化。对于某些难以开展或者无法开展的物理试验，可以通过数字仿真技术开展虚拟试验。对于试验设备参数无法达到的物理试验，或者无法复现客户侧真实故障的物理试验，可以通过数字仿真技术进行机理分析与虚拟验证。

对于试验成本高、周期长的物理试验，可以通过数字仿真技术提前验证物理试验方案的可行性，降低试验风险，减少试验返工。

总之，既要避免由于仿真技术应用不充分带来的设计隐患，也要避免仿真技术应用过度带来的资源、成本与时间浪费。对于全新产品研发和改型、改进型产品研发，可以采取不同的仿真策略，即"好钢要用在刀刃上"。

全球领先的工业企业基本上都会将数字仿真作为提高产品竞争力的"重要武器"，并且其所有与正向研发相关的活动都会以建模与仿真为核心，在数字空间完成产品的设计、分析、迭代与优化。三一不仅将数字仿真视为体现研发能力的一项核心要素，更是花费大量时间和精力思考如何将其正确地应用于研发流程中，以及如何最大化地发挥数字仿真对正向研发的推动作用。按照产品研发V字模型，从产品定义、总体方案设计到产品详细设计，再到试验验证，每一个环节都离不开功能/性能的充分验证，只有上一个环节经过充分验证之后，才能进入下一个环节，否则上一个环节的设计缺陷可能会被带到后续环节中，从而因返工导致成本浪费和周期延误。正向研发需要把每一条结构化的客户需求转变成产品设计要求，进而指导产品功能定义、架构设计与物理实现，确保每一条客户需求都被满足、被验证、被确认。基于系统工程的产品正向研发V字模型如下（见图1-10）。

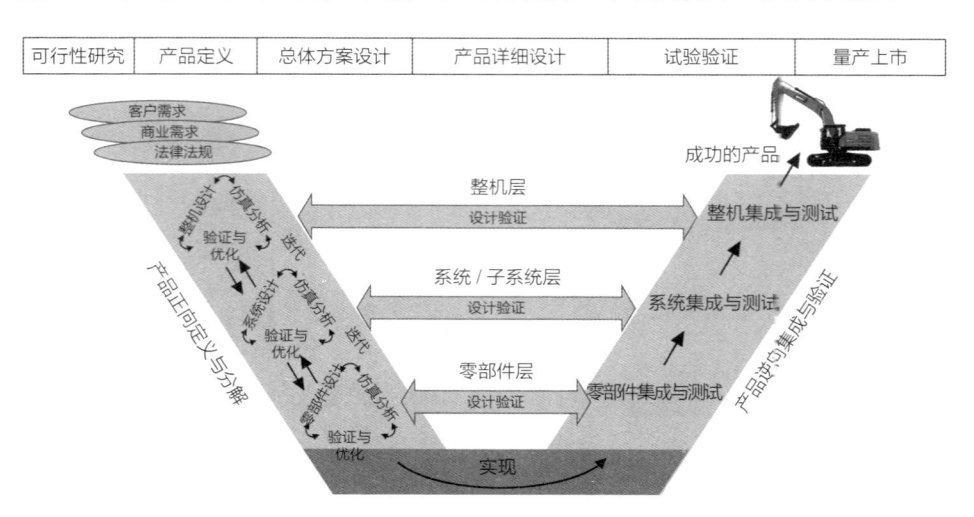

图1-10 基于系统工程的产品正向研发V字模型

综上所述，在产品研发的不同阶段，数字仿真的作用不同。只有深入了解数字仿真在产品研发各个阶段的价值，企业才能真正应用好数字仿真，使数字仿真成为产品研发的重要动力。

要素二：仿真方法

仿真方法明确了如何正确地执行具体的仿真任务（如挖掘机斗杆静力学仿真方法、起重机动力经济性仿真方法等）。仿真方法经过物理试验标定以及多批次实车验证之后，可以升级为企业的仿真标准与规范。它不仅是仿真最佳实践的结晶，还是提高仿真能力和水平的重要工具，可以为产品设计、试验、故障分析与解决等提供可靠的仿真分析操作标准、质量要求和评判准则，保证仿真分析的准确性与结果的可重复性，有助于提升仿真结果的一致率。

仿真方法开发的源头是产品功能/性能分析与验证需求。在产品研发流程的产品定义阶段，三一会输出仿真任务清单，并确保每一条仿真任务都对应一项仿真方法。如果仿真方法缺失，则需要开发新的仿真方法。在三一，仿真方法必须通过实际应用来验证其有效性，从而更好地保证仿真方法的质量和应用效果。

通常，一套完整的仿真方法应该包括以下内容：

（1）应用范围，即明确仿真方法适用于什么产品的什么零部件，以及对应的研发环节。

（2）引用材料，即说明仿真方法引用了哪些文件（国际标准、国家标准等）。

（3）术语和定义，即对仿真方法中涉及的专业名词进行解释。

（4）输入数据，即明确仿真分析需要输入哪些数据。

（5）仿真分析软件，即明确仿真分析需要使用哪些软件。

（6）仿真分析流程，即介绍仿真分析的具体流程。以结构仿真为例，详细描述仿真模型如何处理，网格尺寸是多少，特殊位置如何处理，求解器如何设置等。

（7）仿真分析结果评价，即明确仿真分析要输出的结果，以及如何对结果进行评价等。以结构仿真为例，输出的结果通常包括应力和应变的最大值、应力云图等，其中应力结果要与标杆产品或经验值进行对比。

（8）仿真分析报告，即明确仿真分析报告应该包括的内容。仿真分析报告通常包括仿真需求的输入、仿真数据的输入、仿真结果的判断及优化建议等内容。

仿真结果是否"真"，在很大程度上决定了设计人员对仿真的信任度，影响仿真结果准确性的主要因素如下：

- 仿真模型的精确性。避免过度简化几何模型，应准确反映产品实际形状和尺寸，同时要对关键部位和可能出现应力集中/变形较大的区域进行精细化建模。根据计算时间和成本要求，对网格进行合理划分。
- 输入参数的准确性。准确输入材料参数，如泊松比、弹性模量、密度、热导率等；合理设置边界条件，如力的加载、位移约束等。
- 求解器和算法选择的合理性。依据仿真求解问题类型与计算规模，选择合理的求解器和算法，如非线性问题应选择牛顿迭代法等迭代算法。
- 仿真结果标定与修正。将仿真结果与试验结果及其他可靠的理论与数值结果进行对比分析，如果存在较大偏差，应查明具体原因并及时修正仿真模型与相关的参数，确保仿真结果在合理的偏差范围内。

在三一，所有的仿真方法都需要进行仿真方法成熟度评审。所谓"成熟度评审"，是对三一当下仿真方法的应用范围、试验验证、技术成果等情况进行的综合评审。三一为所有仿真方法确定了相应的成熟度级别，不同成熟度级别的仿真方法可以应用于不同场景。简单地说，仿真方法的成熟度级别越高，其对应的仿真分析结果置信度也越高。此外，三一将成熟的仿真方法软件化，进一步降低仿真技术应用门槛，提升仿真效率与仿真结果一致率，实现仿真知识的最大化复用。

不同的仿真方法有不同的成熟度，成熟度通常代表仿真方法在特定应用领域的发展水平和可靠性，可以衡量仿真技术是否足够成熟、仿真方法能否满足预期的应用目标。三一高度重视仿真方法的成熟度，将成熟度评审视为一项非常重要的工作。根据成熟度评审的结果，三一可以明确仿真方法的成熟度级别，对仿真方法进行分级管理。在分级管理方面，三一建立了仿真方法分级管理制度。该制度由集团统一发布，各单位遵照执行。另外，三一打造了仿真方法成熟度模型，主要包括以下内容：

（1）定义，即介绍不同成熟度级别的仿真方法的应用范围。

（2）评审文件，即明确不同成熟度级别的仿真方法所需的评审文件。

（3）评审组织，即明确不同成熟度级别的仿真方法分别由哪个部门负责评审。

（4）评审准则，即介绍依据哪些准则对仿真方法的成熟度级别进行评审及具体评审要求。

仿真方法成熟度模型是三一基于对仿真方法应用现状的总结和分析开发出来

Chapter 1　第 1 章　数字仿真：现代工业企业升级之道

的一套高度适配三一产品研发特点的模型，三一将仿真方法的成熟度分为 TRL-1、TRL-2、TRL-3、TRL-4 4 个级别，能够反映不同成熟度级别仿真方法的关键里程碑。通过持续提升仿真方法成熟度，三一让仿真结果更"真"，在保证产品质量和性能的基础上，进一步减少或代替部分物理试验，既提升了产品竞争力，又缩短了研发周期和成本。基于仿真方法成熟度模型，工程师能更好地了解仿真方法应用现状，明确后续仿真方法开发的重点方向和修订方案，为仿真方法体系的巩固和优化奠定基础。

仿真方法成熟度通常由三一仿真与数字孪生专业委员会多名专家联合会审，并出具相应评审意见，以决定该仿真方法对应的成熟度级别。例如，三一泵路事业部认为泵送系统主油缸静力学仿真分析方法可以被评审为 TRL-3 级别，那么泵路仿真工程师需要提交泵送系统主油缸静力学仿真分析方法以及与之对应的仿真方法作业指导书和仿真方法验证报告，然后由泵路事业部相关领导逐级评审，并发布评审结果。该仿真方法通过泵路事业部内部评审后，会被提交给三一仿真与数字孪生专业委员会，由委员会专家再次评审，并发布最终的评审结果。只有仿真与数字孪生专业委员会评审通过，该仿真方法才能被定义为 TRL-3 级别。

仿真方法成熟度模型是实现仿真方法分级管理的重要参照物。在进行仿真方法成熟度评审时，仿真方法验证报告是最重要的评审文件之一。它详细描述了仿真方法的研究背景、研究目标、技术路线、验证案例等内容。

（1）研究背景，即说明仿真方法的研究背景，如产品设计需求、性能需求、故障与问题解决需求等。

（2）研究目标，即说明仿真方法要满足的要求是什么，如精度要求、阶段要求、结果要求等，并说明该仿真方法的成熟度级别。

（3）技术路线，即说明仿真方法开发的技术路线，以证明相关技术的可行性。

（4）验证案例，即说明仿真方法在具体产品研发中的应用成效，以验证其有效性。

仿真标准是指在数字仿真领域，通过制定一系列规范，对仿真任务的流程、技术、数据、模型等进行统一管理。随着数字仿真在产品研发中的应用越来越广泛，仿真标准的重要性凸显。三一将达到一定成熟度级别的仿真方法升级为企业仿真标准。与仿真方法相比，仿真标准定性难度更大。企业想要形成仿真标准，必须对大量产品进行物理试验及误差标定，同时仿真精度要足够稳定可靠，并能支持产品设计和产品质量验证。

仿真标准的价值如下：

（1）仿真标准是受到员工一致认可的企业级标准，比仿真方法的认可度更高。它为仿真团队提供一致、稳定、能重复应用的仿真分析结果。当遇到相似问题时，仿真团队可以根据同样的仿真标准解决该问题。

（2）仿真标准可以使输入数据及仿真分析流程更规范，仿真分析结果更精准、更有说服力，从而提高仿真的质量和可信度。另外，随着仿真标准得到广泛应用，仿真分析的精度和效率将不断提高，为产品研发提供更有力的支持。

（3）仿真标准可以很好地避免重复工作和资源浪费，保证仿真任务的经济性。例如，一旦形成仿真标准，相关产品的物理试验便能被部分代替，有利于降低物理试验的综合成本，可以在保证质量的同时让产品更快上市。

（4）仿真标准对仿真团队，尤其是年轻仿真工程师的帮助非常大，可以极大地提高他们的成长速度。同时，仿真标准中已经固化的仿真分析流程可以帮助设计工程师深入了解仿真任务，为产品设计提供一定的指导。

要做好仿真标准建设，必须重视并妥善解决以下5个问题：

（1）明确仿真方法达到哪个成熟度级别可以升级为仿真标准。对三一而言，至少要达到TRL-3级别的仿真方法才可以升级为仿真标准。

（2）将仿真分析流程固化是仿真标准建设的关键点。在三一，仿真团队要对仿真对象进行完整、严谨和多轮的仿真分析，最终形成固化的仿真分析流程。固化的仿真分析流程可以保证仿真分析结果的精度和准确性，提高仿真标准的质量。

（3）在仿真标准建设中，验证仿真结果的精度和可靠性很重要。对于不同的仿真标准，除了要进行仿真分析流程固化，还要将大量物理试验结果与仿真结果作对比，并根据对比情况及时更新和修订仿真标准的内容，以保证仿真标准的时效性和准确性。

（4）将仿真标准编纂成册，作为仿真团队工作的依据和三一的无形资产。仿真标准一般包括应用范围、引用材料、术语和定义、输入数据、仿真分析软件、仿真分析流程、仿真分析结果评价、仿真分析报告等内容。通常不同产品的仿

第1章 数字仿真：现代工业企业升级之道

标准，其内容是不同的，如挖掘机、起重机、泵车等。

（5）及时更新和补充仿真标准。例如，有些仿真方法前期成熟度级别较低，经过多次仿真分析、试验验证，应用范围不断扩大，后期成熟度级别逐步提高。当仿真方法成熟度级别提高到符合三一对仿真标准的要求时，三一就会将其纳入仿真标准。

除了企业标准，三一先后参与编制了 IEEE P3144《工业数字孪生成熟度模型和评价方法》《工业数字孪生 通用要求》《数字孪生软件平台 参考架构》《数字孪生模型评估规范》《制造业的数字化仿真 分类》《制造业数字化仿真 仿真环境管理要求》《机电液控联合仿真技术要求》《整车综合控制动力电机热管理控制系统技术规范》《CAE 仿真数据管理系统技术规范》等 10 余个数字仿真与数字孪生领域的国际、国家和团体标准。

要素三：仿真人才

数字仿真涉及力学（理论力学、材料力学、疲劳与断裂力学、振动力学、流体力学等）、运动学与动力学、传热学、工程热力学、声学、液压、控制、电子电气、电磁等多个学科，对仿真人才的专业能力、工作经验与综合素质有很高要求。三一自主打造与产品研发适配的数字仿真人才体系，设立结构仿真工程师、振动噪声仿真工程师、流体仿真工程师、系统仿真工程师、电磁兼容性仿真工程师等不同岗位。

以结构仿真工程师为例，需要掌握理论力学（研究物体在力的作用下的运动规律，包括静力学和动力学）、材料力学（研究材料在力的作用下产生的变形和破坏规律）、弹性力学（研究弹性固体在力的作用下产生的变形和应力分布）、有限元方法（通过将连续体离散化为有限个单元来近似求解，是一种用于求解复杂工程问题的数值分析方法）等基础理论知识，了解不同材料的力学性能和应用特点（包括金属材料、非金属材料等），了解结构设计的基本原理和方法；精通常用的结构仿真分析软件（包括前处理、求解器和后处理等功能），熟悉结构仿真分析流程（包括模型建立、材料定义、边界条件设置、求解计算和仿真结果处理等）；通过项目实践，积累丰富的解决实际工程问题的能力，不仅能够完成刚度、强度、疲劳度等结构仿真分析任务，还能够给出优化建议。

在三一数字仿真体系中，仿真流程、仿真方法、仿真人才是最核心的 3 个要素。

其中，流程定义了做什么，方法定义了如何做，人才定义了谁来做。当然，这并不代表仿真战略、仿真工具软件与仿真基础设施等要素对仿真体系不重要，只不过本书希望用更多笔墨和篇幅来介绍三一更有优势、布局更为成熟的关键内容，以便为读者带来更有价值的启发。

1.5.2 技术战略：将仿真技术价值发挥到极致

正如战略管理学家迈克尔·波特（Michael Porter）所说："技术是让企业维持正常经营和长久发展的重点，是决定竞争规则与成败的必不可少的要素之一。"产品竞争力是企业经营的基础，如果没有过硬的产品，一切无从谈起。仿真技术作为产品研发技术重要的组成部分，首先要满足企业的产品战略。对三一而言，那就是打造满足客户需求的行业领先的爆款产品。爆款体现了产品的成功，客户愿意买单，其背后必然有能够打动客户的特性，如高可靠、低能耗、强动力等。实现这些特性，数字仿真技术将发挥至关重要的作用。

三一成立了仿真与数字孪生专业委员会，负责数字仿真技术体系规划，包括6个一级学科（结构仿真、振动与噪声仿真、多体动力学仿真、流体仿真、系统仿真、电磁兼容性仿真）和18个二级学科（刚强度与疲劳耐久仿真、振动仿真、声学仿真、流场/温度场仿真、多相流仿真、离散元仿真、动力经济性仿真、热管理仿真、机电液控联合仿真等）。它们被广泛应用于土石方机械、起重机械、混凝土机械、路面机械、桩工机械、港口机械、煤炭机械、商用车、能源装备，以及风电、锂电、氢电与光伏等新能源装备。

三维仿真技术数值理论基础涉及有限元法、边界元法、离散元法、有限体积法等。有限元法是常用的高效数值计算方法，被广泛应用于以拉普拉斯方程和泊松方程所描述的各种物理场分析中，如结构静力学分析、模态分析、屈曲分析、动力学分析、疲劳分析、热传导分析等。边界元法将区域的边界分割成边界单元，使问题难度降低，特别适用于无限域问题和三维问题，因此，边界元法在处理结构声辐射、声散射和结构声腔等问题方面有独特的优势，常被应用于声学仿真。离散元法是分析复杂离散系统的运动规律与力学特性的一种新型数值计算方法，适用于分析非连续介质及其颗粒散体的运动，如针对装载物料开展挖掘机铲斗结构仿真优化，提升装载量及降低铲斗磨损；针对破碎机开展

Chapter 1 第1章 数字仿真：现代工业企业升级之道

矿石破碎效果仿真；针对加料器开展加料仿真，防止物料溅落和卡料等。有限体积法又称为控制体积法，就是将计算区域划分为一系列互不重叠的控制体积，并使每个网格点周围有一个控制体积；将待求解的微分方程对每一个控制体积积分，便得出一组离散方程。有限体积法主要被应用于计算流体力学数值，其与有限元法结合，常被用于分析流固耦合问题，如挖掘机油箱流固耦合仿真、风机叶片颤振流固耦合仿真等。

在三一，各类仿真技术赋能产品研发的案例不胜枚举。以最常见、最典型的结构仿真为例，其对于保障电池包结构可靠性与安全性发挥了重要作用。电池包是电动产品的关键零部件，安全性必须足够高。电池容易因受到撞击和挤压而变形，其内部高压线缆和高压器件在碰撞时容易被刮破或扯断，导致起火或电击伤害。另外，电池包上的其他零部件也容易受到冲击，导致电动产品出现短路甚至爆炸等危险情况。为保证电池包的安全性，工程师对电池包结构进行静强度仿真分析、挤压强度仿真分析、模拟碰撞仿真分析等多维度仿真分析，洞察电池包结构变形等情况，了解电池包模组之间是否会发生挤压与变形。通过仿真分析及设计优化，电池包最大应力显著降低（电芯没有受到挤压，也没有发生破裂和泄漏，符合法规要求），安全性大幅提高。

SY980H 是三一重机倾力打造的全新一代矿山挖掘机。它采用油耗低、动态响应快的发动机及高压、大流量的全电控液压系统，主要针对石、煤、金属等矿山重载工况，以强大的重载作业能力及高可靠性为第一目标，通过精细的匹配控制技术，使得作业能耗达到最优化，较上一代产品综合能效提升了 8% 以上，实现了"提效、降耗"双突破。结构件寿命是挖掘机产品关键性能指标之一，除结构设计因素外，结构焊接产生的焊接变形也会直接或者间接影响结构件寿命。为进一步提升 SY980H 矿山挖掘机结构件寿命，三一重机采用焊接变形仿真技术，准确模拟实际焊接过程，复现结构变形，确保了焊接仿真方法的有效性，减少了物理样件的焊接工艺试验。以 SY980H 动臂前叉为例，三一重机通过对电流电压、焊接速度、焊前预热、焊接顺序、分段焊接、夹具优化等常见焊接变形工艺进行研究，制定了 52 种焊接变形仿真方案，通过仿真验证与工艺优化，快速确定了最优焊接工艺方案，结构件变形量减少了 20% 以上。

三一电动搅拌车作为三一"低碳化"战略下的核心产品，连续 5 年市场占有率保持第一，斩获了"2023 年度第一畅销新能源工程车"大奖。在电动搅拌车产品研发过程中，电耗是核心，也是产品竞争力的直接体现。电耗优化涉及动力、传动、行驶、电气等多系统的综合匹配与优化，复杂程度极高，且在面对不同的使用地域时，场景工况难以精准定义。能量管理仿真辅以大数据分析技术，可以为电动搅拌车产品研发提供强有力的指导与支持。工程师可以基于大数据聚合建立专用车辆标准工况曲线，通过整车及部件性能数据库建立电池、电机、传动系统、热管理系统、控制器 5 大系统的 33 个关键系统仿真模型，并应用整车能量管理仿真技术进行电耗优化，实现"系统－整机"200 余组工况逐级建模标定，使整车电耗降低 16%，车辆的续航里程大大增加。三一电动搅拌车凭借高效节能、耐用可靠、环保安全、操作便捷、维护成本低等特点受到了广大客户的广泛好评。三一电动搅拌车示意图如下（见图 1-11）。

图 1-11　三一电动搅拌车示意图

数一数二的产品必须有数一数二的质量，而提高质量要从设计做起，仿真技术可以很好地弥补仅仅依靠经验主义的不足。能源装备作为我国能源安全和经济命脉支柱产业之一，必须打破重大装备国外技术垄断的局局，科技创新能力和产品研发效率对企业来说至关重要。一直以来，三一能源装备（三一能源装备有限公司）在压裂、钻采自动化领域非常重视仿真技术驱动研发效率的提升，通过仿真技术开创性地突破了行业瓶颈。三一在行业首创的自制底盘压裂车、钻修井电动化排管机械手，是客户认可的爆款产品。压裂泵是油气开采的关键设备，承受压力超过100MPa，国内压裂泵泵头开裂问题始终困扰着压裂作业的客户。三一通过健全压裂泵载荷谱工况，开发了压裂泵泵头疲劳耐久仿真分析方法，使泵头体寿命提升了50%，达到了1000小时以上，产品竞争力显著提升。

1.5.3 数智战略：提升仿真自动化与智能化水平

当前，人类社会正迈入以信息为主导、信息和能量深度融合的第四次工业革命，即"数智化革命"，数据、算力、智能成为各行业快速发展的新引擎。数据成为新的生产资料，人工智能将融入企业研发、生产、营销、服务、运营等各个环节。大数据、云计算、人工智能、区块链、AR/VR、数字孪生等新技术交叉融合发展，拓展了数智化应用的广度和深度。

三一集团创始人梁稳根先生曾表示，中国正处于两个重大战略机遇的交汇点：一是中华民族伟大复兴的中国梦，二是被称为第四次工业革命的新技术浪潮。如果能抓住这两者交汇的旷世机遇，更快更好地完成数智化转型，那么中国一定能从制造大国变成制造强国。"数智化"是三一的"三化"战略之一，三一正在以"要么翻身，要么翻船"的勇气和决心，围绕智能产品、智能制造、智能运营，全力推动研发、制造、商务、营销、服务、管理等全业务的数智化转型，力争让三一变成一个数据驱动、机器决策、网络协同的平台型、生态型企业。

在数字仿真领域，三一也在积极探索数字仿真技术与大数据、人工智能、AR/VR、数字孪生等技术的融合应用，进一步提升仿真自动化与智能化水平。

1. 仿真自动化与智能化

商业仿真软件功能非常丰富，但操作复杂，且需要仿真工程师具备深厚的专业理论知识（如材料力学、计算流体力学等）。仿真过程包括仿真建模、前处理、网格划分、边界条件设置、求解计算、后处理与报告生成等，通常以天为单位完成仿真任务。对具体的仿真任务而言，通常需要经过多轮设计与仿真的迭代，才能确定最优设计方案，时间跨度会更大，在有限的研发周期和仿真资源投入下，难以做到"应仿尽仿"。因此，仿真不仅要"真"，还要"快"。将特定场景下成熟的仿真方法软件化，可以大幅提升仿真效率，降低仿真技术应用门槛。仿真自动化软件提供了专用的操作界面,将仿真过程参数化,不仅固化了仿真步骤,还实现了仿真知识的复用,保障了仿真结果的一致性与置信度;既可以提供给仿真工程师使用,也可以提供给设计人员使用。三一非常重视仿真自动化软件的自主研发工作,面向挖掘机、起重机、泵车、搅拌车、自卸车、牵引车、能源装备、风电设备等产品定制开发了大量的仿真自动化软件,极大地提升了仿真效率。例如,三一履带起重机载荷表计算软件,可实时匹配优化 200 个总体参数,一键输出上万张载荷表,10 分钟内完成全套控制程序格式载荷表输出;轮式起重机仿真分析平台覆盖了所有起重机结构件仿真计算,可实现一键式参数输入,自动生成结构化仿真分析报告,使仿真效率提升 2 倍以上。为进一步提升仿真管理效能,支持跨地域、多组织仿真任务协同,三一自主研发了仿真在线系统,实现了仿真流程、仿真任务、仿真数据(载荷数据、材料参数、性能参数、模型库等)、仿真人员、仿真软件、仿真报告等仿真全量全要素的在线管理。

人工智能与数字仿真技术的融合带来了无限可能,可以让数字仿真对现实世界的模拟变得更加精确、高效。人工智能能够自动处理许多由人工执行的重复性工作,可以快速产生多个方案,并依据给定的参数进行快速的迭代优化。基于神经网络的仿真模型降阶技术,可以显著提升计算密集型仿真(如计算流体力学仿真、离散元仿真、有限元仿真)的计算速度,在不影响仿真计算精度的前提下,可以使仿真速度提升 1000 倍。在机械运行过程中,由人工智能驱动的仿真系统可以实时获取机械结构的各种数据,如应力、应变、振动频率等。利用这些数据,仿真系统能够即时对机械结构的模型进行调整和优化,实现动态的自适应仿真。机械结构在实际工作中往往涉及多个物理场的相互作用,如热力学、流体力学、结构力学等。人工智能使能下的数字仿真技术可以更好地处理这些复杂的多物理场耦合问题,自动识别不同物理场之间的关键交互点,并准确模拟它们对机械结构性能的综合影响,无须工程师手动设置大量复杂的仿真边界条件和参数。

2. 数字孪生与工业元宇宙

自 2019 年全球知名 IT 研究与咨询公司 Gartner(高德纳咨询公司)将数字孪生列为十大战略科技发展趋势之一,数字孪生在智慧城市、智能工厂、智慧医疗、智慧建筑、智能产品、智能运维、车联网等领域得到了广泛应用,不少国家将数字孪生列为数字化转型的重要抓手。法国的达索系统公司、美国的 PTC 公司(美

Chapter 1　第 1 章　数字仿真：现代工业企业升级之道

国参数技术公司）、德国的西门子公司，以及中国的阿里巴巴、腾讯、华为等公司均积极探索数字孪生解决方案。中国电子信息产业发展研究院发布的《数字孪生白皮书》将数字孪生定义为"实现物理空间在赛博空间交互映射的通用使能技术，即综合运用感知、计算、建模等信息技术，通过软件定义，对物理空间进行描述、诊断、预测、决策，进而实现物理空间与赛博空间的交互映射"。由此可见，数字孪生是建模与仿真、大数据与机器学习、三维可视化等技术的综合应用，在装备制造领域，可广泛应用于产品研发、生产制造、服务保障等场景。

近年来，三一积极布局数字孪生，自主研发了数字孪生平台软件，在智能产品、智能制造、智能服务等领域开展了众多实践与探索，如基于数字孪生的产品能耗优化、智能工厂建设、产品故障预测、智能综采作业等。2024 年，三一重工荣获了在意大利米兰举办的第四届数字孪生国际会议"数字孪生创新应用奖"。随着工程装备加速向智能化、无人化、低碳化方向发展，数字孪生技术将有更大的发挥空间，真正意义上实现"千车千面"。

如何降低工程装备在使用过程中的能耗和对环境的影响成为各大企业面临的重要挑战，尤其是新能源工程机械产品。为了有效应对这一行业痛点，三一积极探索基于数字孪生技术的能耗优化解决方案：通过创建精确的数字孪生模型，实时监控客户侧物理装备的运行状态、性能和参数；利用实时仿真和机器学习技术，实时分析装备在作业过程中的能耗，优化控制策略，提供驾驶操作辅助和能耗优化建议；通过客户侧物理装备能耗的持续监测和控制策略的动态调整，实现装备能耗的实时动态管理，从而达成精细化全生命周期能耗管理目标。该解决方案已成功应用于搅拌车、牵引车、抓料机、正面吊等多个产品的研发过程中，并荣获了 2024 年度中国仿真技术应用大会"优秀仿真技术解决方案奖"和工业和信息化部主办的"全国仿真创新应用大赛"一等奖。

三一海工在"天津港轮胎吊自动化改造项目"中应用数字孪生技术，可智能学习人工作业技术要领，并模拟、预测箱体轨迹和位置，实现了速度跟随、位置跟随、实时防摇防扭等多项能力，使轮胎吊自动化作业效率提升至每小时 20 次作业循环（传统作业效率大约为每小时 15 次作业循环），在行业内首次实现自动化轮胎吊效率超过人工效率。

"灯塔工厂"被誉为"世界上最先进的工厂"，由世界经济论坛（WEF）与麦肯锡公司合作遴选,是"数字化制造"和"全球化 4.0"示范者,代表当今全球制造业领域智能制造和数字化最高水平。

截至 2024 年,三一已建成 40 余座"灯塔工厂",其中"北京桩机工厂"和"长沙 18 号工厂"是全球重工行业唯二获世界经济论坛认证的"灯塔工厂",为全球制造业企业提供了可借鉴的智能制造与数字化发展方向。硬件上,它们突破了全自动切割下料、机器人焊接/组对等多项关键技术,实现了从"机器辅助人"到"人辅助机器"的跃迁,人均作业效率大幅提升。在软件方面,它们以制造运营管理平台(MOM)为核心,结合车间物流管理系统(WMS)、生产计划系统(APS)、工厂数字孪生等多套数字化系统,形成了工厂生产制造的"智能大脑",实现了研发和生产管理的在线化、实时化、数字化,有助于实现资源的最优配置与科学合理决策。

2024 年 10 月 8 日,全球首座风电行业"灯塔工厂"——三一重能叶片工厂认证落户中国湖南省韶山市,实现了风电行业"灯塔工厂"从 0 到 1 的突破,中国风电叶片"智造"正式迈入新纪元。三一重能作为中国风电智能制造与数字化转型的先行者,基于在风电主机智能制造领域的成功实践,打造了行业首座超级叶片工厂,对传统风电叶片生产模式进行了颠覆性创新,从源头保障叶片全生命周期的安全可靠。三一重能通过运用工厂数字孪生技术,可以实时监控工厂所有运行情况和生产数据:从生产单元的温度与湿度,到螺栓力矩控制、叶片打磨平整系数等工艺参数与技术指标,每一项影响产品质量的关键指标都会呈现在平台上,相当于在实体工厂之外打造了一个"一比一"的线上数字工厂,以此实现对生产全流程 360 度无死角的在线监控和精益化管理。

数字孪生作为推动社会进步和产业变革的重要力量,正以前所未有的速度改变着我们的生活。通过物理世界与数字世界的深度融合,数字孪生给航空航天、装备制造、智慧城市、医疗健康等诸多领域带来了革命性变化。在这个充满创新与变革的时代,数字孪生与工业元宇宙不仅代表着科技创新的前沿,更预示着未来生活的无限可能。

技术篇

数字仿真技术落地

第 2 章　Chapter 2
结构仿真：提高结构可靠性，延长寿命

在飞速发展的现代社会中，结构仿真已广泛应用于汽车、航空航天、工程装备、新能源、土木建筑等众多领域。在汽车领域，结构仿真可应用于分析车辆行驶工况下的动态特性与碰撞安全方面的问题，确保行驶安全；在航空航天领域，结构仿真可应用于分析飞行器力学性能，确保飞行器的安全性与可靠性；在工程装备领域，结构仿真可应用于分析行驶机构与作业机构的可靠性与寿命，提升装备作业时长；在新能源领域，结构仿真可应用于分析电池碰撞、挤压等机械性能，确保电池的安全性；在土木建筑领域，结构仿真可应用于分析不同地震、风载条件下结构的稳定性和安全性，确保建筑结构的可靠性。

本章将简要介绍结构仿真关键技术，重点分享其在工程装备、商用车和新能源领域的最佳实践，方便读者更好地了解结构仿真典型应用场景及其工程应用价值。

Chapter 2 第 2 章 结构仿真：提高结构可靠性，延长寿命

2.1 结构仿真概述

结构仿真是以力学理论为基础，利用计算机技术和数值方法来模拟结构在不同约束条件下（如载荷约束、边界约束、环境约束等）的行为和性能的技术，通过获得结构的变形、应力、应变等特性参数以了解和优化产品结构设计。

作为一种评估工程结构性能的方法，结构仿真被广泛应用于产品研发中，已成为三一产品研发的核心技术之一，结构高可靠与长寿命已成为工程装备的核心竞争力。

2.1.1 结构仿真关键技术

结构仿真主要包括刚强度仿真、疲劳耐久仿真、碰撞安全仿真、结构优化仿真等。刚强度仿真又分为线性静力学分析和非线性静力学分析，用于评估结构抵抗变形与破坏的能力；疲劳耐久仿真又分为应力疲劳分析、应变疲劳分析等，用于评估结构承受扰动载荷的能力；碰撞安全仿真通常采用显式动力学分析，通过模拟真实碰撞过程，预测结构碰撞后的动力学响应和结构变形情况，以评估结构碰撞安全性能；结构优化仿真用于找到最优设计方案。

结构仿真关键技术如下。

1. 刚强度仿真

工程机械产品由众多重要的结构件组成，在载荷作用下，结构件的形状或尺寸会发生变化，即变形。同时，结构件内部会产生一定的内力。随着载荷的增加，结构件的变形程度与内力也逐渐增加，导致结构件过度变形。为了保证机械结构正常工作，任何一个结构件都要有足够的承受载荷作用的能力（以下简称"承载能力"）。结构件的承载能力通常由强度、刚度和稳定性决定。

结构件失效主要表现为强度失效、刚度失效、失稳与屈曲失效、疲劳失效以及蠕变与松弛失效。强度失效的方式是屈服与断裂，刚度失效的方式是结构件产生过量的弹性变形，失稳与屈曲失效是由结构件平衡状态的突然转变引起的失效，疲劳失效是由交变应力的作用而引起的结构件突然断裂。

（1）线性静力学分析。线性静力学分析是力学分析方法的一种，通常和有限元方法结合起来使用。在静力学中，为了研究结构件的强度、刚度和稳定性问题，

必须把一切结构件都看作可变形固体。可变形固体的性质是多方面的，为了简化研究，对可变形固体作如下假设：均质连续性假设、材料各向同性假设，以及微小位移、微小变形假设。

（2）非线性静力学分析。非线性分为几何非线性、边界非线性和材料非线性。几何非线性就是大变形，是指相对于结构尺寸，结构在外载作用下的变形量很大；边界非线性是指结构包含滑移、摩擦等非线性边界；材料非线性是指材料本身具有非线性的应力和应变关系，如弹塑性响应状态、蠕变响应状态和粘塑性响应状态等。非线性静力学分析可广泛应用于解决螺栓非线性、轴承非线性、复合材料非线性等众多复杂的工程问题。

2. 疲劳耐久仿真

疲劳耐久仿真即分析材料在某点或某些点承受交变应力，且在足够多的循环交变作用之后形成裂纹或者断裂，由此所发生的局部永久结构变化过程。疲劳破坏一般从应力或者应变较高的结构表面局部开始，形成损伤并逐渐累积，导致破坏发生。疲劳破坏是一个损伤累积和发展的过程，材料发生疲劳破坏往往需要经历裂纹萌生、裂纹扩展和断裂3个阶段。裂纹萌生阶段对结构件表面状态比较敏感，疲劳断裂的应力很低，通常低于静载时的屈服强度。

（1）应力疲劳分析。金属材料的应力疲劳破坏是工程中常见的破坏形式之一，其所承受的载荷循环次数较多，而作用在结构件上的循环应力水平较低，最大循环应力通常小于材料的屈服应力，结构没有发生明显塑性变形。使用疲劳损伤演化律和疲劳准则，可以进行寿命仿真预测。

应力疲劳又称高周疲劳，由于高周疲劳中结构的应力多属于弹性应力范畴，因此高周疲劳分析一般以应力为基础参数。

（2）应变疲劳分析。疲劳寿命所包含的载荷循环次数较少，而作用在结构件上的循环应力水平较高，最大循环应力通常大于材料的屈服应力，发生明显塑性变形的疲劳。由于工程应力的截面塑性变形较大，不能准确地表征应力的大小，因此以应变为表征更合适。

应变疲劳又称低周疲劳，由于低周疲劳较大区域的材料会进入塑性或蠕变变形，发生较大的变形，材料的应变进入屈服阶段，而材料屈服后的应力变化没有应变变化明显，因此低周疲劳分析应以应变为基础参数。

Chapter 2 第 2 章 结构仿真：提高结构可靠性，延长寿命

（3）振动疲劳分析。振动疲劳分析研究的是在振动激励环境下结构的疲劳破坏过程，即结构所受动态交变载荷（如振动、冲击、噪声载荷等）的频率分布与结构固有频率分布具有交集或者比较接近，从而使结构产生共振所导致的疲劳破坏现象。结构的疲劳破坏与结构的振动响应（包括结构固有频率、交变载荷变化频率、振动幅值、振动相位和结构振型等模态）密切相关。

（4）焊接疲劳分析。焊接疲劳分析包括焊缝疲劳分析、焊点疲劳分析和裂纹扩展分析。

焊缝疲劳破坏是工程机械中很常见的一种疲劳破坏形式，与金属疲劳破坏不同，二者依托不同的理论和仿真方法。常用的仿真方法有名义应力法、热点应力法、等效结构应力法和缺口应力法。在三一，焊缝疲劳仿真主要使用的是等效结构应力法。

焊点失效是一种在薄壳结构中常见的破坏形式，在汽车结构中最为常见。焊点的破坏分为连接的钣金在焊点边缘开裂和焊点本身断裂。焊点的疲劳特性与母材的强度关联不大，焊点的疲劳特性主要受几何因素影响（母材厚度、焊点大小和样件大小），平均应力对焊点的疲劳寿命影响不大。常用的仿真方法有名义应力法、结构应力法和强度因子法。

裂纹扩展是断裂力学研究内容的一部分，是一个仍在发展中的学科。目前，基于线弹性断裂力学的裂纹扩展理论相对成熟，并且已经在工程实践（特别是航空航天领域）中得到广泛应用。这种理论的适用条件是裂纹顶端区域小范围屈服，裂纹顶端塑性区的尺寸远小于裂纹尺寸。

3. 碰撞安全仿真

碰撞安全仿真主要分析结构承受碰撞力、碰撞能量的能力，以及吸收碰撞能量过程中对物理位移、变形的控制能力和对结构、高价值零部件损伤的保护能力。碰撞安全仿真的应用场景通常为：在较大载荷作用下，主要承载件发生了瞬态大位移、大转角、大变形，材料进入塑性变形阶段甚至发生不可恢复的永久损伤。

4. 结构优化仿真

结构优化仿真主要通过调整结构的形状、拓扑、尺寸、材料等参数，找到最优设计方案，以满足特定的性能要求和约束条件。结构优化的目标可以是最小化材料用量、提高结构强度和刚度、延长疲劳寿命等，从而实现产品质量的提升和

成本的降低。结构优化通常可以分为形状优化、拓扑优化和尺寸优化等。

随着装备加速向智能化、低碳化方向发展，结构仿真必将考虑与流场、温度场、磁场等多种物理场的耦合分析，从而实现更加精准的产品性能预测。

2.1.2 结构仿真典型应用场景

结构仿真技术可以帮助工程师在产品设计阶段提前验证结构刚强度与疲劳寿命等关键性能，优化结构设计方案，提升结构可靠性与安全性，缩短验证周期，降低验证成本。

在三一，结构仿真典型应用场景如下：

（1）工程装备领域。在挖掘机、起重机、混凝土泵车等工程装备产品研发过程中，工程师可以利用结构仿真技术分析产品的可靠性和疲劳寿命，快速、准确地评估和改进产品的结构性能。以起重机为例，吊臂支架决定了起重机在作业过程中的安全性，也是售后重点关注的部件。在产品设计时，工程师利用结构仿真技术对吊臂支架进行疲劳分析，可以发现疲劳风险点并完成设计优化，避免产品后续出现疲劳断裂风险。

（2）商用车领域。在自卸车、牵引车、搅拌车等商用车产品研发过程中，工程师可以通过结构刚强度仿真分析车辆在极限工况下的可靠性，基于客户侧真实工况下的载荷谱，分析车辆的疲劳寿命。以商用车驾驶室为例，工程师借助结构仿真技术与虚拟迭代技术，可以在物理试验开始前即对驾驶室疲劳耐久性能进行仿真验证和结构优化，大幅提升物理试验一次成功率，降低物理试验试错成本，缩短产品研发周期。

（3）新能源领域。在风电、锂电、氢能、光伏等新能源装备产品研发过程中，工程师可以利用结构仿真技术对结构刚强度与疲劳寿命进行分析优化。例如，在风机研发过程中，工程师可以利用结构仿真技术分析风机塔架、叶片等部件在不同风载条件下的强度与疲劳寿命，保证产品质量；在锂电池产品研发过程中，工程师通过仿真模拟碰撞、挤压等行为，可以分析电池框变形对电池本身造成的影响，提前识别风险并进行改进，保证锂电池产品的可靠性与安全性。

Chapter 2 第 2 章 结构仿真：提高结构可靠性，延长寿命

2.2 结构可靠性仿真典型案例

结构可靠性是指产品在规定的条件下和规定的时间内，实现规定功能的能力。结构可靠性一般包括结构安全性（结构在正常使用和维护条件下能够承受载荷、变形等各种作用不发生损坏）、适用性（结构在正常使用过程中不发生过大的变形、裂缝、振动等）和耐久性（结构在正常维护条件下能在预计的使用年限内满足各项功能要求）。

传统的结构可靠性试验通常是通过物理样机/样件进行整机/台架验证的，其成本高，耗时长。通过结构仿真，工程师可以在产品设计前期就发现潜在的设计缺陷，评估不同方案的刚强度与疲劳寿命，并通过优化结构、材料和工艺等手段提高产品可靠性。结构可靠性整体解决方案示意图如下（见图2-1）。

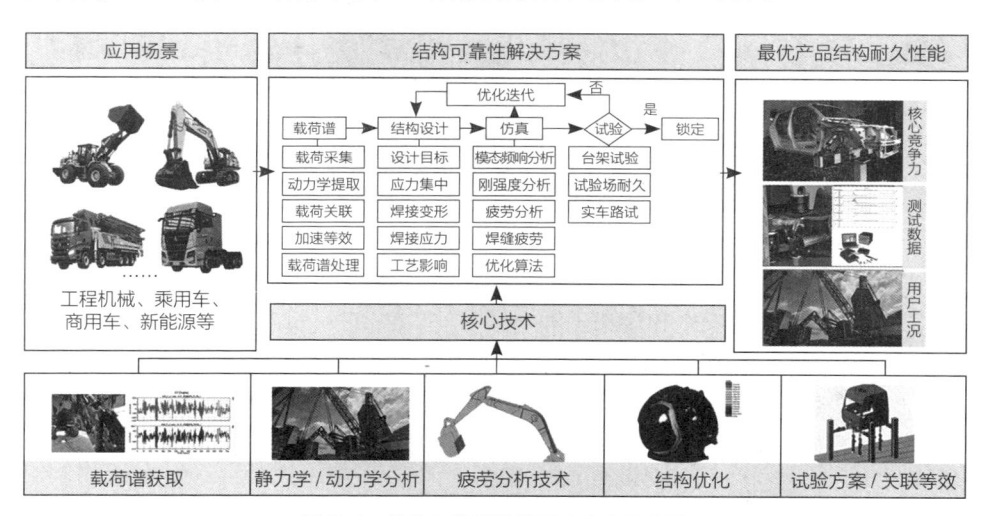

图 2-1 结构可靠性整体解决方案示意图

2.2.1 挖掘机：工作装置更加经久耐用

三一挖掘机（见图 2-2）是三一的拳头产品，在同吨位机型中连续多年保持高市场占有率，销往全球 100 多个国家，具备作业时间长、作业效率高、使用寿命久、环境适应性强等特点，平均故障间隔时间（MTBF）高于行业平均水平 35%。面对城建、矿山、土石方等多场景作业的巨大考验以及全球化激烈的市场

竞争，三一借助数字仿真技术，持续探索新的结构设计与优化方法，进一步提升产品可靠性与寿命，以满足挖掘机"经济耐用、坚固强劲"的性能需求，持续引领行业发展。

图 2-2　三一挖掘机示意图

面对挖掘机全寿命周期作业工况的严酷性、设备结构件自身内在退化规律的复杂性、结构工艺的不确定性等因素，为更加精准地实现机械产品结构件"定寿、延寿"与"减重降本"，三一引入了"焊缝疲劳仿真、载荷反演、试验等效"3项核心技术，采用精准的仿真预测、高效的试验验证与极致的轻量化定寿命设计理念，全量全要素地考虑到动态载荷和实际影响因素，将整机挖掘过程的真实载荷转化为寿命设计载荷，并精准实现台架试验的快速验证，形成了集故障机理分析、载荷谱应用、设计、仿真、试验于一体的结构抗疲劳可靠性整体解决方案。结构抗疲劳可靠性仿真分析流程示意图[①]如下（见图2-3）。

[①] 本书中的流程或解决方案示意图仅代表某个具体的实例，图片下方的文字则是此类技术或方法的通用流程或解决方案，两者虽有一定关联，但不完全一致。特此说明。——编者注

Chapter 2　第 2 章　结构仿真：提高结构可靠性，延长寿命

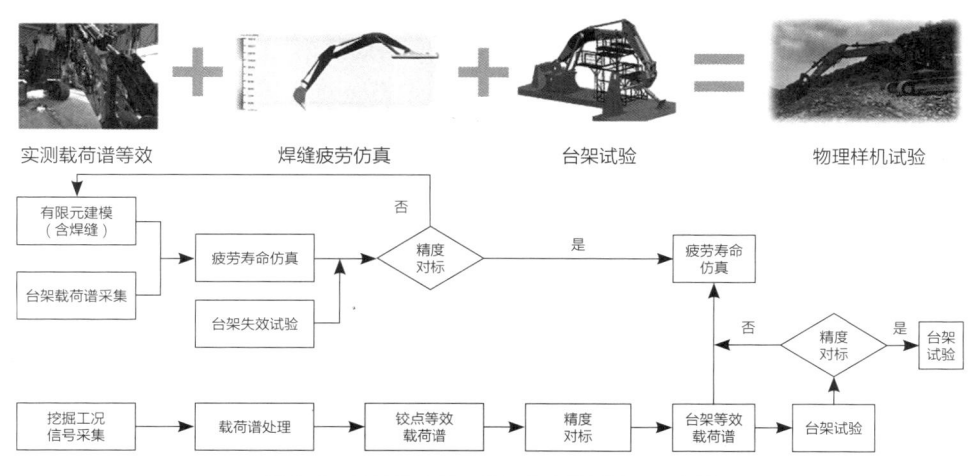

图 2-3　结构抗疲劳可靠性仿真分析流程示意图

结构抗疲劳可靠性仿真分析通用流程如下：

（1）疲劳仿真技术验证。对挖掘机结构件而言，焊缝开裂是主要的故障现象。工程师通过对焊缝破坏机理的研究，采用具有网格不敏感特性的等效结构应力法进行焊缝疲劳仿真分析，同时将仿真结果与台架试验数据对比，验证了疲劳仿真方法的准确性。

（2）载荷反演。准确的载荷数据对于结构件的设计和仿真具有重要意义。载荷反演技术基于挖掘机实际作业过程中的应变数据，结合有限元模型，能够精准反推出结构件在挖掘过程中各个连接点的动态载荷，为结构件的疲劳性能仿真提供输入数据。

（3）等效载荷谱。为快速验证结构件的疲劳性能，工程师运用载荷谱等效技术，对试验场载荷谱进行台架加速等效，这样就可以在样件制作完成后，通过等效过的台架试验对结构件快速进行疲劳性能验证，保证后期整机试验一次通过，缩短研发周期。

（4）结构优化。综合疲劳仿真分析结果与台架试验测试数据，以重量更轻、性能更优为目标，针对挖掘机的主要部件进行结构优化，满足产品可靠性与寿命指标要求。

经过试验验证，该疲劳仿真分析方法精度与载荷反演精度均达到 90% 以上，等效后的台架试验在关键焊缝位置验证精度可达 99%。此方法对于挖掘机结构件

抗疲劳设计与优化具有重要的指导意义。目前，该解决方案已推广应用于6吨、7吨、13吨等4款挖掘机产品。

2.2.2 装载机：车架更加安全可靠

装载机是一种用铲斗铲装物料进行循环作业的工程机械设备。三一装载机（见图2-4）具备动力强劲、高效作业、驾乘舒适、节能环保、操控智能等特点，广泛应用于道路施工、矿山开采等作业场景。

图 2-4　三一装载机示意图

装载机主要由后车架、前车架、工作装置和铲斗4个部分组成。由于后车架通常承受的是集中载荷，特别是在装载物料时，载荷通过铲斗直接作用于后车架，所以后车架常因长时间使用而出现开裂问题，从而影响工程进度，且维修和返工成本很高。为了彻底解决此类问题，三一利用仿真技术总结出一套结构件可靠性与疲劳寿命整体解决方案，在产品研发前期即可完成后车架疲劳寿命预测与优化设计，有效延长了后车架在实际工况下的使用寿命。

这套方案以结构疲劳破坏机理、疲劳行为和影响因素为研究基础，包含载荷谱、结构设计、仿真、工艺、疲劳试验等关键技术，有效解决了后车架开裂问题，提升了装载机后车架结构可靠性与疲劳寿命。后车架结构可靠性仿真分析流程示意图如下（见图2-5）。

Chapter 2　第 2 章　结构仿真：提高结构可靠性，延长寿命

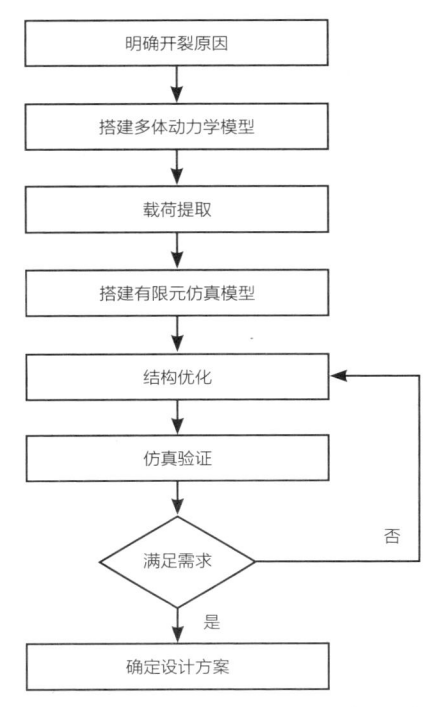

图 2-5　后车架结构可靠性仿真分析流程示意图

后车架结构可靠性仿真分析通用流程如下：

（1）明确开裂原因。研究装载机后车架结构疲劳破坏机理、疲劳行为和影响因素，并从常见的裂纹源、断裂面特性等方面进行原因分析。

（2）搭建多体动力学模型。搭建装载机整车动力学模型，主要包括轮胎、铲斗、工作装置、前车架和后车架等。

（3）载荷提取。在给定的作业工况下，工程师通过结构运动仿真模拟实际作业工况场景，提取各铰点随时间变化的载荷时间历程。

（4）搭建有限元仿真模型。搭建后车架有限元仿真模型，考虑焊缝局部位置的建模方式，从而更加精确地预测和评估失效位置的状态。

（4）结构优化。在对后车架进行结构优化时，工程师精心考虑了焊缝布置、受力形式、力流传递路径等，有助于降低开裂位置的应力集中水平；同时改进焊接工艺，从而有效延长后车架疲劳寿命。

（5）仿真验证。采用焊缝疲劳等效结构应力法，对后车架进行结构疲劳寿命仿真分析，准确识别后车架潜在危险位置并进行寿命预测，从而确定疲劳寿命结果。

通过仿真分析、结构优化与工艺改进，装载机后车架应力集中水平降低了25%～41%，装载机后车架寿命延长了11.6倍。产品投入市场后，获得了广泛好评，平均运行时长增加了74%。装载机结构可靠性是客户最为看重的产品性能，三一装载机能够满足客户高强度、长时间作业需求，凭借卓越的产品性能表现，持续为客户创造价值。

2.2.3 机械式压裂泵：疲劳寿命仿得更准

机械式压裂泵（见图2-6）是石油工业中用于增强油气井产量的重要设备之一。它通过向油气层注入高压液体，使地层形成裂缝，从而增加油气沉通面积，提高油气采收率。因此，机械式压裂泵应能耐腐蚀、耐磨损，可在恶劣条件下长时间可靠工作。但石油开采环境往往较为恶劣，机械式压裂泵面临巨大的加载压力，造成载荷复杂的问题——压裂泵总成（包括泵壳）的关键结构件无法获得准确的载荷信息。同时，工程师难以通过直接测量的方式得到作用于结构的外载荷。因此，工程师无法保证部件边界载荷谱精度。

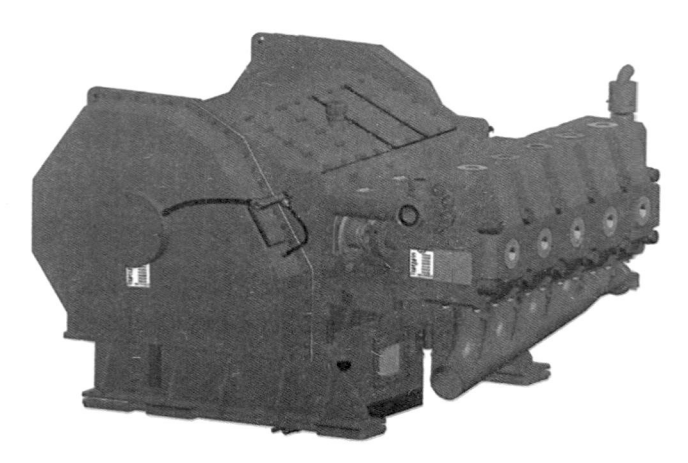

图 2-6 机械式压裂泵示意图

为解决这一工程难题，工程师采用更高精度的载荷反演技术，基于实测的应变

Chapter 2 第 2 章　结构仿真：提高结构可靠性，延长寿命

数据反推出零部件的边界动态载荷。这种技术可以在物理样机验证阶段，通过测试泵壳的实际应变数据，提取泵壳动态载荷，从而进行更准确的泵壳疲劳寿命仿真。

借助物理试验和数字仿真手段，工程师在深入研究载荷反演关键技术的基础上，制定了机械式压裂泵载荷反演与虚拟试验技术方案（见图 2-7）。该方案主要包含载荷谱采集、载荷谱关联、载荷分解及精度标定、载荷反演、疲劳分析、试验验证等环节。

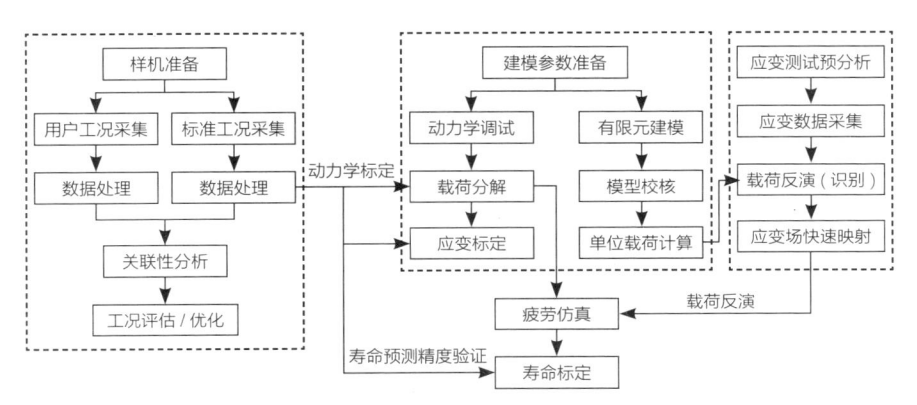

图 2-7　机械式压裂泵载荷反演与虚拟试验技术方案示意图

机械式压裂载荷反演与虚拟试验技术通用方案如下：

（1）泵壳载荷的准确获取。准确的载荷信息是客观评价产品结构强度、寿命、可靠性的必要条件。压裂泵在工作过程中的载荷复杂多变，工程师采用载荷反演技术，基于泵壳上的实测应变数据和泵壳有限元仿真模型，准确获取压裂泵壳体在工作过程中轴承位置的载荷信息，解决了旋转机械载荷获取困难的问题，为泵壳的抗疲劳性能设计提供了准确的输入数据。

（2）客户与台架试验的关联。为快速验证压裂泵的各项性能，工程师设计了加速试验台，并基于损伤等效原理，将加速试验与客户实际使用工况进行关联等效，使加速试验台可以更准确地反映客户的使用情况，在产品研发阶段识别各类结构设计风险。

（3）泵壳疲劳寿命提升。基于更准确的载荷信息和疲劳仿真手段，工程师在设计早期即可对压裂泵壳体进行疲劳寿命评估，识别泵壳的各处风险点，并进行风险位置的优化改进，提升泵壳使用寿命。工程师通过加速试验台架对泵壳疲劳

寿命优化方案进行试验验证,并通过试验手段来验证仿真优化方案的寿命提升效果,从而形成了从仿真优化到试验验证的全流程闭环。

工程师通过创新开发和应用机械压裂泵泵壳载荷反演技术,为新产品设计提供了一种在载荷未知条件下精准获取载荷信息的工具,并建立了先进的台架-用户载荷关联技术能力。这一突破性技术可精确评估不同设备的场内测试和客户现场工况关联情况,显著提高试验效率。工程师通过对压裂泵在使用过程中进行精细化疲劳损伤分析和严格的试验验证,使其疲劳损伤比稳定在0.5~2,大幅提升了疲劳损伤仿真精度,不仅为优化机械压裂泵的疲劳性能打下了坚实的理论基础,还使三一在机械设备疲劳损伤预测和优化领域走在了行业前列。

2.2.4 风力发电机:叶片疲劳试验周期更短、成本更低

在国家"双碳"目标的引领下,新能源发展迎来了前所未有的机遇。风力发电作为清洁能源的重要组成部分,正成为全球能源转型的核心力量。三一重能凭借其在风电领域的深厚积累和创新能力,不仅在全球风电整机制造商中稳居前十,更以其卓越的产品性能和行业地位,为客户提供高效、可靠的风力发电机(以下简称"风机")。三一重能的风机以其高塔筒、高功率、长叶片和智能控制技术,显著提升了发电效率和经济性,为国家的绿色能源转型做出了突出贡献。三一风机示意图如下(见图2-8)。

图2-8 三一风机示意图

Chapter 2　第 2 章　结构仿真：提高结构可靠性，延长寿命

风机主要由三大核心部件组成：塔筒、机舱和叶片。在风力作用下，叶片转动并驱动机舱内的发电机，从而实现风力发电。在这些部件中，叶片的疲劳可靠性尤为关键，直接关系到风机的使用寿命和安全运行。由于动态风载荷的影响，叶片会产生动态响应，这是风机全寿命周期内产生疲劳失效的主要原因。风机结构关重件示意图如下（见图 2-9）。

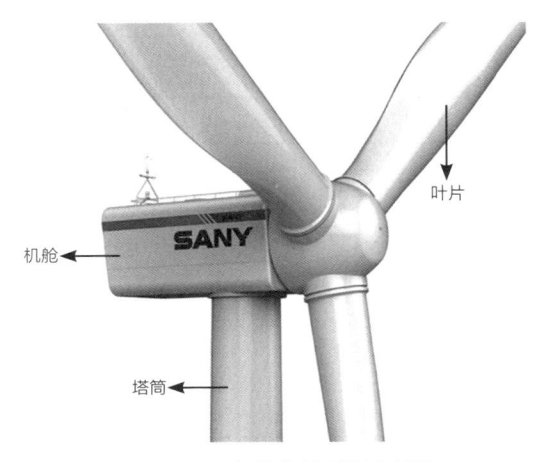

图 2-9　风机结构关重件示意图

叶片的疲劳性能一般通过疲劳试验来验证，然而在试验过程中，叶片可能会遭遇严重偏载情况，这不仅增加了试验风险，还可能导致叶片故障。为了降低这些风险，数字仿真技术的应用变得至关重要。在进行可靠性试验之前，工程师通过数字仿真技术对叶片的疲劳性能进行优化和预测，从而有效降低试验风险。

目前，业内普遍采用静力学等效疲劳载荷进行应变控制的仿真分析方法来评估叶片的疲劳性能。但这种方法未能充分考虑叶片的动态效应，导致分析结果的对标精度较低，且无法对偏载现象进行定量仿真，所以无法有效降低试验风险和故障率。

为了解决这些问题，三一重能提出了一套基于非线性动力学时域分析的全尺寸叶片疲劳试验仿真方案。该方案能够准确预测疲劳试验过程中的风险，显著降低试验过程中的产品故障率，从而为风机的叶片设计和测试提供更为可靠的科学依据。

该方案以动力学分析和优化理论为基础，首先对全尺寸叶片进行非线性时域

分析，然后将分析结果和试验数据对标，再对模型参数进行优化，获取可靠的动力学模型和时域数据，以提高疲劳分析精度。叶片动力学仿真分析流程示意图如下（见图2-10）。

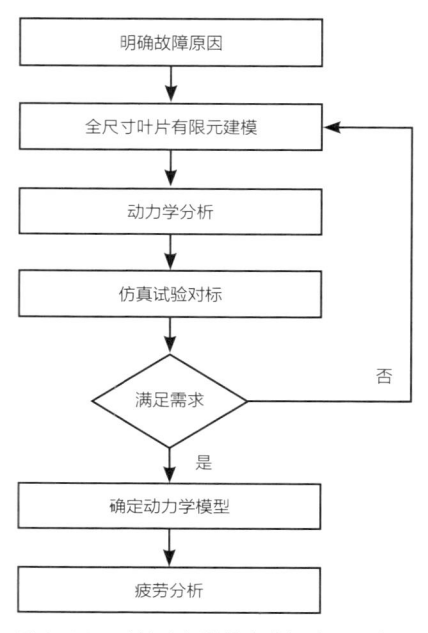

图 2-10　叶片动力学仿真分析流程示意图

叶片动力学仿真分析通用流程如下：

（1）明确故障原因。首先对试验测得的时域应变数据进行定量分析，找出偏载位置，然后分别从试验过程中激振器位置、叶片损伤以及叶片质量分布等方面分析叶片出现偏载的原因。

（2）全尺寸叶片有限元建模。采用壳单元复合材料铺层方式建立全尺寸叶片的动力学模型，对应变影响较大的材料进行参数化处理，便于后续优化。

（3）动力学分析。考虑几何非线性，在确保结果精度的基础上确定最大积分时间步长，使载荷和边界条件与试验条件保持一致，设置应变时域数据存储的采样频率。

（4）仿真试验对标。提取叶片上若干个横截面上监测点应变时域数据的幅值最大值，并与疲劳试验的应变时域数据的幅值最大值进行误差计算，并以此作为

第 2 章 结构仿真：提高结构可靠性，延长寿命

优化目标函数。

（5）确定动力学模型。根据优化分析得到的材料参数（杨氏模量、密度和阻尼比）最优解对现有的叶片模型进行重构，并保持其余分析参数不变。

（6）疲劳分析。对优化后的叶片模型进行动力学分析，获取可靠的应变时域数据，并结合 Goodman 直方图以及 Miner 线性损伤原则对叶片进行疲劳分析。

该方案首次实现了对叶片在疲劳试验过程中偏载程度的定量计算，并结合疲劳仿真分析，在疲劳试验前准确预测 90% 以上的严重偏载现象，而传统方案只能预测 50% 的严重偏载情况。该方案使疲劳试验综合故障率下降了 20%~30%，不仅显著提高了试验效率，缩短了试验周期，还节省了高达数百万元的试验成本，加速了新叶片设计和投产的进程。

2.2.5 自卸车：电池框寿命更长

随着国家"双碳"政策在全国各地的深入落实，纯电自卸车迎来了蓬勃发展的市场机遇期。在城市基建过程中，渣土运输是非常重要的一环，由于其运输过程相对固定，且属于规模化、车队化运营，非常有利于充换电和保养。除了城建渣土运输，还有其他众多运输路线和运输距离相对固定的使用场景，如矿山运输等，它们为纯电自卸车的快速发展创造了有利条件。

纯电自卸车电池框（见图 2-11）是用于安装、承载动力电池系统的支架，多采用侧挂的方式被安装在车架上，在复杂坑洼路面冲击载荷作用下，电池框易变形开裂，影响电池包安全，从而发生安全事故。

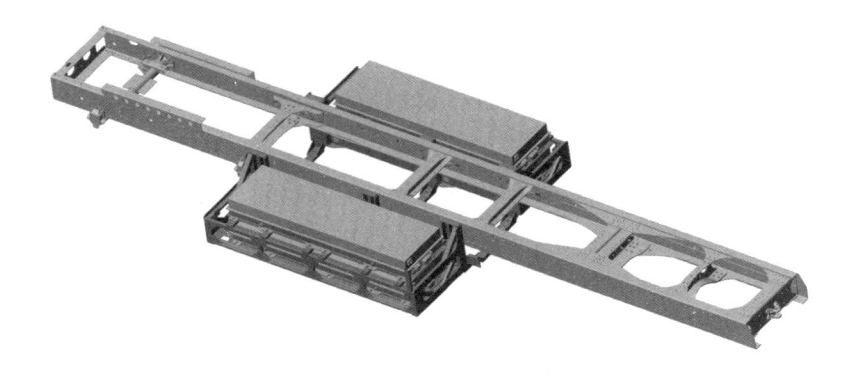

图 2-11 纯电自卸车电池框示意图

为进一步提升电池框使用寿命和安全性，工程师需要对电池框进行不同极限工况下的静强度仿真分析，验证并优化电池框结构强度，识别结构强度破坏风险。同时，基于电池框实测加速度载荷谱，工程师需要开展电池框母材及焊缝位置的振动疲劳寿命仿真分析，验证并优化电池框结构抗疲劳性能。电池框静强度与疲劳寿命仿真分析流程示意图如下（见图2-12）。

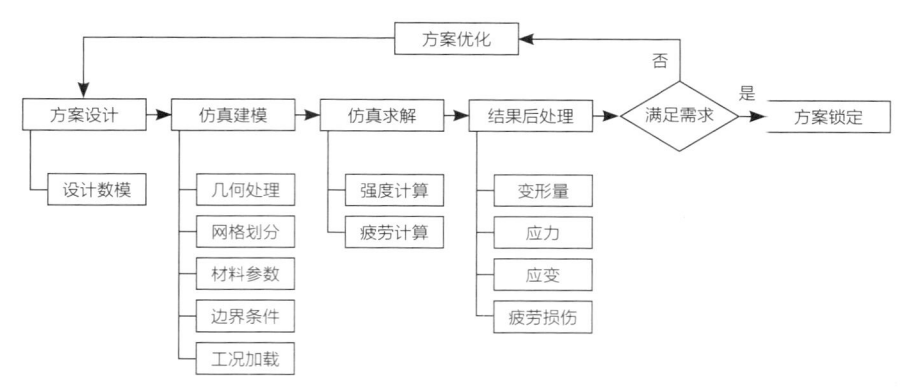

图2-12　电池框静强度与疲劳寿命仿真分析流程示意图

依据自卸车电池框强度仿真方法和自卸车基于实测载荷谱的振动疲劳仿真方法，工程师搭建了车架、电池框、电池包有限元仿真模型，对电池框进行结构强度与疲劳寿命仿真分析。主要内容如下：

（1）电池框强度仿真分析与优化。根据自卸车实际作业工况特点，对电池框进行强度仿真分析，主要包括动载、转向、制动等极限工况，分析并优化电池框在这些极限工况下的强度。

（2）电池框模态仿真分析与优化。为避免电池框与其他激励发生共振，需要对电池框进行模态仿真分析，与整车主要激励源进行解耦避频，防止因共振造成电池框开裂等故障。

（3）电池框振动疲劳寿命仿真分析与优化。振动疲劳破坏是自卸车电池框的主要故障之一，为提升电池框振动疲劳仿真分析的准确性，需要基于自卸车在试验场和客户侧的实测载荷谱，进行电池框振动疲劳仿真分析，考察电池框在试验场和客户侧实际载荷作用下的抗振动疲劳性能，提前识别电池框疲劳破坏风险。

通过对自卸车电池框进行全面的结构静强度与疲劳寿命仿真优化，电池框

第 2 章　结构仿真：提高结构可靠性，延长寿命

应力水平降低了 16%，寿命提升了 18 倍，显著提升了电池框强度和疲劳寿命。三一纯电自卸车电池框以其卓越的性能和可靠性，被誉为"绿色运输的钢铁心脏"，在推动行业绿色低碳转型的道路上发挥了重要作用。

2.3　结构轻量化仿真典型案例

低能耗、低排放、高性能是装备产品核心竞争力的重要体现，尤其是在"双碳"背景下，结构轻量化正是实现这些目标的有效方法。除了更换材料（如高强钢、铝合金、镁合金等），结构尺寸优化也是非常重要的手段。工程师利用数字仿真技术，对材料承载状态、工艺特性进行仿真分析，进一步指导结构设计优化，主要包括拓扑优化、尺寸优化、形状优化、形貌优化等，在合理应用材料的基础上，获得更好的减重效果，从而降低成本、减少能源消耗、增强产品竞争力。结构轻量化设计整体解决方案示意图如下（见图 2-13）。

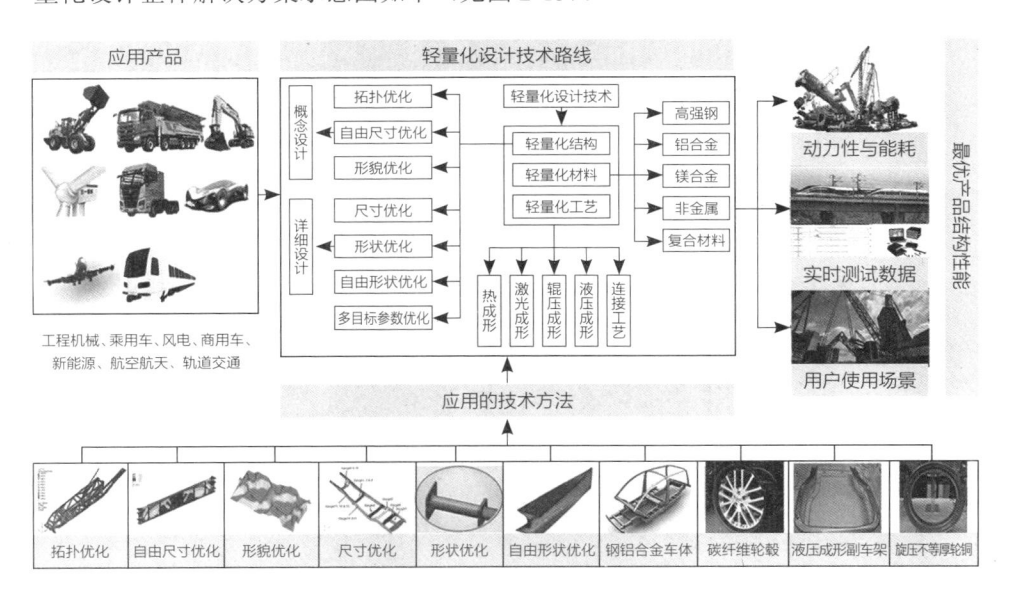

图 2-13　结构轻量化设计整体解决方案示意图

结构轻量化仿真技术在三一应用非常广泛，尤其是在产品设计阶段，为工程机械、商用车、新能源等产品研发带来了非常显著的应用价值。后面章节将详细介绍结构轻量化仿真技术在工程装备、商用车领域的成功实践。

2.3.1 起重机：配重块不"重"很关键

起重机配重指的是在使用起重机的过程中，为了能够平衡起重机在举升或伸缩时所受到的重力而增加的额外重量。操作人员往往会将起重机配重块（见图2-14）放置在起重机的尾部或配重臂的末端，以提升起重机的稳定性和平衡性。

配重块在起重机操作过程中起到重要作用，能够提升起重机的平衡性和安全性，提高工作效率。但是随着配重块的重量不断增加，不仅制造成本会随之增加，还存在安全隐患。为了减轻起重机配重，工程师对起重机配重部分进行轻量化分析，采取结构非线性接触、焊缝强度评估等方法评估配重壳体的设计余量以及壳体内外结构优化的可行性，以减重降本。

图 2-14 起重机配重块示意图

配重块壳体由多块板材焊接而成，在实际应用中，配重块主要承受静载荷。因此，工程师将工作重点集中在评估料厚减薄后焊缝的静强度以及板材的静强度和变形上。起重机配重块轻量化仿真分析流程示意图如下（见图2-15）。

Chapter 2　第 2 章　结构仿真：提高结构可靠性，延长寿命

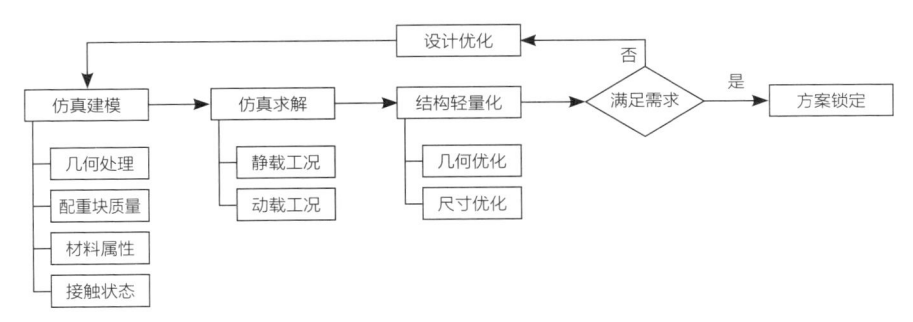

图 2-15　起重机配重块轻量化仿真分析流程示意图

起重机配重块轻量化仿真分析通用流程如下：

（1）准备仿真参数。针对要分析的配重块，根据配重的装配方式、连接方式、制造工艺等，进行仿真方法的制定。收集仿真所需要的材料参数、边界条件、工况等关键信息，作为仿真的输入参数。

（2）开发仿真模型。根据起重机配重块的物理模型开发配重块有限元仿真模型。为保证仿真结果的准确性，有限元仿真模型要与配重块物理模型保持一致。例如，钢板材料属性、钢板厚度、焊缝位置、接触状态、约束位置等，均要与实际配重块的状态相符。

（3）开展仿真分析。综合考虑配重壳体在制造和使用过程中的不同状态，以及配重的安装方式和不同的组合方式，选取变形和应力较大的工况进行仿真。围绕全额配重吊载作业、全额配重吊载行驶、配重块置于车架行驶、填充过程和填充后运转等主要工况开展仿真分析，并分别计算各工况下配重块壳体的变形量和应力状态，重点评估关键焊缝位置在使用过程中的疲劳寿命。

（4）影响因素分析。确定对配重质量、应力和位移影响较大的因素，综合考虑制造工艺可行性的影响。剔除影响较小的钢板，不作为优化对象，以提高计算效率。

（5）结构轻量化设计。以配重壳体不同板厚作为设计变量，以壳体的应力、变形和重量作为设计目标，进行配重壳体厚度和局部结构优化。在满足产品设计要求的前提下，使得配重壳体应力和变形量最小，同时配重壳体重量最轻，以达到减重目的。

通过多轮设计仿真迭代与优化，工程师最终确定起重机配重块壳体最佳减重

方案，有效减轻钢板重量 200 千克，单机成本降低 2000 元。目前，该技术已推广到多款起重机系列产品中。

2.3.2 消防车：臂架全姿态减重增效

消防车是一种专门用于灭火和救援的车辆，具有极高的灵活性、机动性、安全性和载重性。三一登高平台消防车（见图 2-16）具有功能多、作业范围大、破拆威力强、臂架动作速度快等特点，解决了大跨空间建筑的破拆、灭火等难题，为大跨空间建筑灭火战法的改进提供了关键装备。基于消防车典型应用场景和功能需求，相比常规车辆，其额外具有水泵、水箱、臂架等特殊功能结构。臂架（如云梯车的伸展臂、登高平台等）作为消防车的核心组成部分，在处理高层建筑火灾和复杂救援行动时，发挥了极为关键的作用。

图 2-16 三一登高平台消防车示意图

在消防车臂架结构设计过程中，工程师常常面临由于结构重量较大，严重影响车辆灭火介质的载重量和法规通过性问题，因此，在确保臂架可靠性的前提下实现减重，就变得尤为重要。

针对消防车臂架结构特点，工程师应用尺寸优化和形状优化方法结合 DOE（试验设计）、近似模型等方法，开发了消防车臂架结构轻量化仿真分析流程（见图 2-17），对工况选择、优化方法、近似模型选用、优化目标定义等内容进行了规范化、结构化的定义。

Chapter 2 第 2 章 结构仿真：提高结构可靠性，延长寿命

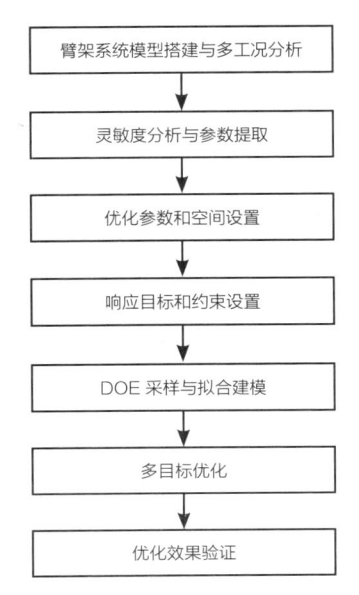

```
┌─────────────────────────┐
│ 臂架系统模型搭建与多工况分析 │
└───────────┬─────────────┘
            ↓
┌─────────────────────────┐
│    灵敏度分析与参数提取    │
└───────────┬─────────────┘
            ↓
┌─────────────────────────┐
│    优化参数和空间设置     │
└───────────┬─────────────┘
            ↓
┌─────────────────────────┐
│    响应目标和约束设置     │
└───────────┬─────────────┘
            ↓
┌─────────────────────────┐
│    DOE 采样与拟合建模     │
└───────────┬─────────────┘
            ↓
┌─────────────────────────┐
│        多目标优化         │
└───────────┬─────────────┘
            ↓
┌─────────────────────────┐
│        优化效果验证       │
└─────────────────────────┘
```

图 2-17 消防车臂架结构轻量化仿真分析流程示意图

消防车臂架结构轻量化仿真分析通用流程如下：

（1）建立结构优化模型。以箱型臂架结构为建模主体，建立连杆、销轴和油缸模型，并对销轴和输送管进行等效建模，同时针对拐角、板连接止端等结构进行局部细化，得到整个臂架结构优化模型。

（2）确定仿真输入参数。以臂架主体结构（包括零部件）的壁厚尺寸和臂架整体宽度为设计变量，选择臂架外板、内部加强件以及连接机构壁厚作为主要设计参数，并输入相关结构材料参数。

（3）开展结构静力学仿真。对臂架多种设计危险姿态进行静力学分析，选取变形和应力最大的两个姿态进行优化计算，以臂架的末端位移、整体柔度和臂架上各区域的应力最大值作为目标响应。

（4）开展灵敏度分析。采用拉丁超立方方法进行实验设计，计算完毕后确定模型总质量和模型最大位移的主要影响因素，并基于灵敏度分析将灵敏度低的变量剔除，从而提高效率。

（5）建立拟合模型。根据采样计算结果，使用二阶响应面模型建立最大位移、总质量之间关系的数学拟合模型，拟合精度高于 0.95，即可用于寻优求解。

（6）确定结构轻量化优化方案。基于建立的拟合模型，对模型总质量和总体位移进行优化，采用遗传算法对减重优化问题进行求解，经过多轮迭代，得到最终优化方案。

经试验验证，消防车臂架在两种姿态下相较于原结构刚度提升了 15%，重量降低了 14%。相比传统的结构优化方法，该方法具有自动迭代与智能寻优的优点，综合效率提升了 5 倍以上，并可无缝推广至液罐、支撑等系统的结构轻量化减重场景。

Chapter 3 第 3 章
振动与噪声仿真：舒适度大提升

在当今全球化的商业环境中，振动与噪声仿真正逐渐成为产品研发过程中不可或缺的一环。振动与噪声仿真主要解决两大核心诉求：一是满足法规要求，国内外法规对产品的振动、噪声水平进行强制检验且要求日益严格，国际标准化组织（ISO）和各个国家的环境法规都对振动和噪声水平设定了明确的限值；二是满足客户对产品低噪声和高舒适度的要求。

本章将简要介绍振动与噪声仿真关键技术，重点分享其在工程装备、商用车和新能源领域的最佳实践，方便读者更好地了解振动与噪声仿真典型应用场景及其工程应用价值。

3.1 振动仿真概述

振动仿真是指利用计算机技术模拟和分析机械系统或结构在动态载荷作用下的振动行为，研究不同参数对振动行为的影响。振动仿真主要应用于产品研发初期和详细设计阶段，以设定的振动性能目标为基础，快速验证方案的可行性，并配合完成设计优化，提升产品舒适性，加速产品振动性能研发，如动力总成振动烈度、车身模态分布、驾驶室振动舒适性、传动系统扭振、悬架减振性能等。

3.1.1 振动仿真关键技术

在产品研发过程中，工程师通过振动仿真技术对系统和部件的振动激励源进行分析，优化相邻系统间的振动耦合关系，提升产品振动性能。振动仿真技术可以帮助工程师预测和评估振动对系统性能的影响，从而优化产品设计，提高产品可靠性和安全性。

振动仿真是一项多学科交叉技术，涉及模态分析、传递函数分析、频响函数分析、随机振动分析、瞬态响应分析等多种关键技术，具体如下：

（1）模态分析。模态即结构的固有振动特性。通过模态分析，工程师可以清楚地了解结构在某一易受影响的频率范围内各阶主要模态特性，可以评估结构在此频段内受外部或内部各种振源作用下产生的振动响应。模态分析主要用于识别结构固有频率、阻尼比和振型，对于避免共振和结构疲劳至关重要，是振动仿真的基础。

（2）传递函数分析。传递函数描述了输入（激励）和输出（响应）之间的关系，特别是描述了线性系统在频域中输入与输出之间的关系。传递函数分析可以用来评估不同频率激励下的振动影响，包括位移、速度、加速度和应力等，并识别结构的共振频率和振动放大区域。

（3）频响函数分析。频响函数分析主要用于预测和评估结构或系统在不同频率动态激励下的动态响应。此技术特别关注结构在受到周期性变化的外部激励作用时的振动特性，包括共振频率、振幅、相位以及阻尼等。

（4）随机振动分析。随机振动分析主要用于分析和模拟结构在随机或非确定性动态载荷作用下的振动响应。此技术特别适用于处理随时间以不规则方式变化的载荷，如由路面不平顺引起的汽车振动，由风或地震引起的结构振动等。

（5）瞬态响应分析。瞬态响应分析主要用于评估系统在非周期性或瞬态激励下随时间变化的响应特性。此技术特别适用于研究系统对突然变化的输入信号（如冲击、启动、停止或脉冲等）的响应，可以揭示系统在过渡期间的动态特性，如阻尼、自然频率和系统的稳定性等。

（6）谐波响应分析。谐波响应分析主要用于研究系统在含有基频及其整数倍频率的谐波载荷作用下的动态响应。此技术特别适用于研究那些受到周期性变化载荷影响的系统，如由电机、泵、发动机或其他旋转设备引起的振动特性。

（7）流固耦合振动分析。流固耦合振动分析主要用于研究流体运动对结构振动的影响，以及结构振动对流体流动的反作用。此技术在涉及流体动力学和结构动力学同时作用的复杂系统中尤为重要，如液压系统、管道系统、航空航天和海洋工程中的流体动力设备等。

（8）动态子结构合成。动态子结构合成主要用于将大型复杂结构分解为更小的、可管理的动态子结构，并对这些子结构进行独立分析，然后将结果合并以预测整个结构的动态响应。此技术特别适用于大型结构的模态分析、振动控制和结构优化设计。

在振动仿真中，这些技术可以单独使用，也可以组合使用，以解决不同类型的振动问题。工程师可以根据实际问题的特点、所需的精度、可用的计算资源、项目周期以及预算，选择合适的振动仿真技术，最大限度地发挥振动仿真的作用。

3.1.2 振动仿真典型应用场景

在三一，振动仿真典型应用场景如下：

（1）工程装备领域。利用模态分析、频响函数分析等振动仿真技术对挖掘机、履带起重机等产品进行振动性能分析，验证其是否满足客户使用要求，并对产品可靠性与稳定性进行优化与提升。例如，通过频响分析预测履带起重机在不同负载和操作条件下的动态响应，优化起重机平衡系统和支撑结构，提升其在复杂地形中的稳定性和安全性。

（2）商用车领域。利用模态分析、传递函数分析、频响函数分析等振动仿真技术对搅拌车、牵引车、自卸车等商用车驾驶室振动舒适性进行分析，优化悬置刚度和阻尼参数，有效降低驾驶室振动感，提升乘坐舒适性。

（3）新能源领域。利用模态分析、随机振动分析等振动仿真技术对风机产品进行稳定性、抗振性能优化与故障预警。例如，通过模态分析、随机振动分析，可以识别塔架结构薄弱环节，采取相应的减振措施，增加阻尼器或改变结构布局，提高塔架抗振性能。

总之，振动仿真技术对于预测产品的振动特性发挥着十分重要的作用，可以有效提升机械系统的稳定性、可靠性和舒适性。

3.2 噪声仿真概述

噪声仿真是利用计算机模拟技术和数值分析方法预测和分析噪声产生、传播和接收过程的一种技术，能够为产品的噪声性能设计提供从声源分析、传播路径到噪声控制的完整方法。它广泛应用于工程领域，能够帮助工程师在产品研发早期阶段评估和优化噪声性能，减少潜在的噪声问题，从而提高产品舒适度。

3.2.1 噪声仿真关键技术

噪声可以分为静态噪声和动态噪声。静态噪声是一种与系统稳定性有关的恒定噪声，其来源多种多样，包括电子元件的热噪声、机械零件的摩擦声、流体动力学的稳定噪声等。静态噪声仿真能够帮助工程师识别噪声源头，并通过优化来降低噪声。动态噪声与系统的变化性能有关，包括振动、突发事件和其他类型的瞬态噪声。通过动态噪声仿真，工程师能够了解系统运行时出现的问题，做到事前预防、事后纠正。

噪声仿真主要包括以下关键技术：

（1）声学有限元分析。声学有限元分析是一种基于有限元方法的数值分析技术，可以模拟和预测声波在各种介质中的传播特性。此技术可以处理复杂的声学问题，主要包括声波的辐射、散射、吸收和在封闭或开放空间中的传播。

（2）结构噪声分析。结构噪声分析是一种模拟和预测由于结构振动产生的声辐射和噪声传播的分析技术。此技术有助于工程师理解和控制噪声源，从而优化结构设计，以减少噪声辐射和传播，其主要包括声辐射分析和声振耦合分析等。

（3）气动噪声分析。气动噪声分析是一种预测和研究在流体流动过程中，声

Chapter 3 第3章 振动与噪声仿真：舒适度大提升

波的产生、传播和接收的技术。此技术特别适用于评估飞行器、汽车、风扇、泵、风机等在流体流动过程中所产生的噪声，主要包括湍流噪声和涡流噪声分析。

（4）传递路径分析。传递路径分析是一种识别和量化声学能量在结构中传播路径的技术，可用于诊断和解决噪声问题。在复杂的系统中，噪声可能通过多个路径传播（包括结构传递、空气传递或两者的组合），工程师可以此技术制定有效的噪声隔离和控制策略。

（5）统计能量分析。统计能量分析是一种预测和分析复杂结构中随机振动能量分布数值的技术。此技术特别适用于解决高频范围内的宽频带振动和噪声问题，尤其是那些难以用传统有限元方法处理的复杂和高频噪声问题。

（6）声学包分析。声学包分析是一种研究声学材料和结构在特定空间内对声波吸收、反射和传输的影响，以及如何通过设计来改善声学环境的技术，主要用于产品的吸声材料选择和隔声结构设计。

（7）声品质分析。声品质分析是一种评估和优化产品或环境中的声音感知质量的技术。此技术不仅关注声音的物理特性（如响度、频率和音色等），还关注声音给人的主观感受（如尖锐度、粗糙度和波动度等）。

选择哪种噪声仿真技术，取决于分析的具体需求、声源的特性、噪声传播的环境以及所需的精度和计算成本。随着计算技术的发展，噪声仿真技术变得更加高效和精确，为噪声控制和优化提供了有力支持。

3.2.2 噪声仿真应用场景

在三一，噪声仿真典型应用场景如下：

（1）工程装备领域。利用结构噪声分析、气动噪声分析等噪声仿真技术对挖掘机、压路机等产品进行噪声预测，验证其是否满足环保法规要求，减少噪声污染。例如，通过声振耦合分析，工程师可以预测挖掘机在挖掘、装载和运输等不同作业场景下的噪声水平，从而识别噪声源，并对挖掘机进行设计优化，通过调整发动机位置、使用隔音材料或改进液压系统等手段来降低噪声。

（2）商用车领域。利用传递路径分析、声学包分析、声品质分析等噪声仿真技术对搅拌车、牵引车等产品驾驶室噪声舒适性进行验证，以实现产品竞争力与客户满意度的双重提升。例如，工程师可以使用传递路径分析来识别搅拌车驾驶室中的噪声源，如发动机、变速器和轮胎等。通过噪声仿真分析，工程师可以确定哪些噪声传递路径对驾驶室噪声水平贡献最大，进而通过结构优化或者采取相应的隔音或吸音措施（如增加隔音材料或改进密封条等），改善驾驶室噪声舒适性。

随着应用场景的不断拓展，噪声仿真越来越多地与其他物理场（如结构力学、热力学、流体动力学）耦合，形成多物理场耦合仿真，为工程师提供更为全面的仿真技术，帮助工程师更好地理解复杂系统的噪声产生与传播机制，优化产品噪声性能，提升产品竞争力。

3.3 振动与噪声仿真典型案例

工程装备作业场景复杂多变，相比于乘用车在振动与噪声控制上具有更高的难度。在机械运行过程中，机械振动与噪声会严重影响操作人员的工作效率和满意度，因此，客户对于工程装备的操作体验和舒适性要求越来越高，驾驶室振动舒适性、驾乘平顺性等已逐渐成为衡量产品品质的重要标准。三一积极利用振动与噪声仿真技术不断提升产品品质与客户满意度，让客户在更加安全、可靠的环境下获得更加舒适的操作体验。

3.3.1 电动堆高机：更好的操作舒适体验

电动堆高机是一种以电动机为动力、以蓄电池为能源的工业搬运车辆，能够完成多种作业，如对成件托盘货物进行装卸、堆高、堆垛和短距离运输作业等。电动堆高机是现代工业中十分重要的搬运工具，其应用范围广泛，仓库、物流中心、机场、超市等地都可以见到它的身影。三一电动堆高机（见图3-1）主要出现在港口、码头、堆场等场所，可以完成各种规格集装箱空箱的装卸、转运和堆垛作业，具备长续航、高效率、高可靠、易维护等特点，获得全国27个省、自治区、直辖市和全球前五大集装箱港口客户认可。

Chapter 3　第 3 章　振动与噪声仿真：舒适度大提升

图 3-1　三一电动堆高机示意图

电动堆高机通常具有较高的车身和较大的工作装置，其在操作过程中所产生的振动会被显著放大，从而直接影响设备的稳定性和货物的安全性。同时，驾驶员需要长时间操作，驾驶室振动过大会直接影响驾驶员的身心健康与工作效率。因此，客户对该产品的振动舒适性与稳定性均提出了较高要求。为进一步提升电动堆高机振动舒适性与稳定性，降低振动幅值，三一制定了电动堆高机振动舒适性仿真分析流程（见图 3-2），开展产品振动舒适性设计迭代与优化。

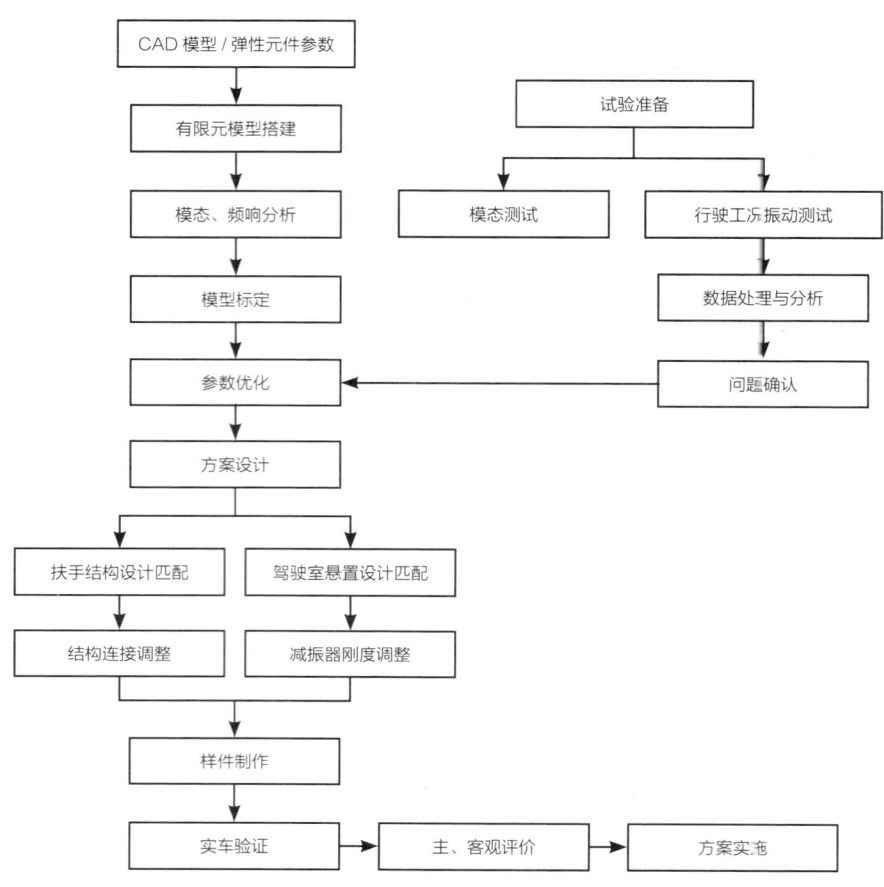

图 3-2　电动堆高机振动舒适性仿真分析流程示意图

电动堆高机振动舒适性仿真分析通用流程如下：

（1）现状评估。通过试验测试，评估当前驾驶室振动舒适性水平，识别主要的振动激励源和传递路径。经分析，驾驶室隔振垫隔振性能和驾驶室扶手结构共振是主要的优化方向。

（2）模态分析。搭建驾驶室扶手有限元仿真模型，开展模态仿真分析与优化，通过加强扶手与前平台护栏的连接结构，提升扶手一阶模态频率，解决扶手结构共振问题。电动堆高机扶手模态仿真示意图及电动堆高机驾驶室模态仿真示意图如下（见图 3-3）。

Chapter 3 第 3 章 振动与噪声仿真：舒适度大提升

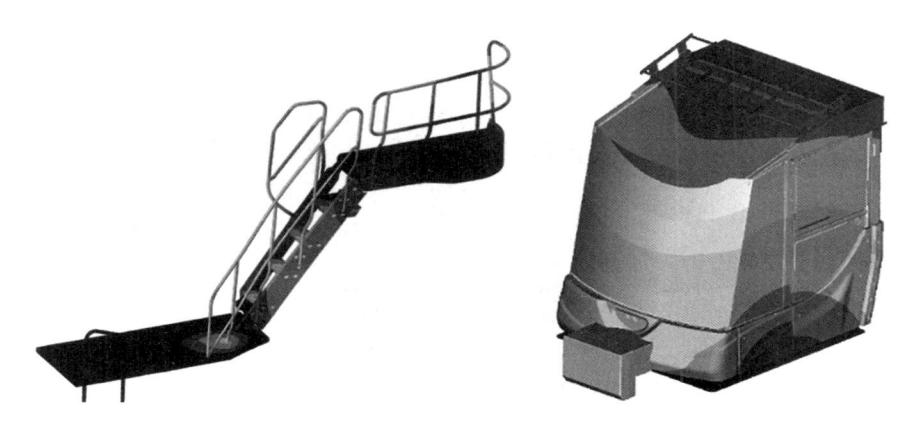

图 3-3 电动堆高机扶手模态仿真示意图（左图）及电动堆高机驾驶室模态仿真示意图（右图）

（3）频响分析。基于加载客户侧真实载荷谱数据，搭建驾驶室频响仿真分析模型（包括车架、隔振垫和驾驶室内饰等），以提升隔振性能为目标，通过 DOE 分析，优化隔振垫刚度值，为设计人员提供多种隔振垫优化方案。

（4）实车验证。基于上述方案进行实车整改与试验验证，综合实车验证数据与仿真分析结果，锁定最佳方案，实现驾驶室振动舒适性的有效提升。

工程师通过振动仿真技术，使电动堆高机驾驶室振动舒适性提升了 23%，为驾驶员带来了前所未有的舒适体验，同时使扶手减振性能实现了最优匹配，确保了操作的稳定性和精确性。

3.3.2 电动港口牵引车：更好的驾乘舒适性

如今，物流行业越来越发达，大批货物被运送至全国乃至世界各地，集装箱运输车辆的市场需求量不断增加。"80 后"和"90 后"已成为驾驶集装箱运输车辆的主力军，他们对驾驶的振动舒适性要求更高。相关调查显示，大部分驾驶员认为振动舒适性是影响港口牵引车驾驶速度和驾驶体验的一个重要因素。振动舒适性高意味着在港口牵引车正常行驶时，驾驶员不会因为振动过大而感觉不舒服或疲劳，同时也能更好地保证所运输货物完好无损。

三一电动港口牵引车（见图 3-4）是三一针对港口低速重载研发的集装箱运输产品，搭载了全新的高效大扭矩直驱技术和先进制造技术（AMT），以及高性能的磷酸铁锂电池和高压配电集成系统，具有载重大、续航长、安全高效、成熟可靠等特点，是建设绿色港口的好帮手。

图 3-4　三一电动港口牵引车示意图

在进行市场调研时，客户提出希望能够提升港口牵引车在砖块路面行驶时的驾驶室振动舒适性。三一迅速开展了针对电动港口牵引车驾驶室振动性能提升的专项技术攻关工作，通过振动仿真技术最大限度地减少振动，降低驾驶室颠簸，提升驾驶室振动舒适性。

借助振动仿真技术，工程师可以识别引起驾驶室振动的主要因素，从而有针对性地制订优化方案。港口牵引车驾驶室振动"源—路径—响应"仿真分析模型示意图如下（见图 3-5）。

港口牵引车驾驶室振动"源—路径—响应"仿真分析通用流程如下：

（1）搭建有限元仿真模型。搭建电动集卡整机仿真模型（见图 3-6），需重点考虑弹性元件属性，并对模型进行标定，保证仿真模型的精准度满足相关要求。

（2）开展模态与频响分析。对仿真模型进行模态、频率响应分析，找到驾驶室振动舒适性优化方向。经过仿真分析，识别出电动集卡前悬架和驾驶室悬置隔振性是影响驾驶室颠簸的主要因素。

Chapter 3 第 3 章　振动与噪声仿真：舒适度大提升

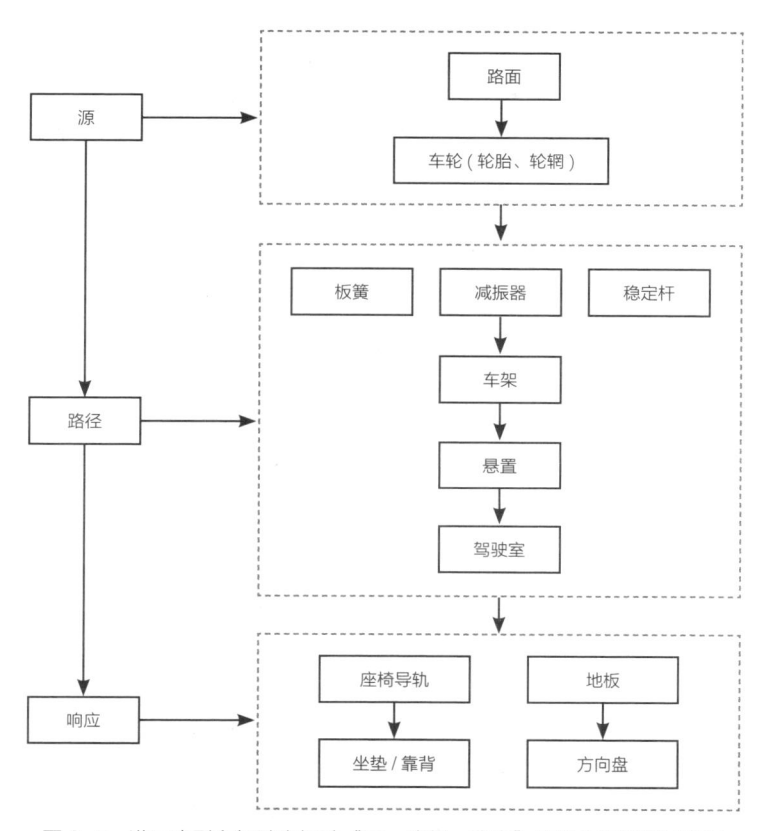

图 3-5　港口牵引车驾驶室振动"源—路径—响应"仿真分析模型示意图

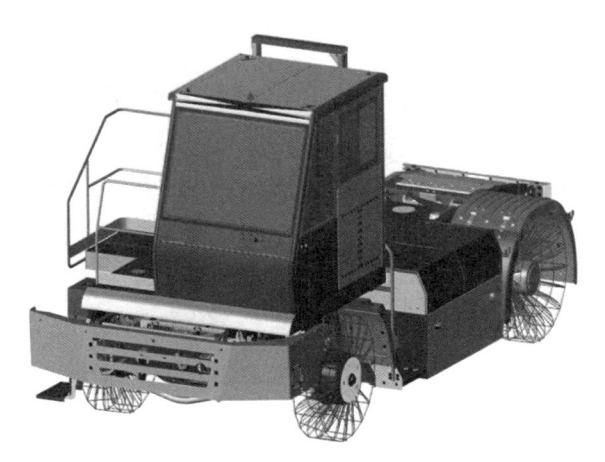

图 3-6　电动集卡整机仿真模型示意图

077

（3）开展 DOE 分析。对仿真模型进行 DOE 分析，明确悬架弹簧刚度和减振器阻尼的最佳参数。

（4）确定最优方案。对驾驶室悬置类型、悬置气囊参数、悬架弹簧刚度三个关键因素进行组合，找到优化驾驶室振动舒适性的最佳方案。

参照 GB/T 4970—2009《汽车平顺性试验方法》，经实车验证，该方案在不增加研发成本的基础上，使驾驶室振动舒适性提高了 30% 以上，客户满意度大幅提升。

3.3.3 电动自卸车：让驾驶更平顺

在工程运输领域，电动自卸车以其卓越的载重能力和较高的运输效率，成为矿山、山区、钢厂等复杂工况下不可或缺的运输工具。然而，这些复杂的地形和崎岖的道路，给电动自卸车的可靠性与舒适性带来了严峻的挑战。特别是驾驶室颠簸问题，会严重影响驾驶员的驾乘舒适性和工作效率，甚至会对货物的完整性造成威胁。三一电动自卸车（见图 3-7）具有低能耗、高效率、强动力、稳爬坡、无抛洒、不泄漏、长寿命、高可靠等特点，无惧复杂工况和恶劣路况的挑战，可满足客户不同的使用需求。

图 3-7　三一电动自卸车示意图

Chapter 3　第 3 章　振动与噪声仿真：舒适度大提升

面对如何提高自卸车驾驶室振动舒适性和整车平顺性这一行业痛点问题，工程师综合应用振动仿真、多体动力学仿真和多目标优化等技术，基于试验场/客户工况，开展整车级的全振动路径有限元仿真分析，覆盖振动源、传递路径（轮胎、悬架、驾驶室悬置）、响应（主驾座椅导轨、坐垫和靠背）三大部分；通过 DOE 分析，识别减振器阻尼、驾驶室悬置刚度、座椅阻尼等关键参数；搭建近似模型，开展多参数快速优化。自卸车平顺性仿真分析流程示意图如下（见图 3-8）。

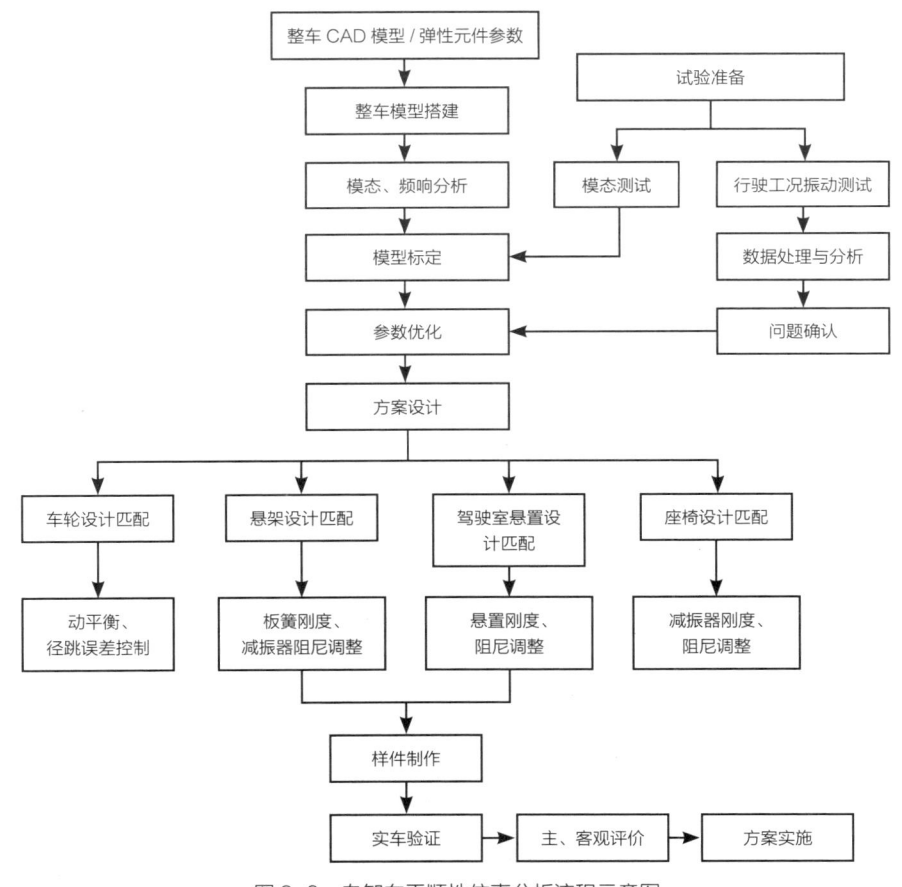

图 3-8　自卸车平顺性仿真分析流程示意图

自卸车平顺性仿真分析通用流程如下：

（1）搭建仿真模型。搭建整车仿真模型，包括驾驶室、货箱、车架、底盘、电机、电控、电池等主要系统模型。

（2）标定仿真模型。通过对驾驶室转动惯量、整车前后桥轴荷、板簧刚度、座椅模态、驾驶室刚体模态、悬架偏频等试验数据进行对标，提升仿真模型精度。

（3）进行 DOE 分析。对轮胎、板簧、减振器和驾驶室悬置等关键零部件刚度和阻尼参数进行灵敏度分析，识别出影响整车平顺性的关键参数，为实车调校提供参考。

（4）搭建近似模型。利用神经网络算法对关键参数、座椅与坐垫垂向加速度峰值函数关系进行拟合，通过多目标快速优化，制订多个电动自卸车驾驶室平顺性优化方案。

（5）试验验证。在试验场和客户现场进行多方案验证，以适应不同的作业工况，最大限度地提升整车平顺性，满足客户驾乘舒适性要求。

工程师通过自卸车整车平顺性仿真分析、设计优化与试验验证，在确保整车承载能力和结构可靠性的前提下，使平顺性提升了 20% 以上，明显改善了驾驶员在驾驶室的振动舒适性，同时显著提升了车辆的安全性与稳定性，获得了客户的一致好评。

3.3.4 挖掘机：出色的产品降噪性能

噪声作为一项重要的环境因素，日益受到人们的广泛关注，越来越多的国家均陆续发布了相关的强制性标准。在欧美发达国家，挖掘机噪声已成为一项关键的产品竞争力指标。挖掘机产品结构复杂，噪声主要包括动力源噪声、传动系统噪声、液压系统噪声和车体噪声等，了解噪声源并有针对性地制定降噪策略是十分必要的。三一挖掘机示意图如下（见图 3-9）。

为进一步提高产品竞争力，三一工程师在产品设计阶段通过噪声仿真技术进行噪声问题诊断并及时改进产品设计，有效降低了产品噪声，缩短了噪声试验周期，降低了研发成本。

Chapter 3　第 3 章　振动与噪声仿真：舒适度大提升

图 3-9　三一挖掘机示意图

挖掘机噪声仿真技术主要包括以下 5 项：

（1）风扇噪声仿真技术。风扇噪声仿真技术可以用于风扇和导风罩的设计和选型，主要包括风扇转速匹配、风扇直径和轮毂比优化、风扇叶片（形状、数量、夹角）设计、导风罩结构设计等。

（2）空调气动噪声仿真技术。工程师利用流体与声场耦合仿真方法，可以针对空调系统进行流场及声场仿真计算，并通过叶轮转速优化、风道优化、空调箱吸音棉布置等方式，实现驾驶室空调系统降噪。

（3）进排气系统噪声仿真技术。在进排气系统正向设计阶段，工程师可以利用进排气系统噪声仿真技术预设进排气系统噪声问题，并对消音器/空滤器、进排气管道进行优化设计。

（4）驾驶室隔声仿真技术。当新开发驾驶室或驾驶室内饰密封件等影响声学性能的部件状态发生变化时，工程师可以进行驾驶室隔声仿真，优化驾驶室结构。

（5）整机辐射噪声仿真技术。基于母型机噪声源频谱数据库积累，采用统计能量法，工程师可以预测驾驶室耳旁气动噪声和整机机外辐射噪声，实现整机噪声性能优化与提升。整机辐射噪声仿真技术示意图如下（见图3-1）。

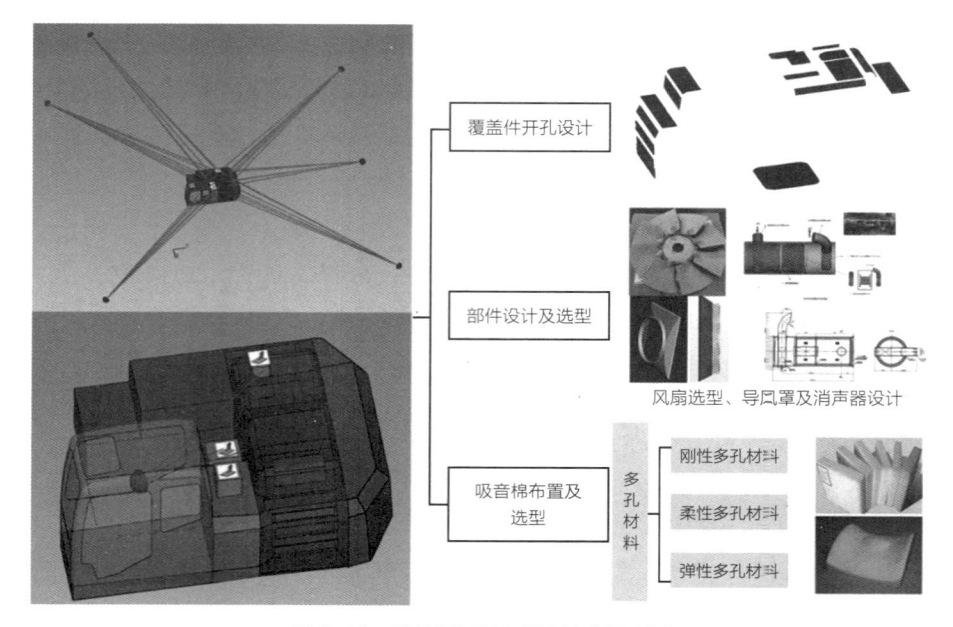

图 3-10　整机辐射噪声仿真技术示意图

三一已在多款机型研发上应用噪声仿真技术开展整机噪声优化工作。在某机型设计阶段，工程师通过风扇噪声仿真，识别出相对于整机辐射噪声国标限值和风扇噪声贡献量超标问题，从风扇转速和直径上进行了优化，改变风扇的直径并重新对风扇转速进行匹配，有效降低了产品噪声。风扇噪声仿真分析流程示意图如下（见图3-11）。

风扇噪声仿真分析通用流程如下：

（1）风扇噪声仿真分析。将仿真分析得到的风扇噪声贡献量与国标限值进行对比，若出现超标问题，则需要分析噪声超标原因，优化产品设计。

（2）原因分析。影响风扇整机辐射噪声的因素有很多，如风扇的直径及转速、消音器结构、覆盖件开孔设置和吸音棉布置等。综合考虑方案实施的可行性和成本，拟从风扇直径及转速匹配这两个因素进行优化。

Chapter 3 第 3 章　振动与噪声仿真：舒适度大提升

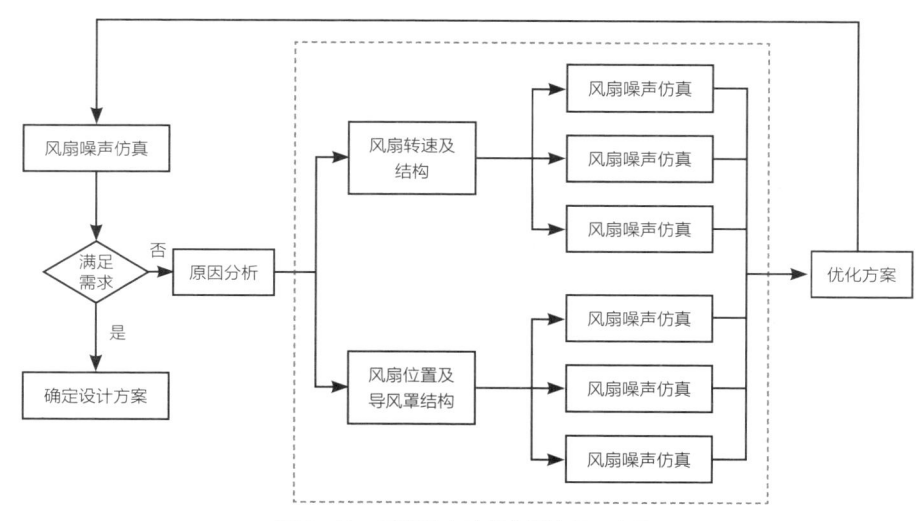

图 3-11　风扇噪声仿真分析流程示意图

（3）方案验证。在得到满足风扇噪声贡献量标准的最优方案后，需要进行热平衡性能的仿真评估，以保障噪声和热平衡性能同时满足要求。

工程师通过开展风扇噪声仿真与优化，使整机降噪 2dB 以上，不仅达到了国标要求，还在研发阶段减少了 3 项物理试验，缩短研发周期 1 个月以上，提前发现多项噪声问题，极大地降低了研发成本。风扇噪声仿真技术为挖掘机产品的噪声性能正向研发、故障诊断与设计改进提供了强有力的支撑。

3.3.5　柱塞泵：运行更安静

在挖掘机、起重机等工程机械中，柱塞泵作为核心动力转换设备，其性能的优劣直接关系到整机的噪声水平和作业效率。柱塞泵的工作原理是，柱塞在缸体内往复运动，将高速低扭矩转化为低速高扭矩，从而为工程机械提供动力支撑。然而，柱塞泵在运行过程中产生的噪声问题，一直是行业内亟待解决的痛点。噪声不仅会影响操作人员的身心健康和工作效率，还会造成环境噪声污染，引发社会环保问题。

作为工程机械行业的引领者，三一始终致力于提升产品性能和客户满意度。针对柱塞泵噪声问题，三一采用振动传递路径控制技术路线，基于有限元和边界元方法获得柱塞泵的噪声辐射，通过"振动传递函数分析—贡献量分析—拓扑优化"确定优化设计方案,为大幅提升柱塞泵噪声性能提供了重要参考。柱塞泵噪声仿真分析流程示意图如下(见图3-12)。

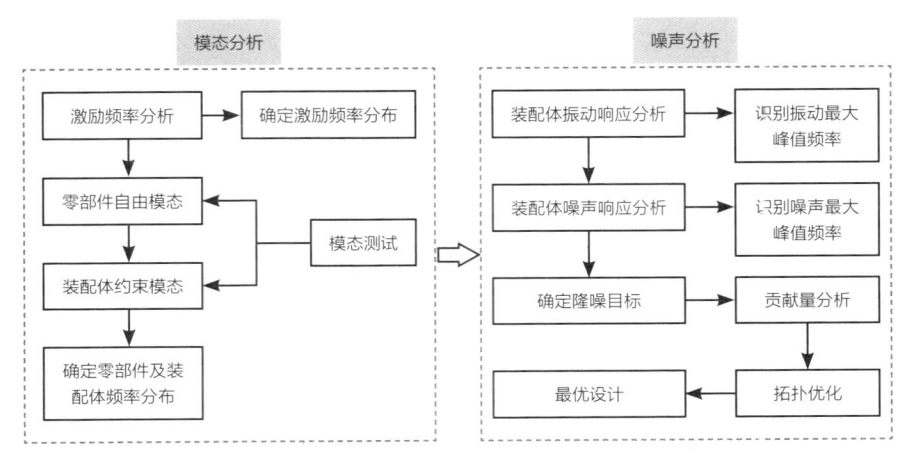

图 3-12　柱塞泵噪声仿真分析流程示意图

柱塞泵噪声仿真分析通用流程如下:

(1)模型搭建。通过合理简化柱塞泵结构,线性等效处理滑靴副等关键运动副,搭建柱塞泵有限元仿真模型(见图3-13),并进行模态对标,以确保仿真模型精度达标。

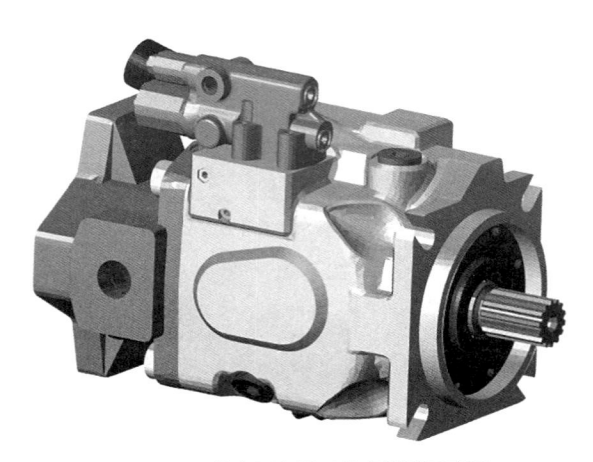

图 3-13　柱塞泵有限元仿真模型示意图

(2)仿真分析。应用有限元和边界元方法,依次进行振动传递函数分析和噪声分析，从而确定问题频率，然后通过模态和板块贡献量分析，识别出柱塞泵法兰盘安装刚度对其噪声性能影响较大。柱塞泵噪声边界元法仿真示意图如下（见图 3-14）。

图 3-14　柱塞泵噪声边界元法仿真示意图

（3）设计优化。依据仿真分析结果，开展柱塞泵法兰盘结构拓扑优化，在不增加重量的前提下，提高法兰盘安装刚度，制订最优设计方案，开展产品设计优化。

三一通过对 45 个总成零部件复杂装配体进行仿真建模，完成了滑靴副等非线性关键运动副的线性化等效，使整机模态仿真精度高达 92%；通过整机振动传递函数仿真分析，识别出引起结构振动的问题频率；通过整机辐射噪声仿真分析与结构优化，基于单位载荷理论工况，使柱塞泵噪声降低了 2.7dB，并形成了柱塞泵噪声分析与优化标准流程与企业规范。

第4章 Chapter 4
多体动力学仿真：解析运动特性

在机械系统设计中，多体动力学仿真是一个强大的工具。它可以很好地理解和预测复杂系统的运动和动力特性，被广泛应用于航空航天、船舶、兵器、汽车、机器人、工程装备等领域。例如，汽车悬架系统操纵稳定性和平顺性分析、挖掘机动臂和斗杆等零部件的运动和受力分析、智能机器人机械臂运动和行为分析等。

本章将简要介绍多体动力学仿真关键技术，重点分享其在工程装备、商用车和新能源领域的最佳实践，方便读者更好地了解多体动力学仿真典型应用场景及其工程应用价值。

Chapter 4 第4章 多体动力学仿真：解析运动特性

4.1 多体动力学仿真概述

多体动力学仿真技术以运动学和动力学理论为基础，应用计算机技术来分析复杂机械系统中物体运动时的动态特性，包括位移、速度、加速度、受力等，从而帮助工程师洞察产品性能，优化产品设计。从多体动力学的概念可知，其研究对象是由多个物体通过运动副连接的复杂机械系统，可以是刚性体、柔性体或它们的组合。

4.1.1 多体动力学仿真关键技术

多体动力学仿真关键技术包括机构运动仿真、静动载荷提取、K&C[①] 操稳平顺仿真。机构运动仿真通常用来模拟构件的真实运动过程，预测运动过程中的轨迹和受力情况，以评估布置方案的合理性。静动载荷提取主要分为静态载荷提取和动态载荷提取，提取的静动态载荷为结构件刚强度和疲劳分析提供数据。K&C 操稳平顺仿真包括悬架 K&C 特性仿真、整车操纵稳定性仿真和整车平顺性仿真，其中 K&C 用于预测悬架系统的运动学和弹性运动学特性，操纵稳定性用于分析车辆在转向、加速、制动等工况下的动态响应特性，整车平顺性用于评估车辆的乘坐舒适性。

1. 机构运动仿真

机构运动通常指的是机械系统中由铰链、连杆等连接件连接的多个部件之间的运动和动力的传递。机构运动仿真是一种通过模拟机械系统在真实环境下的运动和动力特性，分析机械系统运动过程的设计是否合理，是否存在干涉、受力过大等问题的技术。

2. 静动载荷提取

顾名思义，静动载荷提取是一种基于多体动力学模型获取零部件所受的静态或动态载荷边界条件，为零部件的刚强度计算或疲劳分析计算提供准确数据的技术。

（1）静态载荷提取。静态载荷提取技术主要用于为零部件静强度计算提供数据，以保证边界条件的准确性，从而校核产品在静态载荷下的稳定性和安全性。

（2）动态载荷提取。动态载荷提取的目的是获得零部件在整机行驶或系统作业过程中的载荷时间历程，以用于零部件疲劳分析计算。根据驱动方式的不同，

---

① K&C 代表悬架的运动学（Kinematic）和弹性运动学（Compliance）特性。

动态载荷提取的方法分为基于六分力的半分析法、基于虚拟路面的全分析法和虚拟迭代法。

①基于六分力的半分析法。该方法的主要流程为：采集物理样车在试验场以特定工况行驶时的轮心六分力，将这些载荷作为激励加载到多体动力学仿真模型中，并约束车身进行仿真，最终获得车辆内部各部件在连接点处的载荷时间历程。由于该方法忽略了车身惯性的影响，因此连接点处的载荷精度较低。

②基于虚拟路面的全分析法。该方法通过扫描路面获取高精度试验场路面模型，同时建立高精度的整车多体动力学模型，进而通过整车模型在虚拟试验场路面的动态仿真获取零部件疲劳分析的动态载荷。该方法对模型的建模精度要求较高，需要建立包括轮胎模型、3D 数字化路面、驾驶控制模型等在内的整车动力学仿真模型，但由于它避免了传统的试验路谱采集，可以快速支持性能开发，所以逐渐成为当前的热点技术。

③虚拟迭代法。该方法通过采集现有车型的轮心六分力、轴头加速度、弹簧减振器位移、弹簧减振器应变等载荷数据，把这些载荷数据施加到整机多体动力学仿真模型，经求解得到轮心位移激励，基于轮心位移激励再经过多体动力学仿真分析，把整机或系统级载荷分解至各零部件铰接点，从而得到零部件的载荷谱。该方法能够再现整机在道路上的行驶过程，获取载荷谱的精度较高，目前广泛应用于结构疲劳耐久性分析。

3. K&C 操稳平顺仿真

整车操稳平顺仿真用于评估车辆的操纵稳定性和乘坐舒适性，悬架 K&C 特性是整车操稳平顺性分解到悬架系统的响应特性。

（1）悬架 K&C 特性仿真。悬架的 K&C 特性是车辆操纵稳定性的关键影响因素，包括 K 特性和 C 特性 2 个部分。其中，K 特性指悬架的运动学特性，即车轮在垂直方向往复运动时车轮运动及定位参数变化的特性；C 特性指悬架的弹性运动学特性，即作用于轮胎上的力或力矩导致车轮运动及定位参数变化的特性。工程师通过悬架的 K&C 仿真和对标，可以有效支持悬架系统参数设计，并且提高悬架仿真模型和实际物理模型在 K&C 性能上的一致性，从而保证操稳平顺仿真的准确性和有效性。

（2）整车操纵稳定性仿真。操纵稳定性包括操纵性和稳定性 2 个方面，其中

第4章 多体动力学仿真：解析运动特性

操纵性指车辆能够准确地响应驾驶员指令的能力，稳定性指车辆受到外界干扰后恢复到原来运动状态的能力。整车操纵稳定性仿真是工程师利用专业的多体动力学仿真软件，通过搭建完整车辆动力学模型并模拟车辆的各种运动工况，以得到时域和频域响应特性，并通过响应特性来评估整车的操纵稳定性。

（3）整车平顺性仿真。平顺性是指车辆在行驶过程中，保证驾驶员和货物在所处的振动环境中具有一定舒适度和保持货物完好的能力。平顺性仿真主要关注在路面不平度输入下[①]引起的车辆响应，以及这些响应对驾驶人员和货物的影响。平顺性仿真和操纵稳定性仿真都需要建立整车仿真模型，但是两者的仿真工况不同，关注的性能也不同。操纵稳定性和平顺性有时候需要进行平衡，以满足整车总体性能的要求。

通过建立准确的仿真模型和采用高效的计算方法，多体动力学仿真技术能够快速处理复杂的运动学和动力学问题，高精度模拟系统的动态行为，从而帮助工程师深入研究系统的动态性能。

4.1.2 多体动力学仿真典型应用场景

在三一，多体动力学仿真典型应用场景如下：

（1）工程装备领域。在挖掘机、起重机、混凝土泵车等工程装备产品研发过程中，工程师利用多体动力学仿真技术提取机构运动过程中部件连接位置的载荷，以此为边界条件校核结构强度和疲劳耐久性能，以提高结构强度与疲劳耐久仿真准确性。

（2）商用车领域。在自卸车、牵引车、搅拌车等产品研发过程中，工程师应用多体动力学仿真技术可以快速、准确地评估车辆的操纵稳定性和平顺性，指导硬点设计和零部件选型，为车辆操纵稳定性和平顺性设计方案验证和优化提供指导。

（3）新能源领域。在风电产品研发过程中，工程师应用多体动力学仿真技术可以模拟和预测风电机组的动态行为，评估机组动态载荷，为叶片、塔架等部件设计提供参考，保证风电机组的运行安全性。

---

① "在路面不平度输入下"是一个工程领域的专业术语，通常用于描述车辆动力学仿真或测试中的一个特定条件。这里的"输入"指的是系统外部施加的激励或扰动。

4.2 多体动力学仿真典型案例

多体动力学仿真被广泛应用于三一产品研发过程中,用于评估产品的运动特性、载荷分布以及机构的动态响应特性等,如挖掘机作业系统、泵车臂架系统的机构运动分析,整机、系统和零部件载荷提取,商用车操稳平顺性分析等。

4.2.1 混凝土泵车:臂架走得稳、打得准

自进入工程机械行业以来,三一坚持不断研发创新,以非凡实力赢得"世界泵王"的美誉。2012年,三一重工成功收购德国混凝土机械巨头普茨迈斯特公司。此次收购是三一发展历史中里程碑式的举措,也是改变全球工程机械行业发展格局的大事件。从研制出国内第一台具有自主知识产权的37米臂架泵车,到先后多次打破最长臂架泵车吉尼斯世界纪录,三一从技术的跟随者已逐步发展成为行业的佼佼者和引领者。凭借臂架稳、油耗低、打得准、不挑地、高智能、高可靠六大特性,三一混凝土泵车(见图4-1)受到广大客户的欢迎。

图4-1 三一混凝土泵车示意图

混凝土泵车是利用泵送机构将混凝土从给料处泵送至布料处,并根据浇筑需要进行浇筑作业的工程机械产品。泵车的臂架系统(见图4-2)是实现混凝土浇筑作业的核心组成部件之一。臂架系统在工作过程中需要根据浇筑位置的变化进行实时姿态调整,以保证混凝土能够精准泵送到施工位置,因此,准确模

Chapter 4 第 4 章 多体动力学仿真：解析运动特性

拟臂架系统在各个姿态下的运动和动力特性以保证臂架强度可靠、泵送精准显得尤为重要。

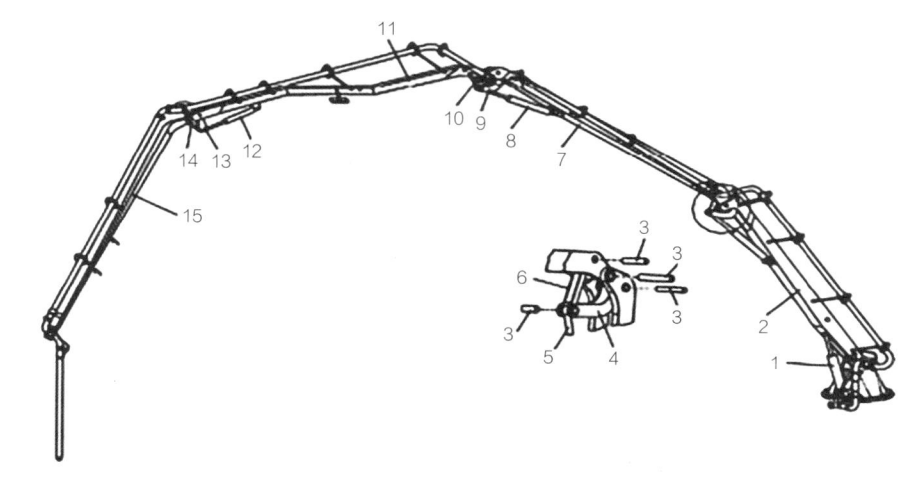

1—1# 臂架油缸　2—1# 臂架　3—铰接轴　4—连杆一　5—2# 臂架油缸　6—连杆二　7—2# 臂架　8—3# 臂架油缸　9—连杆三　10—连杆四　11—3# 臂架　12—4# 臂架油缸　13—连杆五　14—连杆六　15—4# 臂架

图 4-2　臂架系统示意图

臂架系统主要由臂架总成、连杆总成和油缸总成组成，通过驱动油缸位移进行各节臂的伸展和回缩，以实现臂架姿态变化。工程师依据工况对臂架机构进行多体动力学仿真并输出铰点位置载荷，为油缸设计和选型提供参考，并且为后续臂架疲劳寿命仿真提供载荷谱输入数据。臂架系统仿真分析流程的关键步骤包括臂架系统设计、臂架系统仿真模型搭建、驱动函数生成、仿真结果输出和铰点优化。

（1）臂架系统设计。臂架系统几何模型是进行多体动力学仿真分析的关键。该模型由设计工程师完成设计并提供给仿真工程师，仿真工程师同步提出对模型的细节要求，如各铰点的位置坐标、各杆件之间的连接关系等。

（2）臂架系统仿真模型搭建。工程师建立臂架系统仿真模型（包括臂架、连杆、油缸），采用柔性体的方式对臂架杆系进行建模，并通过与实际相符的约束关系对各杆系和油缸进行连接，以准确获取系统的刚度特性。

（3）驱动函数生成。工程师对模型中的油缸进行驱动位移设置，以达到驱动整个臂架系统运动的目的。油缸的驱动位移设置应满足臂架系统的典型泵送姿态要求。

（4）载荷结果输出。工程师采用模态验证和应力验证两种方法进行仿真模型校验，并通过模态仿真结果和试验结果对比、应力仿真结果和试验结果对比来验证仿真模型的精度。

工程师在完成仿真模型精度验证之后，即可开始进行仿真计算。一方面判断臂架系统的运动是否满足工况要求，另一方面获得臂架各铰点位置的力载荷结果，以便为后续油缸选型和疲劳仿真分析提供输入数据。臂架系统运动的平顺性、臂架姿态变化过程中各节臂关键位置的动应力以及油缸驱动力的曲线变化，对臂架设计和油缸选型至关重要。

（5）铰点优化。铰点坐标直接影响臂架的姿态和受力情况，工程师将关键铰点坐标参数化并作为设计变量，以最小油缸力为优化目标，在合理的设计空间内探索最优的铰点布局方案。

工程师通过应用多体动力学仿真技术开展臂架机构运动分析和载荷提取，为泵车臂架系统载荷分析提供了准确的载荷输入数据；通过对泵车臂架系统进行铰点优化，使油缸力减小17%，最大铰点力减小26%，大幅度降低了大载荷引起的油缸、臂架、销轴等结构变形和开裂故障发生的风险。同时，工程师基于臂架机构运动仿真计算结果，完成了臂架运动干涉分析与臂架应力变化分析，为臂架结构优化提供了合理的参考，大大降低了后期重复进行物理试验的风险。三一混凝土泵车臂架不仅走得稳，而且打得准，既提升了施工效率，又保障了施工安全性。

4.2.2 牵引车：更精准的载荷数据

动态载荷一般是指对结构产生不可略去的动力效应的载荷，其载荷大小随时间而变化明显，具有较大的加载速率，如振动载荷、冲击载荷、爆炸载荷、风载荷、地震载荷等。对工程装备而言，动态载荷对结构件疲劳寿命影响非常大，如起重机、自卸车、牵引车、搅拌车等轮式产品通过坑洼路面时在垂直方向上产生的冲击效应；起重机在起升重物或者下降制动时，被吊物品的重力动态效应对吊臂产生的冲击效应；自卸车在紧急制动或者通过坑洼路面时，货箱装载的石块等物品对货箱侧板和尾门产生的冲击效应。

准确的载荷数据是进行结构疲劳寿命分析的前提。在进行驾驶室结构疲劳寿

Chapter 4　第 4 章　多体动力学仿真：解析运动特性

命设计与分析时，如果缺少准确合理的动态载荷数据，就无法对结构的真实损伤做出有效评判，因此获得准确的动态载荷数据是进行驾驶室结构疲劳寿命设计与分析的先决条件。

前文提到过，常见的动态载荷数据提取方法有 3 种：基于六分力的半分析法、基于虚拟路面的全分析法和虚拟迭代法。在开展牵引车驾驶室疲劳寿命分析的过程中，工程师采用了虚拟迭代法来获取动态载荷数据，构建了驾驶室 – 车架系统多体动力学仿真模型，以试验场采集的驾驶室悬置位置加速度为目标信号，通过虚拟迭代技术反求激励信号，开发了七轴虚拟试验台，提取驾驶室疲劳耐久载荷谱，用于驾驶室的疲劳仿真计算，形成融合了路谱采集、虚拟迭代、疲劳仿真分析、耐久试验验证于一体的牵引车驾驶室疲劳寿命分析解决方案（见图 4-3）。

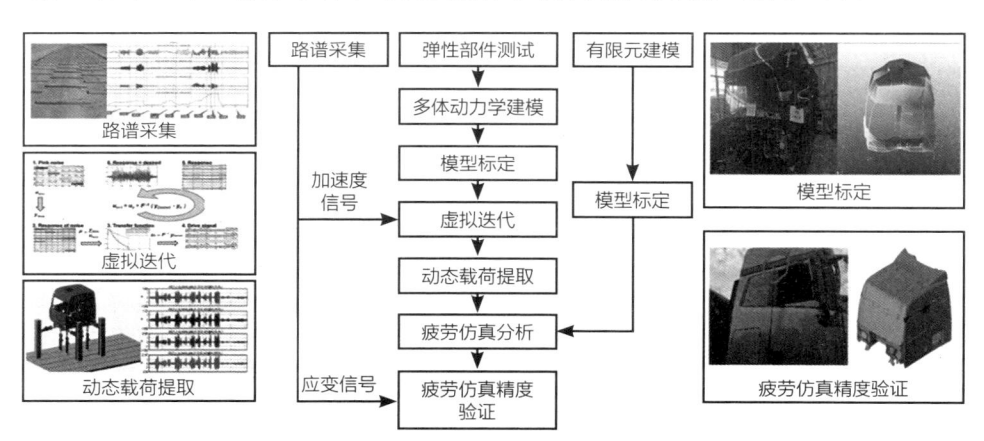

图 4-3　牵引车驾驶室疲劳寿命分析解决方案示意图

牵引车驾驶室疲劳寿命分析通用解决方案如下：

（1）弹性部件测试和载荷谱采集。通过试验测试获取驾驶室和悬置系统的性能参数，如悬置刚度、阻尼和衬套刚度等，将其作为仿真模型的关键输入参数。通过布置加速度传感器、位移传感器和应变片完成试验场载荷谱采集。

（2）多体动力学仿真模型搭建。基于模态综合法生成柔性体车架和驾驶室悬置摆臂，建立刚柔耦合的驾驶室 – 车架动力学仿真模型，对驾驶室姿态及刚体模态进行标定，以保证后续虚拟迭代的精度。

（3）载荷虚拟迭代及提取。虚拟迭代法作为动态载荷数据提取的主要方法之一，既可以规避六分力半分析法约束车身带来的误差，也可以避免虚拟路面法带来的高昂模型标定成本。虚拟迭代法本质上是求解非线性系统的逆问题，即已知系统的响应来求解引起该响应的输入信号，进而获取零部件载荷谱。我们可以将整个多体动力学仿真模型看作一个独立的系统，以白噪声作为激励输入信号，求解多体动力学仿真模型的传递函数；根据实测目标信号和传递函数的逆函数计算初始驱动信号，再将此信号作用于多体动力学仿真模型，计算响应信号，并和实测目标信号进行对比。如果响应信号不满足精度要求，则需要迭代，直至迭代信号与目标信号的误差满足要求。

（4）疲劳分析及试验验证。基于虚拟迭代法开展驾驶室悬置附近加速度响应信号的虚拟迭代，获得高精度位移驱动信号并加载到多体动力学仿真模型中，通过载荷分解即可获得驾驶室疲劳载荷谱。将载荷谱应用于驾驶室结构疲劳寿命分析，可以大幅提升疲劳寿命分析结果的准确性。

在本案例中，驾驶室疲劳寿命仿真热点位置与物理试验开裂位置是完全一致的，进一步验证了基于多体动力学仿真和虚拟迭代法获取的动态载荷谱的精度。

虚拟迭代法解决了驾驶室疲劳载荷谱获取困难的问题，实现了物理样机在建造前，即产品设计早期就能完成驾驶室疲劳寿命设计、分析与优化。相比于传统的通过物理试验获得疲劳载荷数据的方法，该方法可以在试验成本较低和试验周期较短的前提下获取较高精度的疲劳载荷数据，并且对于在物理试验过程中难以直接测试的位置也能获取准确的疲劳载荷数据，极大地提升了结构件疲劳寿命仿真分析的准确性。目前，该方法已推广应用于三一多款驾驶室产品研发过程中，使驾驶室可靠性与疲劳寿命得到大幅提升。

4.2.3 自卸车：卓越的驾驶操控

自卸车操纵稳定性主要是指车辆操纵的准确性和可控性，包括行驶稳定性、转向稳定性、制动稳定性、载荷稳定性等，确保自卸车在行驶过程中不受侧风、路面颠簸、转向、制动以及装载和卸载作业等因素的影响，保持车身平稳，避免发生翻车、侧翻、失控、倾斜等情况。车辆结构（车架、转向系统、悬挂系统等）、荷载重量（超载、空载等）和行驶路况（坑洼、颠簸等非铺装路面）是影响自卸车操纵稳定性的主要因素。同时，自卸车操纵稳定性会影响驾乘人员的安全性和

第 4 章　多体动力学仿真：解析运动特性

舒适性，对整车动力经济性以及零部件寿命也会产生间接影响。

自卸车长期在重载荷、高速度、长里程的工况下行驶，如果车辆不能按照驾驶员的操纵意图行驶，就会出现失控现象，进而引发严重的交通事故，造成人员伤亡和重大经济损失。因此，三一高度重视作为主动安全性能的自卸车操纵稳定性设计与优化工作。在产品研发阶段，搭建了自卸车整车仿真模型（见图 4-4），制定了自卸车操纵稳定性仿真分析流程（见图 4-5），提前评估整车操纵稳定性，并对其进行优化分析，从而有效提升驾驶体验，为客户的人身及财产安全保驾护航。

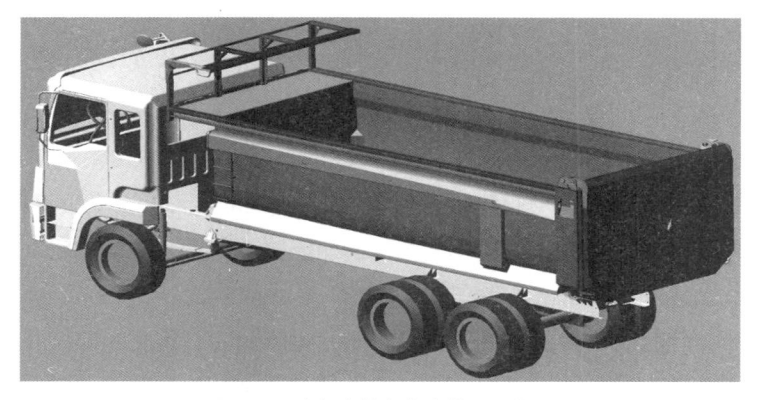

图 4-4　自卸车整车仿真模型示意图

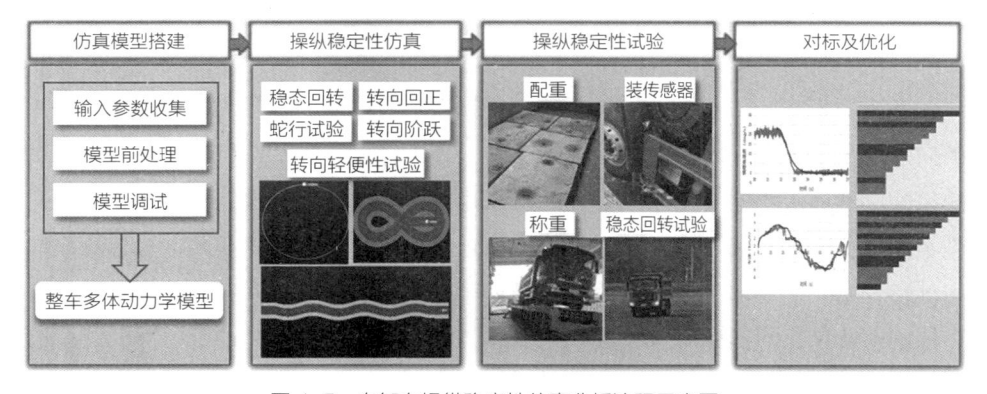

图 4-5　自卸车操纵稳定性仿真分析流程示意图

自卸车操纵稳定性仿真分析通用流程如下：

（1）整车动力学模型搭建。整车仿真模型包括前后悬架、转向、动力总成、车身、轮胎等多个子系统，每个子系统又包含多个零部件，如悬架系统包含摆臂、稳定杆、转向节等零部件。同时，各系统零部件准确的质量、质心、转动惯量及性能参数对确保仿真结果的准确性至关重要。

（2）操纵稳定性仿真。整车操纵稳定性试验参考 GB/T 6323—2014《汽车操纵稳定性试验方法》开展。根据国标内容可知，典型试验工况包括稳态回转试验、转向回正性能试验、转向轻便性试验、转向瞬态响应试验（转向盘转角阶跃输入）、转向瞬态响应试验（转向盘转角脉冲输入）和蛇行试验。仿真工况的设置需要与试验工况保持一致，以便对仿真结果与试验结果进行对标分析，确保仿真方法的有效性。

（3）灵敏度分析。选取钢板弹簧刚度、整车质心高度等参数作为设计变量，将各工况性能指标（如不足转向度、车身侧倾度等）作为目标函数，通过灵敏度分析确定各设计参数对操作稳定性的影响程度。

（4）参数优化。基于灵敏度分析结果制定操作稳定性优化策略，重点优化对目标函数影响较大的参数。例如，通过调整货物质心高度和钢板弹簧刚度，以提升稳态回转工况下的最大侧向加速度。

（5）实车性能验证。仿真分析与优化最终的成效需要通过实车进行验证，以评估自卸车操纵稳定性各项指标是否满足要求。

在本案例中，工程师通过调整自卸车钢板弹簧刚度和整车质心高度，使最大侧向加速度提升了 11.6%，车身侧倾度降低了 14.1%，减小了车辆转弯发生侧翻的风险，从而大大提升了车辆行驶的操纵稳定性。优化后的自卸车操纵稳定性得到了用户良好的反馈。目前，整车操纵稳定性仿真技术已趋于成熟，并已推广应用到搅拌车、泵车等多款产品的研发过程中，缩短并降低了利用实车进行操纵稳定性试验和优化的周期和成本。

Chapter 4　第 4 章　多体动力学仿真：解析运动特性

4.2.4　正面吊：更好的防倾翻性能

防倾翻稳定性是指车辆在自重和外载荷的作用下抵抗倾覆的能力，它是保证行驶车辆正常运行、保障人员/货物安全不可忽视的重要性能之一。正面吊一旦发生倾翻，很可能造成人员伤亡、货物损坏、作业停滞，给企业带来重大损失。因此，伸缩臂式工业车辆相关国际标准对防倾翻性能做了明确要求。正面吊产品的研发应满足该标准要求。

目前常用的验证防倾翻性能的方法主要有理论计算、数字仿真和物理试验 3 种方法。对正面吊而言，在产品研发早期搭建倾翻试验台仿真模型，利用数字仿真方法进行防倾翻性能分析与优化，无疑是最经济和最高效的手段。正面吊及倾翻试验台仿真模型示意图如下（见图 4-6）。

图 4-6　正面吊及防倾翻试验台仿真模型示意图

根据国际标准的规定，正面吊会被放置在倾翻平台上，平台绕旋转轴缓慢倾斜，直至正面吊在平台上开始倾翻。当正面吊处于临界倾翻状态时，平台的倾角满足规定值，即认为正面吊具有足够的稳定性。通过制定正面吊防倾翻稳定性仿真分析流程（见图 4-7），模拟上述物理试验过程，工程师在产品研发早期即可验证并优化正面吊的防倾翻性能。

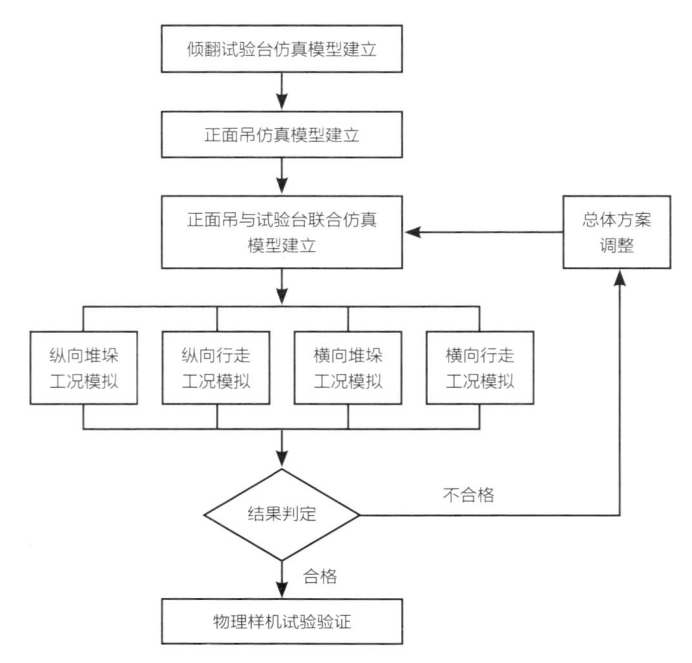

图 4-7　正面吊防倾翻稳定性仿真分析流程示意图

正面吊防倾翻稳定性仿真分析通用流程如下：

（1）仿真模型搭建。基于正面吊和倾翻试验台的三维几何模型构建仿真模型，并在正面吊和试验台仿真模型之间建立接触关系，同时，确定正面吊各部件的质量及位置信息等重要参数。

（2）仿真工况设置。按照国际标准的要求，设置纵向满载堆垛、纵向满载行走、横向满载堆垛、横向满载行走 4 个仿真工况，每个工况下试验台的临界倾翻角度即为正面吊的临界倾翻角。当试验台倾斜时，正面吊一侧轮胎与试验台的接触力为零，即可判定达到了临界状态。

（3）结果判定、优化与验证。正面吊 4 个仿真工况下平台倾翻角均大于标准要求，实车测试结果与仿真结果一致，再次验证了正面吊的初始设计满足国际标准要求。为进一步加强正面吊的防倾翻稳定性，可通过调整总体布置方案及各部件质量分布的方式实现。从仿真过程可以看出，恰当、合理地利用仿真分析手段，可以让产品研发工作事半功倍。

按照国际标准的要求，正面吊需要进行纵向和横向方向、带载和空载状态下

第 4 章 多体动力学仿真：解析运动特性

的多工况防倾翻稳定性试验，试验工作量非常大，且试验过程中倾翻平台需要倾斜至接近倾翻状态，正面吊（自身重量和负载较大）在试验过程中如果固定不牢，会出现滑落的风险。工程师通过针对正面吊防倾翻试验的全过程进行仿真分析，及早验证并优化了正面吊防倾翻稳定性，解决了正面吊稳定性计算复杂且精度不高的难题，同时大大降低了实车稳定性试验的滑落风险。目前，该仿真技术已推广应用至伸缩臂叉车、重型叉车等多种产品的防倾翻稳定性评估中。

第 5 章 Chapter 5
流体仿真：将复杂流体运动具象化

在航空航天、汽车、工程装备、能源、化工等领域，流体仿真已成为产品研发的有力工具。流体仿真可以对流体（液体与气体）在各类条件下的行为与特性进行分析，提前识别产品设计缺陷，预测和诊断产品在运行中可能发生的故障；还可以优化流体流动路径和压力损失，提高系统效率，减少能耗等。在航空航天领域，流体仿真可以用于优化飞行器气动性能，提升飞行器飞行效率；在汽车领域，流体仿真可以提升驾驶室除霜除雾、降温采暖效果，改善驾驶室热舒适性；在能源领域，流体仿真可以提升能源转化效率和燃烧效率；在工程装备领域，流体仿真可以优化机舱内散热系统布置方案，使发动机、电机、电池、电控等关键部件的温度保持在安全范围内，避免因温度过高而受损，降低设备的运行故障率。

本章将简要介绍流体仿真关键技术，重点分享其在工程装备、商用车和新能源领域的最佳实践，方便读者更好地了解流体仿真典型应用场景及其工程应用价值。

第 5 章 流体仿真：将复杂流体运动具象化

5.1 流体仿真概述

流体仿真是建立在流体力学原理基础之上的数值计算方法。流体力学是一门专门研究流体运动规律及其与外界相互作用的科学，包括流体的流动、换热（对流、导热、辐射、相变等）、物质输运、多相流、化学反应、电荷、离子运动、噪声等相关物理、化学现象。流体仿真可以让工程师在建造物理样机之前，通过模拟液体、气体以及热量的流动，准确预测流体系统的性能、流动分布、压力变化等关键特性，从而优化产品设计。

5.1.1 流体仿真关键技术

流体仿真又称 CFD（Computational Fluid Dynamics，计算流体动力学）仿真，在现代流体力学和工程应用中，计算流体动力学是一种重要的计算方法。它使用数值方法和计算机技术解决流体动力学问题，以模拟实际流体流动情况。流体仿真可以通过计算机模拟液体、气体或气液混合物在不同条件下的运动行为，这项技术主要依据流体力学的三大守恒定律（质量守恒、动量守恒和能量守恒）来构建仿真模型。流体仿真主要分为两大类方法：拉格朗日方法和欧拉方法。拉格朗日方法可以追踪流体中特定微团的运动轨迹。通过这种方法，工程师可以直观地观察流体微团随时间的变化。与之相对的欧拉方法，则采用不同的视角。它将流体空间划分为细小的网格单元，并在这些单元上应用流体力学的质量、动量和能量守恒方程。通过离散化处理，欧拉方法能够在每个网格单元内对流体的运动状态进行求解和分析。由于这种方法能够对流场全局特性进行深入理解，因此它在流体仿真中被广泛应用。

流体仿真又可以细分为流场仿真、温度场仿真、多相流仿真、离散元仿真、多物理场耦合仿真等。

1. 流场仿真

流场仿真关注模拟计算区域内的速度和压力分布。流场仿真广泛应用于外部空气动力学（如汽车外气动的设计），以及内部流体力学（如液压、泵、阀门结构设计）。

通过精确模拟流场分布，流场仿真可以帮助工程师优化产品设计，减少阻力，提高能效。例如，在液压系统中，流场仿真可用于预测阀门阻力，以减少能量损失和提高效率。在处理复杂液压管路问题时，流场仿真可以模拟不同工作状态下的系统响应，从而帮助工程师调整和优化控制策略。

2.温度场仿真

温度场仿真主要解决与热传递有关的问题，如设备加热、冷却过程或环境温度变化对系统性能的影响。

温度场仿真在汽车产品、能源系统及材料加工等领域发挥着重要的作用。它通过模拟不同组件在工作状态下的温度分布，可以帮助工程师设计出更高效的冷却系统，防止设备过热并延长设备使用寿命。例如，在研究机舱冷却系统散热、驾驶室热舒适性、热敏设备温度均匀性等方面，工程师借助温度场仿真可以分析散热路径，优化散热系统设计，通过合适的温度控制，避免设备过冷或过热，从而增强设备的稳定性，提高其使用寿命。

3.多相流仿真

多相流仿真主要涉及 2 种或 2 种以上不同相态（如液－气、液－固）的流动问题。多相流仿真相对而言比较复杂，因为它涉及不同相态间的相互作用和转换。

在化工、石油和天然气行业，多相流仿真用于优化反应器设计和提高分离效率。例如，在气、液、固搅拌混合设备中，工程师可以通过优化搅拌结构（桨叶结构、挡板配置等）与操作参数来提高混合效率和质量。

4.离散元仿真

离散元仿真可用于模拟大量离散个体（如颗粒、块体等）的复杂行为和相互作用。这项技术广泛应用于工程和科学领域，包括物料处理、矿山机械、地质学等，以预测和分析颗粒系统的动态行为。

在挖掘机、装载机、输送机等物料处理和输送设备研发过程中，离散元仿真可用于剖析不同物料（如泥土、砂石等）对机械设备性能的影响。通过模拟这些物料的流动和力学行为，工程师可以优化产品设计（如改进铲斗形状或输送带结构等），以提高设备工作效率和减少磨损。

5.多物理场耦合仿真

多物理场耦合仿真结合了流体动力学与其他物理现象，如结构力学、电动力学等，用以模拟和预测不同物理场的相互作用和影响。常见的有流固耦合仿真、

Chapter 5 第5章 流体仿真：将复杂流体运动具象化

电化学仿真等。

在装备产品研发过程中，多物理场耦合仿真应用较为广泛，如电解制氢设备能耗电化学仿真、飞机油箱晃动流固耦合仿真、混凝土泵车臂架振动特性流固耦合仿真、电机电磁和热耦合仿真等。

综上所述，流体仿真作为一种高效的分析工具，在工程设计和科学研究领域应用极为广泛。从流场到温度场，再到复杂的多相流和物质输运问题，流体仿真都能进行深入的分析，助力工程师和研究人员深入理解流动现象，优化产品设计，提升产品竞争力。

5.1.2 流体仿真典型应用场景

在三一，流体仿真典型应用场景如下：

（1）工程装备领域。在挖掘机、装载机、泵车、起重机等工程装备液压系统和动力传输系统研发过程中，工程师通过模拟液力变矩器、阀门、泵等核心零部件流体流动，可以确保动力传输的高效和平稳，减少能量损失，提高整机的性能和操作响应。

（2）商用车领域。在搅拌车、牵引车、自卸车等商用车驾驶室研发过程中，工程师利用流体仿真技术对驾驶室开展除霜除雾、降温采暖等性能分析与优化，有效提升了驾驶室热舒适性和驾乘安全性。

（3）新能源领域。在光伏装备研发过程中，工程师借助流体仿真技术模拟在不同光照环境下设备内部的速度场、压力场、温度场以及太阳光热辐射分布信息，可以改进太阳能电池板的布局，最大化其接收到的光照，提升能源利用率。在风电装备研发过程中，工程师利用流体仿真技术模拟风力发电机的空气流动情况，可以优化叶片设计，提高风力发电机的效率和输出能力。

5.2 流场仿真典型案例

流场仿真是一种利用计算机数值模拟技术来预测和分析流体（如气体和液体）运动及其与环境交互作用的技术，已被广泛应用于三一产品研发过程中。例如，工程师通过优化液压系统中的油液流动，可以有效降低能量损耗，提升液压系统的工作效率和响应速度；通过对风力发电机叶片进行空气动力学仿真，可以优化叶片形状和安装角度，从而提高能量捕获效率和整体发电效能。

5.2.1 氢燃料牵引车：更好的散热性能

新能源车辆与传统燃油车相比，能源转换效率较高，对环境也较为友好。新能源车辆在运行过程中会产生大量的热量，如果不能有效控制，会严重影响车辆的性能和使用寿命。因此，整车热管理是确保新能源车辆高效和安全稳定运行的关键环节之一。合理的热管理策略不仅能提升整车性能，还能保障车辆及其零部件稳定运行。

对氢燃料牵引车而言，氢罐在运行过程中产生的热量若不能有效排出，会导致氢气积聚、温度升高，进而引发爆炸，对人员和财产安全构成重大威胁。因此，工程师必须采取有效的热管理措施，确保氢罐的热安全，防止发生潜在危险。通过散热器流场仿真，工程师可以实现冷却模块的合理布置与选型，确保足够大的通风量，从而有效预防由水温超限引起的各类潜在问题。三一氢燃料牵引车示意图如下（见图5-1）。

图 5-1　三一氢燃料牵引车示意图

影响氢燃料牵引车散热器运行效率的2个关键因素是散热器的吸风流场分布与冷却液流量。工程师基于对流体流动特性的深入分析，重点研究了储氢罐机舱内部余热堆积、余热排风等关键影响因素，提出了优化强制气流和冷却液流量分

Chapter 5　第 5 章　流体仿真：将复杂流体运动具象化

布的设计方案，制定了氢燃料牵引车散热器流场仿真分析流程（见图 5-2），并通过结构优化实现散热器高效降温，确保散热器在各种工况下都能保持高效稳定运行，为氢燃料牵引车提供持续稳定的冷却效果。

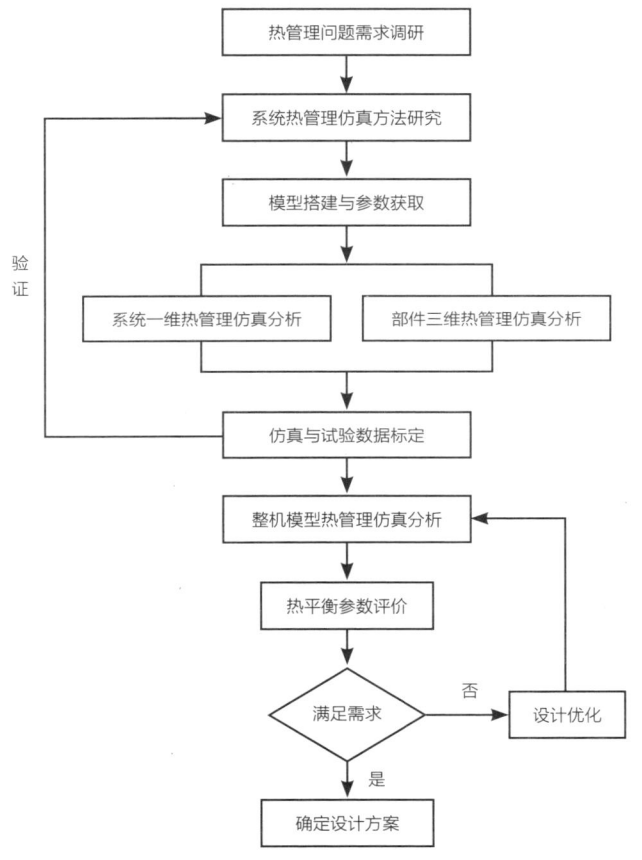

图 5-2　氢燃料牵引车散热器流场仿真分析流程示意图

氢燃料牵引车散热器流场仿真分析通用流程如下：

（1）需求调研。明确氢燃料牵引车热管理性能需求及各零部件的使用温度范围。

（2）模型搭建。根据机舱整体设计方案，搭建热平衡仿真模型，包括轮胎、货箱、工作装置、前车架和后车架。利用气流与热运动原理对实际作业工况进行仿真分析，提取监测点达到热平衡的实际温度。

（3）模型标定。建立整机有限元仿真模型，基于热力学仿真确定各冷却模块的标定方法。对储氢罐内部开展热管理仿真分析，识别温度超限区域，通过物理试验验证，使仿真准确性达 90% 以上。

（4）设计优化。对机舱热流场进行结构优化，降低超限点温度，同时结合工艺改进，通过多轮迭代，确定最优结构设计方案，提升整车热管理性能。

通过氢燃料牵引车散热器流场仿真，工程师优化了机舱结构布局，使风量水平提升了 13.7%，温度降低了 13.5%，显著提升了氢燃料牵引车冷却系统的散热性能。该产品在投入市场后，实现了散热系统零故障工作状态，单次满罐氢气平均运行里程延长了 9.3%；按 1 年 5 万千米计算，单台车每年可节省费用 5000 元左右，不仅有力保障了氢燃料牵引车运行安全，还大幅提升了产品竞争力。

5.3 温度场仿真典型案例

温度场仿真是一种通过计算机模型和算法来模拟和预测物体或空间中各点温度分布及其变化过程的技术。这项技术在多个领域有着广泛应用；在驾驶室温度控制中，通过模拟温度分布，可以提高驾驶员的热舒适性；在电子产品设计中，可以优化散热系统，防止设备因过热而发生故障；在高精密仪器或产品制造中，可以监测关键部件的温度均匀性，避免热应力和变形，确保产品质量。

5.3.1 驾驶室：把冬日严寒挡在车外

自卸车是一种专为运输和卸载大宗物料而设计的运输工具，在建筑、采矿、农业、废物管理等多个行业中有着广泛应用。自卸车在冬季高寒地区作业时，由于车外气温最低可以到 -40℃ 以下，如果驾驶室没有采取合理有效的密封和保温设计，当车辆熄火时，驾驶室温度会迅速下降，过低的气温不仅会影响工作效率，还会对驾驶员的健康构成威胁。温度场仿真技术提供了一种高效的方法来解决这一问题，应用瞬态温度场仿真技术模拟驾驶室在不同降温时间下的温度变化，为保温设计提供科学依据。三一自卸车示意图如下（见图 5-3）。

Chapter 5 第 5 章　流体仿真：将复杂流体运动具象化

图 5-3　三一自卸车示意图

影响自卸车驾驶室保温性能的因素较多，包括薄片结构的钣金、块状结构的隔音棉、钣金间的焊接连接、材料间的空气隔断、薄膜等。在温度场仿真建模时，既要保证仿真模型精度高，又要保证仿真模型计算量不能太大，所以需要对模型进行高质量的简化。另外，保温材料种类繁多，不同类型材料间的复杂传热关系，也为驾驶室保温分析增加了难度。因此，驾驶室保温分析必须在保留模型真实特征的基础上进行科学合理的简化。驾驶室保温性能仿真分析流程示意图如下（见图 5-4）。

驾驶室保温性能仿真分析通用流程如下：

（1）参数确认。确认仿真所需的几何数据和物理参数，主要包含驾驶室几何数据和驾驶室相关的材料热性能，如比热、密度、热传导系数等。

（2）模型简化。根据仿真分析要求，对驾驶室模型进行简化处理，简化后的模型要确保能生成合适质量的体网格。在建模时，应取消玻璃升降器与钣金件的内部加强筋、胶条和一些小型零部件，避免影响体网格质量。

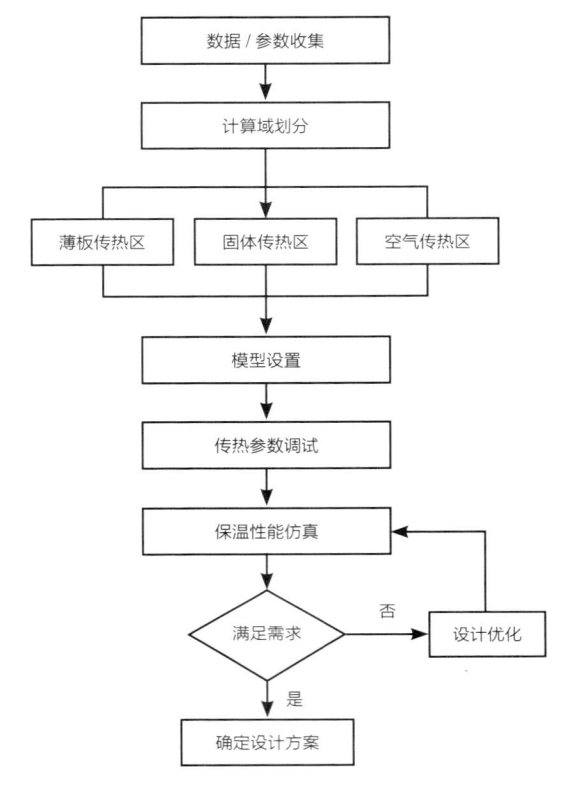

图 5-4 驾驶室保温性能仿真分析流程示意图

（3）模型设置。钣金、仪表板等薄板件太薄，可采用壳单元网格进行传热计算。驾驶室空气腔和门板内部空气腔可采用流体计算域，厚度比较大的海绵等固体材料可采用固体计算域。机舱内部虽然是封闭的，但是受到热量变化和重力等影响，也有微弱的自然对流现象（虽然对流微弱，但对整个流场分布的影响很大），因此，模型必须进行自然对流设置和重力设置。

（4）仿真分析。对驾驶室降温过程进行瞬态温度场仿真分析，以驾驶员呼吸点和脚部温度变化来评价驾驶室保温性能。

（5）达标判定及优化分析。根据驾驶员呼吸点和脚部温度在一定时间内的温差能力，来判断驾驶室保温性能是否达标；如果不达标，则需要增加保温材料来改善保温性能。

自卸车驾驶室保温性能仿真可以精确模拟驾驶室内部热传递过程，包括对流、

第5章 流体仿真：将复杂流体运动具象化

传导和辐射等。通过模拟不同保温材料和结构的热性能，工程师对驾驶室隔热设计进行了优化，提高了保温效果。目前，三一电动自卸车驾驶室能够轻松应对俄罗斯、北欧等极寒地区-40℃低温下的保温需求：驾驶室加热至18℃后关闭所有制热设备，驾驶室温度在1小时内不低于0℃。驾驶员在极寒地区工作时，临时关闭发动机和空调，1小时后回到车上，车上的座椅和空气温度依然非常温暖舒适，许多驾驶员称赞其为——"极寒中的暖阳"。

5.3.2 驾驶室：不惧酷热挑战

与乘用车驾驶室不同，工程作业类车辆驾驶室由于其特殊的工作环境，如工地、山区等通常无遮挡，驾驶员在夏季高温环境下通常面临着更大的热舒适性挑战。车辆在阳光直射下，其驾驶室温度在短时间内即可飙升至60℃以上，这对驾驶员的身体健康和工作效率都造成了严重影响。空调系统作为改善驾驶室内环境的关键设备，其降温速度和降温效果直接关系到驾驶员的舒适度和作业效率。

由于驾驶室内空间相对狭小，驾驶员更容易受到外界高温和阳光直射的影响。空调出风口的风力分布对舱内环境有直接影响。因此，对驾驶室内的空调出风速度、温度变化、温度分布、阳光辐射强度、相对湿度以及新鲜空气比例等因素进行准确预测和优化，对于提升驾驶室热舒适性具有至关重要的作用。

为解决这一问题，工程师采用温度场仿真分析方法，综合考虑热辐射、热传导以及在相对湿度为50%条件下的多组分气体热对流等因素，制定了驾驶室热舒适性仿真分析流程（见图5-5）。通过温度场仿真，对驾驶室降温性能进行全面评估，从而设计出更为合理的空调系统和驾驶室环境。

驾驶室热舒适性仿真分析通用流程如下：

（1）仿真模型搭建。驾驶室降温分析模型包括风管、仪表台、方向盘、车窗玻璃、顶棚、地板、车门、座椅等大部分内饰件，使模型形成封闭空间。座椅、出风管、仪表台、前挡风玻璃、左右侧玻璃需要单独划分边界。人体模型按照头部、躯干、左上臂、右上臂、左下臂、右下臂、左手、右手、左大腿、右大腿、左小腿、右小腿、左脚、右脚分成14个边界。驾驶室降温分析模型及人体模型示意图如下（见图5-6）。

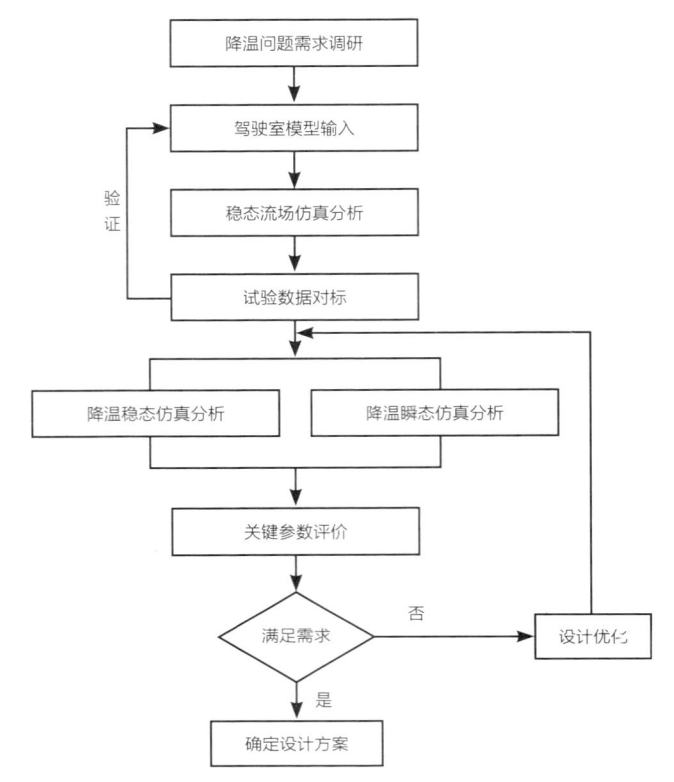

图 5-5　驾驶室热舒适性仿真分析流程示意图

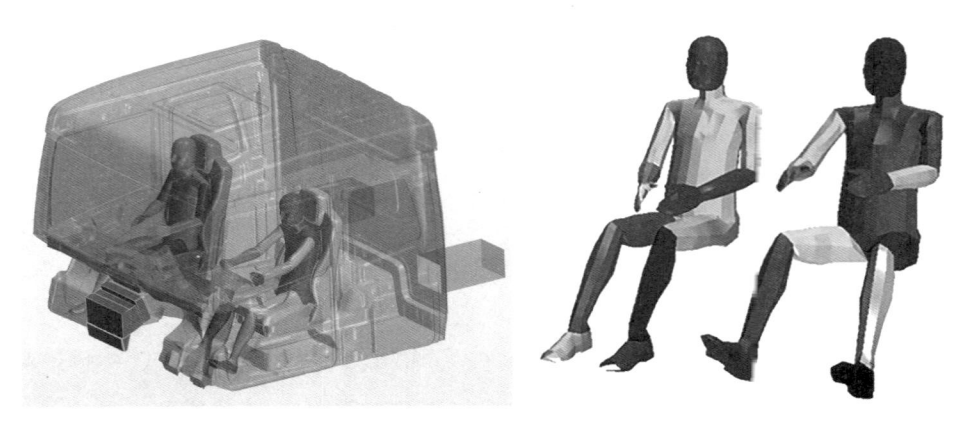

图 5-6　驾驶室降温分析模型及人体模型示意图

（2）评估驾驶室流场合理性。通过三维流体仿真技术，模拟在吹面或吹脚模

第 5 章　流体仿真：将复杂流体运动具象化

式下各出风口的流量大小和分配比例，分析驾驶室内的气流流场结构和组织形式。通过对风道的曲率、截面积以及出风方向进行精确调整，确保出风量、出风比例以及驾驶室流场结构达到既定设计标准。

（3）评估驾驶室热舒适性。在构建温度场物理模型时，应综合考虑以下因素：多组分气体（包括空气和水蒸气）、辐射（包括地表到地表的辐射、灰体特性和日照影响）、重力作用以及理想气体状态。通过这些设置，可以准确预测驾驶室温度变化、呼吸点气温、空气新鲜度以及舱内湿度分布情况。这些指标对于评估驾驶室热舒适性至关重要。

通过三维温度场仿真技术，工程师对驾驶室热舒适性进行了全面的分析与优化，建立了一套适配工程装备驾驶室热舒适性的评价标准。当驾驶室温度达到35℃以上时，以风温越低、风速越快且气流直接吹向乘客胸口的效果为佳，工程师通过调整风道结构、出风口格栅结构及位置，能迅速将主副驾驶员的呼吸点温度降低至24℃这一舒适度标准。这样的驾驶室被驾驶员誉为"酷暑中的清凉港湾"。

5.3.3　驾驶室：除霜又除雾，视野更清晰

在寒冷或潮湿的环境中，车窗表面容易形成霜和雾，这会严重阻碍驾驶员的视线，增加发生交通事故的风险。视线清晰不仅关系到驾乘安全，同时也是提升驾驶舒适性的关键因素。当车窗保持清洁无霜雾时，驾驶员能够更专注于道路状况和车辆操作，提高了驾驶的便利性和效率，同时也能减少因视线模糊而产生的焦虑和紧张感。

为满足驾驶室除霜除雾标准要求，工程师深入研究了霜层和雾层的消除原理，发现驾驶室内的流场和温度场对玻璃除霜除雾性能有显著影响。于是，从影响流场和温度场的敏感因素入手，总结出了一套驾驶室除霜除雾仿真分析方法，为驾驶室除霜除雾设计提供了高效且经济的解决方案。

通过驾驶室除霜除雾仿真分析，工程师能够详细研究驾驶室空气流动和热量分布，识别出影响除霜除雾性能的关键因素，快速比对不同方案并提出优化举措，从而大幅减少设计返工次数。同时，仿真分析结果可以直观展示前风挡流场分布和除霜除雾效果，为车辆除霜除雾系统的设计和优化提供了有力支撑。驾驶室除霜除雾仿真分析流程示意图如下（见图 5-7）。

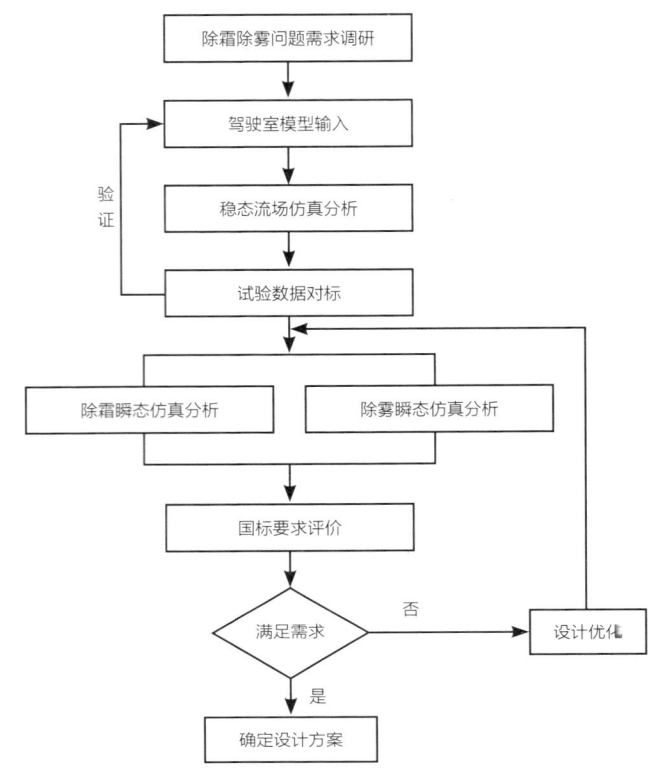

图 5-7 驾驶室除霜除雾仿真分析流程示意图

驾驶室除霜除雾仿真分析通用流程如下：

（1）流场稳态仿真分析。首先，对标实测格栅出口风速值，检查精度是否满足要求，以确保仿真准确性；其次，分析前排格栅流量分配比例是否合理，评估气流在前风挡落点是否正确，并确认气流风速覆盖区域是否满足要求。

（2）除霜瞬态仿真分析。图 5-8 为驾驶室分区仿真模型示意图，分别计算在 20 分钟、25 分钟、40 分钟时，对应 A 区、A′ 区、B 区的除霜面积是否达到国家标准和企业标准。此外，对于一些高寒地区，还应考虑主副驾侧窗的除霜效果。

（3）除雾瞬态仿真分析。计算在 10 分钟时，A 区、B 区的除雾面积是否达到国家标准和企业标准。此外，对于一些潮湿地区，还应考虑主副驾侧窗的除雾效果。

Chapter 5 第5章　流体仿真：将复杂流体运动具象化

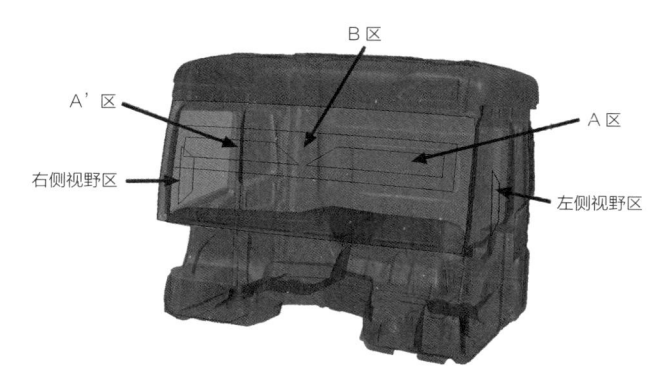

图5-8　驾驶室分区仿真模型示意图

通过驾驶室除霜除雾仿真，工程师优化了驾驶室风管结构设计，改善了气流在玻璃上的落点分布和风量分配，使驾驶室前风挡霜层除净面积提高了18%，雾层除净面积提高了5%，远高于法规要求，让驾驶员在寒冷的冬季不再担忧白色的霜层带来的潜在安全风险，极大地提升了驾驶员的驾乘体验。三一自卸车在冬天温度低至-40℃以下的极寒地区，也能正常进行室外矿场运输工作，并且能帮助驾驶员清晰观察周围环境，高效完成工程作业，堪称"冰雪中的护航先锋"。

5.3.4　自卸车：有温度的货箱底板

在严寒气候条件下，自卸车在运载含水量大的物料时，物料容易冻结在货箱里，严重影响了自卸车举升倾卸的作业效率，同时增加了事故风险。为解决这一行业痛点问题，三一决定研发一款具备货箱底板加热功能的电动自卸车，从而有效防止物料冻结，提升车辆作业效率，增强车辆在极端气候条件下的环境适应性和可靠性。

电动自卸车货箱底板加热功能为行业首创，无历史经验可参考，面临如下难题：

（1）底板加热流道结构设计难。自卸车货箱底部横梁、纵梁分布具有很高的自由度，存在上百个交汇点，每个交汇点的连接状态都会对自卸车货箱底板加热效果产生显著影响，导致潜在的加热流道组合数量庞大。

（2）底板加热最佳工艺参数确定难。加热器风温可调节范围为200～700℃，风量可调节范围为150kg/h～800kg/h，这种广泛的参数选择范围意味着不同的风温和风量组合将带来不同的加热效果，使得短期内找到最佳工艺匹配参数变得较为困难。

依据电动自卸车货箱底板加热系统的设计要求，工程师制定了一套详尽的货箱底板加热仿真分析流程（见图5-9），利用温度场仿真技术评估货箱底板流道结构及加热器工艺参数对加热性能的影响，确定最优设计方案。

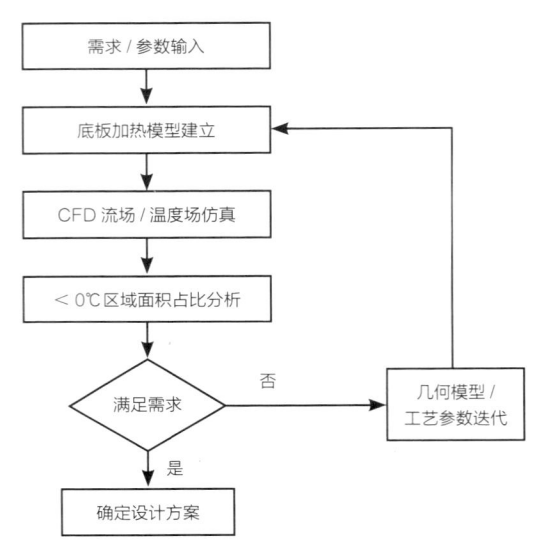

图5-9 货箱底板加热仿真分析流程示意图

货箱底板加热仿真分析通用流程如下：

（1）仿真输入参数确认。确认货箱材料与空气的物理参数，如密度、黏度、比热容、导热系数等。为提升仿真准确性，工程师对不同温度下的空气比热容、导热系数和黏度值进行细致研究，并将其拟合为与温度相关的多项式函数，确保了仿真模型能够更精准地反映实际情况。

（2）底板加热仿真模型建立。对货箱几何模型进行适当简化处理，消除部分不影响仿真计算的特征细节，输出参与仿真计算的固体域。使用体积抽取方法对底板内部流道结构进行实体建模，输出参与仿真计算的流体域。

（3）流场/温度场仿真。对货箱底板加热仿真模型进行稳态和瞬态仿真分析，

Chapter 5　第 5 章　流体仿真：将复杂流体运动具象化

通过稳态仿真可分析得出货箱底板加热至稳定状态时的温度分布数据，通过瞬态仿真可分析得出货箱底板加热至指定状态时的温升速率数据。

（4）＜0℃区域面积占比分析。将0℃以下区域面积占比作为关键评价指标，可评估货箱底板几何模型方案以及加热工艺参数可行性。通过关键评价指标对底板横纵梁布置方案进行可行性分析，可明确结构优化方向，确定最优的货箱底板流道结构设计方案。在此基础上，对风温、风速等工艺参数的影响进行验证。综合加热器控制策略和客户反馈，在加热功率一定的条件下，确定低温、高流的最佳工艺参数。

借助温度场仿真技术，工程师成功实现了电动自卸车货箱底板加热功能，将自卸车货箱底板在0℃以下区域面积占比从20%降低至5%以下，大幅降低了物料因低温冻结并粘黏于货箱底板的风险，提升了自卸车举升倾卸的作业效率。以内蒙古某自卸车客户为例，该客户在引进电动自卸车货箱底板加热功能后，因物料冻结粘黏导致的停车作业现象得到明显改善，单台车单日平均运输产能提升了12.2%，单台车利润增长了21.9万元/年。

5.3.5　光伏装备：温度均匀的真空镀膜设备

在光伏装备领域，太阳能电池的广泛应用已经成为一种趋势，其中转换效率高、稳定性强的硅基太阳能电池尤其受到行业青睐。三一硅能［三一硅能（株洲）有限公司］为制造更优质的单晶硅太阳能电池，将研发重点放在薄膜材料的制备技术上。在太阳能电池的制备过程中，减反膜的制备是一个关键步骤。氮化硅薄膜作为太阳能电池的减反膜，主要采用PECVD（Plasma Enhanced Chemical Vapor Deposition，等离子体增强化学气相沉积）技术来制备。这项技术对基片的温度控制有严格的要求，只有确保反应温度的均匀性，才能保证减反膜的膜层均匀性。

为进一步提升PECVD真空加热器的镀膜效果，工程师采用流体仿真技术对加热器的加热效果进行优化分析，制定了真空镀膜设备温度均匀仿真分析流程（见图5-10）。基于加热器的设计温度，工程师建立了真空环境下的辐射模型，以获得产品的温度场分布，并通过分析温度分布的均匀性或偏差，验证结构设计的有效性，从而根据温度分布不均匀的区域，对加热器的功率进行优化调整。

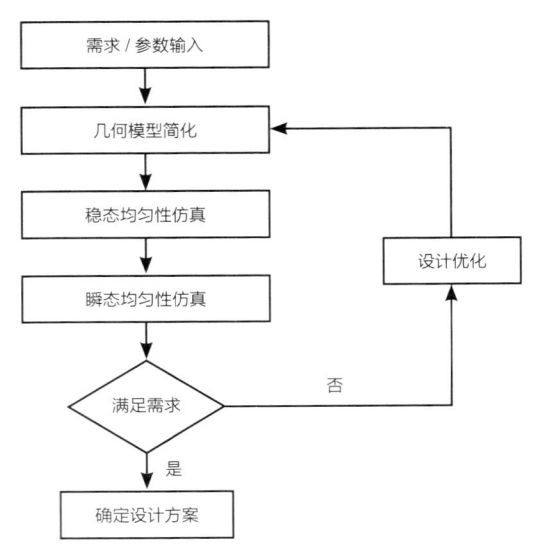

图 5-10 真空镀膜设备温度均匀仿真分析流程示意图

真空镀膜设备温度均匀仿真分析通用流如下:

(1) 仿真模型构建。为提升仿真计算效率,减少网格计算量,需要对几何模型进行合理简化,原则是识别和简化对温度分布影响较小的几何特征,如小的圆角、螺纹等。这些特征在仿真过程中会大幅增加计算复杂度,但几乎不会影响热传递的结果。对于主要的热源和热传导路径,应保持其原始设计,确保仿真结果的准确性。同时,适当简化流场区域,特别是那些不涉及直接热交换的区域。

(2) 稳态仿真分析。基于仿真计算结果,获取不同加热器在相同发热功率下的温度分布,识别高温区域和低温区域,评估加热均匀性,优化各位置区域加热器的加热功率分布。

(3) 瞬态仿真分析。在真空高温环境下对加热器进行瞬态加热,当检测点的温度达到目标温度时,评估镀膜表面的温度均匀性,从而确定最佳结构设计方案。

经过仿真优化后,PECVD 真空加热器的加热均匀效果显著提升。均匀的加热效果可以降低膜层和基材之间的热应力差异,减少薄膜在冷却过程中的应力,防止膜层开裂或剥离,提高产品的可靠性和耐久性。三一硅能基于 TOPCon 技术(一种隧穿氧化层钝化接触太阳能电池技术),并采用先进的 PECVD 技术,从而拥有沉积速度快、沉积温度低、沉积均匀性好等优点。目前,行业内异质结电池的量

Chapter 5 第 5 章 流体仿真：将复杂流体运动具象化

产效率约为 24%，而三一硅能的异质结电池最高效率已突破 25%，达到行业领先水平，彰显了其在高效太阳能电池研发与生产领域的卓越实力。

5.4 多相流仿真典型案例

多相流仿真是一种利用数值模拟技术来分析和预测不同物质状态（如固体、液体和气体）在流动过程中相互作用的技术。该技术通过模拟气－液、液－液和固－液系统中的混合和分离过程，有助于工程师设计出更高效的混合器、分离器和沉降装置。

5.4.1 粉体搅拌机：搅拌既快又均匀

粉体搅拌机是一种用于混合和搅拌粉状物料的设备，它能够均匀地混合不同种类的粉体，使其达到预期的混合效果。三一粉体搅拌设备主要是混凝土干粉搅拌设备。该设备能够将水泥和砂粒搅拌、混合在一起，将干燥状态下的水泥和砂粒物料搅拌均匀，具有绿色环保（废水废料回收、不漏料、不溅料）、维护方便、高效节能、计量精准、安全可靠等特点，深受广大客户欢迎。三一顶置式搅拌站及搅拌设备示意图如下（见图 5-11）。

图 5-11 三一顶置式搅拌站及搅拌设备示意图

水泥和砂粒混合均匀所需的时间是评估搅拌设备性能的关键指标之一，即时间越短，搅拌效率越高。为了提高设备的搅拌效率，工程师在产品研发过程中需要进行大量的物理试验验证，引入数字仿真手段可以有效缓解试验验证的压力。但由于传统基于离散元的搅拌均匀性仿真方法存在计算周期长（通常为 1 个月）、硬件性能依赖性强（如果未配置高性能显卡，仿真周期将长达数月）等一系列弊端，难以满足产品研发周期要求。另外，由于离散元仿真方法主要基于相似性原理将粒径放大数百倍后开展仿真，导致颗粒间的作用力发生变化，无法模拟微米量级下粉体的布朗运动、热运动等物理现象，因此无法计算出气体对粉体的拖拽力。而多相流仿真方法能够以试验公式为基础，有效考虑粉体的扩散效果、颗粒间作用力、气体拖曳力等，使计算过程更加符合实际物理现象。工程师通过特殊的模型简化处理，在保证计算精度的前提下，可以大幅缩短仿真计算时间至 1 天，为搅拌机产品研发提供了有力保障。粉体搅拌机搅拌均匀性仿真分析流程示意图如下（见图 5-12）。

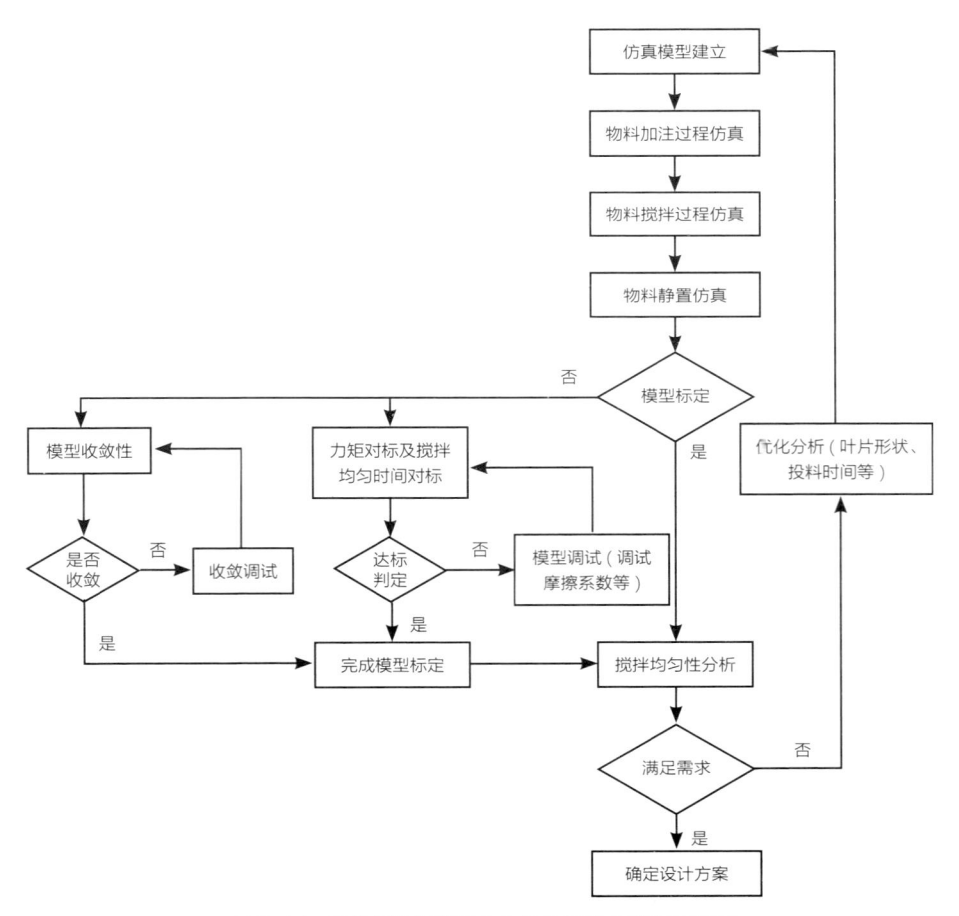

图 5-12　粉体搅拌机搅拌均匀性仿真分析流程示意图

Chapter 5 第 5 章 流体仿真：将复杂流体运动具象化

粉体搅拌机搅拌均匀性仿真分析通用流程如下：

（1）物料加注过程仿真。采用瞬态多相流仿真方法模拟物料加注过程，按加注速率均匀加注物料。物料在加注过程中由于叶片的撞击、粒子间的撞击、空气拖曳力等因素，其分布逐渐均匀。

（2）物料搅拌过程仿真。采用 MRF（Moving Reference Frame，运动参考坐标系）技术对搅拌机搅拌过程进行仿真，减少加速计算时间。采用多孔介质方法模拟除尘出口，防止物料被旋转的离心力甩出搅拌机。物料在加注完毕后经过搅拌过程，最终达到混合均匀状态。

（3）搅拌完成静置。在搅拌完成后，搅拌机会停止转动，使物料完全沉积下来。这时工程师便可分析物料的搅拌均匀性、物料的颗粒运动轨迹、搅拌过程物料颗粒分布图以及各截面的均匀性分布规律。

（4）设计优化。根据仿真结果，对搅拌均匀性影响因素展开分析，从搅拌机叶片形状、搅拌转速、物料投放时间点等方面进行搅拌均匀性设计优化。

与传统基于离散元的搅拌均匀性仿真方法相比，基于多相流的搅拌均匀性仿真方法的精度高达 95%，计算时间从 1 个月缩短至 1 天，极大地提升了搅拌均匀性仿真分析与优化效率。工程师通过对搅拌频率和搅拌机叶片曲率进行结构优化，使搅拌均匀所需时间降低了 20%，混凝土搅拌站生产 1000 方混凝土的利润增加了 3~8 万元。

5.4.2 氢燃料电池：高效的分水性能

氢燃料电池是将氢能转化为电能的动力装置。相比于传统的内燃机，氢燃料电池能量转换效率和能量密度更高，是一类清洁动力装置，被广泛应用于交通、物流运输等领域。氢燃料电池系统主要包含三大子系统：氢气供给系统、空气系统和冷却系统。其中，氢气供给系统的重要零部件包括氢气喷射器、循环泵、引射器和分水器。

分水器作为氢气供给系统的重要部件，其核心设计要求包括流阻小、分水效率高、密封性良好和防结冰。如果分水器流阻过大，就会增加氢气循环泵的负担，导致分水效率低，从而产生液态水夹带。一旦液态水进入电堆，就会造成水淹，甚至影响电池堆的正常运行。因此，工程师在分水器早期结构设计阶段，会依据流体运动规律开展仿真分析，确保分水器具有较小的流阻和高效的分水性能。

分水器腔室分为上下结构，中间由布液板隔开。氢气及少量的液态水从入口流入分水器腔室，其中液态水需要流入下腔室，出口的分水效率不低于97%。分水器结构示意图如下（见图5-13）。

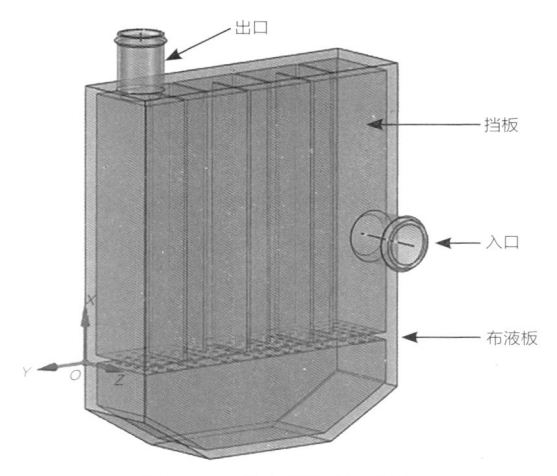

图 5-13　分水器结构示意图

分水器分水性能仿真分析流程示意图如下（见图5-14）。

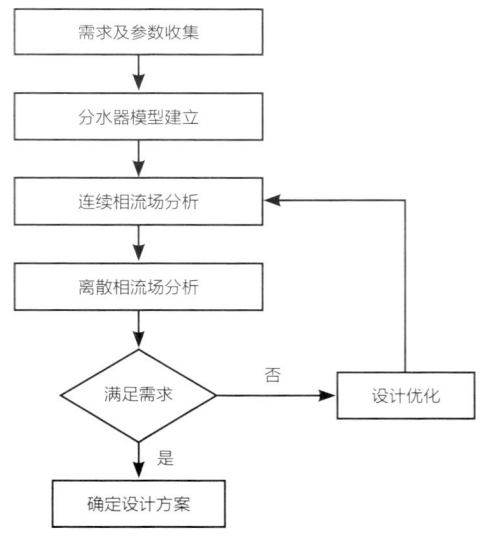

图 5-14　分水器分水性能仿真分析流程示意图

第 5 章 流体仿真：将复杂流体运动具象化

分水器性能仿真分析通用流程如下：

（1）仿真模型搭建。根据分水器内的气相场建立稳态的数值仿真模型，设定边界及初始条件进行流场求解，评估气相场的分布规律。

（2）分水性能评估。先对入口液态水体积分数占比极小的仿真模型进行修正；然后待流场仿真计算收敛后，加入离散相（水滴）；最后通过离散相流场仿真分析技术，追踪水滴在分水器内的运动轨迹，评估分水器的分水性能。

（3）结构设计优化。针对不同应用场景进行流阻及分水效率优化分析，将挡板式分水器优化为波纹板式分水器（见图 5-15）。该设计方案可以增大液滴与壁面的接触面积，使分水器流动性能提高 11.8%，分水性能提高 3.45%，满足分水效率不低于 97% 的目标要求。

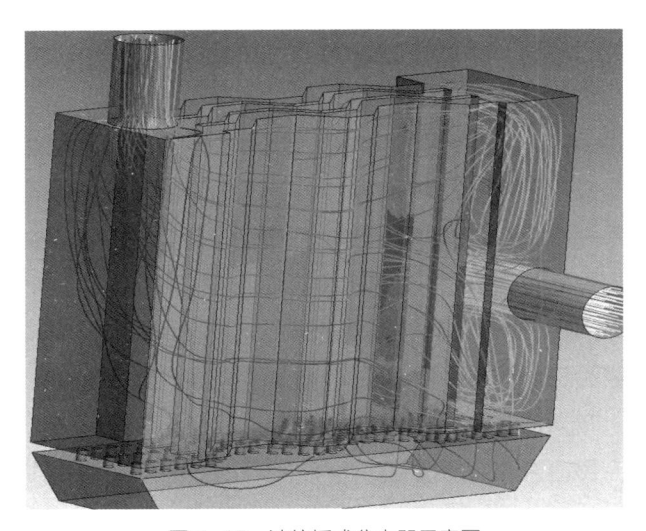

图 5-15 波纹板式分水器示意图

经物理试验验证，优化后的波纹板式分水器，其压力损失仅为 112Pa，远高于流阻小于 2000Pa 的目标要求，基本排除了分水器流阻过大的风险，从而减小氢气循环泵的负荷，使氢燃料电池净输出功率有效提升了 5%，整车单次加氢续航里程增加了 30 千米。同时，波纹板式分水器的高分水效率还能避免液态水无法及时分离的问题，防止阳极水淹或结冰等不可逆损伤风险，使电池寿命有效提升了 5%，整车总里程数增加了 80 000 千米。

5.5 离散元仿真典型案例

离散元仿真（Discrete Element Method, DEM）是一种数值模拟技术，通过计算个体粒子（离散体）之间的相互作用来模拟和分析颗粒材料和多体系统的行为。例如，模拟混凝土中的骨料和水泥颗粒分布，优化配合比，提升混凝土的强度和耐久性；在传送带和矿石加料设备设计中，通过仿真颗粒流动状态，优化传送路径和速度，提升传送效率和设备耐用性；优化矿石破碎和磨矿设备的结构设计，提高破碎效率，减少能耗。

5.5.1 挖掘机：铲斗装载物料模拟更逼真

挖掘机是一种广泛应用于土方工程、矿山开采、道路建设等领域的工程机械，其作业效率、斗齿磨损量和结构件疲劳寿命等性能指标对于确保设备的正常运行、提高施工质量和经济效益具有重要意义。

在产品研发过程中，工程师采用数字仿真技术对产品性能进行优化，可以显著提高产品竞争力，降低研发成本和风险。如果没有精确的挖掘机装载物料仿真模型，则难以模拟装载物料与铲斗之间的相互作用，以及复现实际的作业工况，从而影响产品性能分析与优化的准确性。因此，运用离散元与多体动力学联合仿真技术，建立精准的装载物料仿真模型，对模拟装载物料与铲斗之间的作业工况是至关重要的。通过离散元与多体动力学联合仿真，结合结构DOE优化，可以输出铲斗装载物料的重量、结构件铰点受力、铲斗斗齿磨损深度等关键数据，进而预测并优化挖掘机效率油耗、结构件疲劳寿命、斗齿磨损量等关键性能。挖掘机装载物料离散元与多体动力学联合仿真分析流程示意图如下（见图5-16）。

第5章 流体仿真：将复杂流体运动具象化

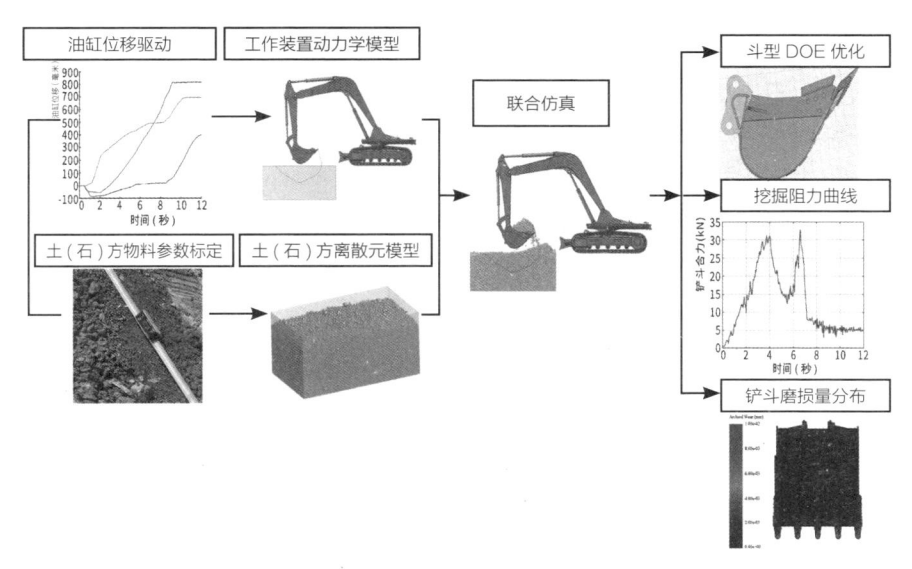

图 5-16 挖掘机装载物料离散元与多体动力学联合仿真分析流程示意图

挖掘机装载物料离散元与多体动力学联合仿真分析通用流程如下：

（1）仿真模型构建。为确保挖掘机工作装置多体动力学仿真的准确性，需要建立标准化的仿真模型（见图 5-17），同时通过仿真进行二次开发，可以实现从结构设计模型到多体动力学仿真模型的自动转化，提升建模效率。

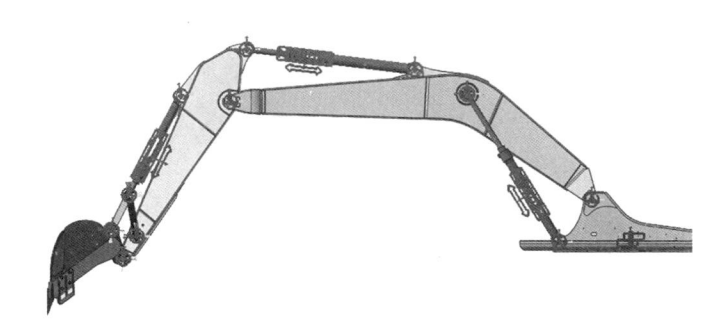

图 5-17 挖掘机工作装置多体动力学仿真模型示意图

（2）仿真模型标定。为保证物料离散元仿真模型的精准度，对物料参数和接触参数进行大量的料性测试（包括粒径分布测试、内摩擦系数测试、壁面摩擦系数测试等）和参数标定（包括堆积密度试验、堆积角试验、斜板试验等），建立土方、土石方、石方离散元模型数据库。准确的离散元仿真模型可以保证仿真结果接近物料真实的流动与机械特性，为离散元与多体动力学联合仿真的准确性奠定基础。

（3）离散元与多体动力学联合仿真。离散元仿真可以模拟土壤填充铲斗的过程，计算土壤与铲斗的相互作用力。多体动力学仿真可以模拟铲斗运动规律，计算油缸压力和动臂斗杆应力等。离散元与多体动力学联合仿真可以有效模拟挖掘机在作业过程中的动态行为，输出结构件铰点受力、铲斗斗齿磨损深度、铲装物料重量等参数。这些关键参数对预测疲劳寿命、优化斗齿耐磨性、提升铲斗作业效率具有重要意义。

基于联合仿真及结构 DOE 优化的挖掘机疲劳寿命及作业效率优化方法已在三一大、中、小 10 款型号的挖掘机产品中应用，实现关键部件疲劳寿命提升超过 30%，斗齿的耐磨性提升 10%，作业效率提升 10% 以上的显著效果。同时，缩短铲斗开发周期 70%，极大地降低了物料试验和铲斗制造的成本，单次可降低成本 10 万元以上。目前，该技术已推广至其他涉及离散物料作业工况的产品，如装载机、旋挖钻机等。

5.5.2 光伏装备：加料器硅料输送更稳定

随着光伏行业的快速发展，硅晶竞争日益加剧。为降低单晶制造成本，行业开始研发侧向外部加料的单晶炉，即在单晶炉的外部加装加料机装置投料（炉外加料技术）。加料器（见图 5-18）是光伏装备前段工艺关键组成部分，硅料通过料斗进入一级振动器，在高频斜抛振动的作用下，被高效输送至单晶炉。如果硅料运输不畅，不仅会严重影响生产线的作业效率，还会造成硅料从输送线上掉落，对工人安全和设备造成损害。由于硅料的形状不规则且尺寸不一，不同形状硅料的质量占比存在显著差异。这不仅严重影响输送过程的稳定性，还存在较大的卡料风险。此外，在内部高温烘烤下，不规则的硅料还可能导致石英坩埚卷边或者鼓包，进而无法正常进行拉晶操作，严重影响生产效率。

Chapter 5　第 5 章　流体仿真：将复杂流体运动具象化

图 5-18　加料器示意图

为解决上述问题，工程师采用离散元仿真技术，对不规则硅料的输送过程进行仿真分析。硅料输送过程仿真模型示意图如下（见图 5-19）。

图 5-19　硅料输运过程仿真模型示意图

通过仿真分析，工程师能够精准提取硅料在撞击料斗时产生的冲击载荷，从而识别输送过程中可能出现的卡料和散落风险点。这些关键信息为加料器的结构设计和优化提供了科学指导。通过结构优化，工程师不仅提高了硅料尺寸的兼容性，同时确保了加料过程的高效率。硅料输送过程仿真分析流程示意图如下（见图 5-20）。

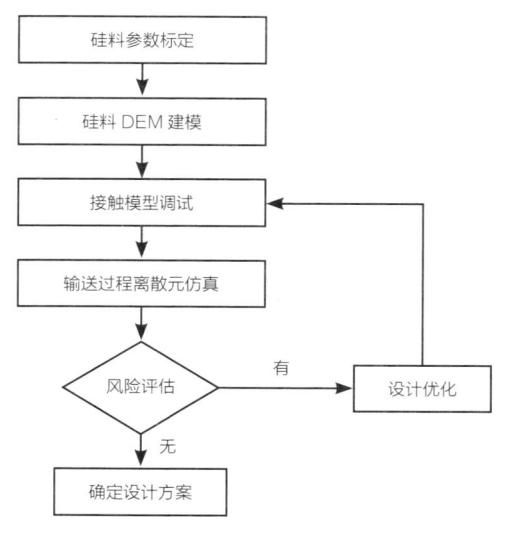

```
硅料参数标定
   ↓
硅料 DEM 建模
   ↓
接触模型调试 ←──────┐
   ↓              │
输送过程离散元仿真    │
   ↓              │
风险评估 ──有──→ 设计优化
   ↓无
确定设计方案
```

图 5-20　硅料输送过程仿真分析流程示意图

（1）硅料分类与建模。考虑硅料不规则形状对输送平稳性的影响，需要对不同尺寸的硅料进行分类建模。同时，对存在表面缺陷的硅料的形状进行简化，以提高模型的实用性和准确性。

（2）双振动器结构仿真与优化。对双振动器结构的加料器进行仿真分析，识别料桶下料口存在卡料风险。硅料难以通过重力作用进入一级振动器。通过优化下料口直径，改善物料流动，排除了下料口卡料风险。

（3）单振动器结构仿真与优化。对单振动器结构的加料器进行仿真分析，识别料桶与振动器结合部位存在硅料散落风险。硅料在该区域大量聚集，并在振动器作用下从料斗内散落。通过对料桶与振动器结合部位进行设计优化，有效降低了硅料散落风险。

利用离散元仿真技术，工程师能够有效分析不同形状、不同大小硅料的兼容性，以及它们在输送过程中的稳定性，成功识别硅料卡料风险点与硅料散落风险区域。客户反馈，优化后的加料器在 2 年时间内未出现输送卡滞以及硅料散落等异常情况。由于其优良的可靠性，实际输送能力提升了 30%，有效地保证了光伏装备生产线全力运行。

5.6 多物理场耦合仿真典型案例

多物理场耦合仿真通过同时模拟多个物理场（如力场、温度场、磁场等）及其相互作用，提供对复杂系统的深入分析和准确预测。例如，在新能源领域，多物理场耦合仿真可以优化电池热管理和电化学性能，提高能效和寿命；在航空航天领域，通过分析航空器的气动热力与结构应力耦合，可以提高飞行性能和安全性；在电子领域，通过分析电子设备的电磁和热分布，可以改善散热性能和可靠性。多物理场耦合仿真使工程师能够在虚拟环境中综合考虑多种物理效应，进行精准设计和优化，减少设计返工情况。

5.6.1 氢能装备：节能与降本两者兼得

全球能源需求呈现爆发式增长，氢气作为一种零碳的能源载体，具有非常高的能量密度。目前，主流的电解制氢技术包括碱性电解水技术（ALK）、质子交换膜电解水技术（PEM）、固体氧化物电解水技术（SOEC）和阴离子交换膜电解水技术（AEM）。其中，碱性水电解制氢设备在单槽大型化和低设备成本方面具有明显优势，是大型制氢项目的首选技术路线。三一氢能作为国内领先的电解槽生产企业，依靠三一传统工程机械的领先技术，在短短 2 年内就拥有了行业认可的碱性电解槽和 PEM 电解槽等多种性能稳定的产品，能够为全球客户提供 GW 级超大规模风光并网 / 离网制氢成套解决方案。

碱性水电解制氢设备低能耗与高可靠是产品的特性。三一采用先进的多物理场耦合仿真技术，对碱性水电解制氢装备（见图 5-21）工作原理进行了深入研究，攻克了多项工程技术难题。例如，如何确定乳突板最佳结构（包括乳突高度与间距）、如何优化小室（电解槽中的各个单元间隔室或小隔间）进出口布局以及如何调整工艺参数（温度、压力和流量）等。这些变量对能耗的影响难以通过物理试验进行分析，且物理试验不仅耗时长，成本也高。此外，小室流量不均还会导致能耗高和温度超标停机等问题。这些问题都可以通过数字仿真技术得到有效解决。

图 5-21 三一碱性水电解制氢装备示意图

工程师通过对碱性水电解制氢设备关键性能、工作机理及仿真方法进行深入的研究，建立了行业首创的碱性电解槽基于多物理场耦合仿真技术的电化学仿真体系，制定了碱性电解槽多物理场耦合仿真分析流程（见图 5-22）。

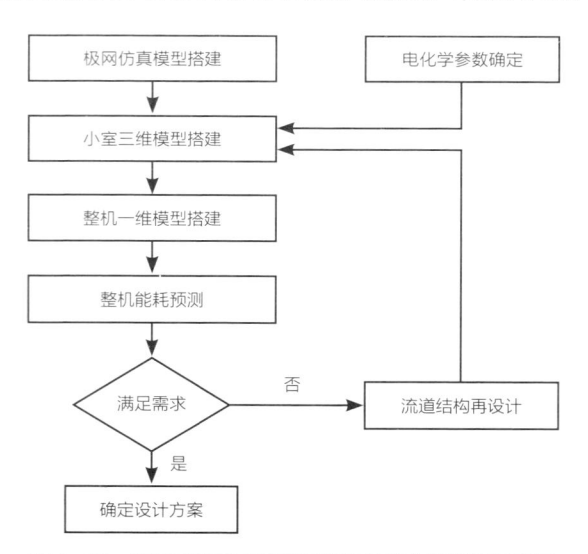

图 5-22 碱性电解槽多物理场耦合仿真分析流程示意图

碱性电解槽多物理场耦合仿真分析通用流程如下：

（1）确认电化学参数。通过电化学多物理场仿真分析，确认关键部件电极网的电化学性能参数，包括交换电流密度、平衡电位、传递系数，为小室多物理场

第 5 章　流体仿真：将复杂流体运动具象化

耦合仿真分析及能耗预测提供基础数据。

（2）结构设计优化。通过选择乳突板结构、进出口结构和进液方式，寻找最优的双极板类型、进出口结构和流型，以提升小室之间的流量均匀性，从而改善运行过程中小室间的槽压和温度分布均匀性。通过多轮迭代，确定最优的电解槽流道结构和进液方式，有效提升各小室流量和温度均匀性。

（3）优化操作工况。通过电化学多物理场耦合仿真分析，获得单独小室内气体体积分数、流场、压力、电场和温度场数据，据此分析最优操作工况，匹配小室的最佳能耗。

（4）识别安全风险。电解槽的最高温度是由最低小室流量决定的，通过对整机流量均匀性进行仿真分析，可以识别由于流量分布不均引起的小室流量不足从而导致温度超限的问题，避免因温度超限引起电解槽结构破坏进而引发泄漏，防止由此带来的安全事故。

通过应用电化学多物理场耦合仿真技术，精确模拟小室内的温度分布，进而指导双极板、进出口结构以及工艺参数优化，整机流量均匀性提升了 40% 以上，不仅提高了温度和电压的一致性，还大幅降低了因温度超限而导致的安全风险，显著降低了整机能耗，提升了碱性水电解制氢设备运行的可靠性和稳定性。以 1200 标方碱性电解槽为例，一方面，经过电化学多物理场耦合仿真技术初步优化后，其能耗可降低 5% 以上，单台电解槽可节省电费 100 万元 / 年；另一方面，经过仿真优化后，其避免了因设计风险导致试验过程中超温停机整改 2 次以上，降低了试验成本 80 万元以上。

Chapter 6 第 6 章
系统仿真：让系统 / 零部件匹配更好，性能更优

按照国际系统工程协会的定义，系统是由相互作用的多个组件组成的，为达到特定目的的一个整体。以挖掘机为例，它是由工作装置、回转机构、动力装置、传动机构、行走装置等组件组成的，为达到装卸、破碎等目的的一个整体，涉及机械、液压、电气、控制、热力学等多个学科的综合应用。系统仿真技术就是用于解决系统与零部件匹配选型、系统性能优化等实际工程问题的多学科仿真技术，如机电液系统匹配、零部件选型、控制策略优化、整机能耗优化等。随着计算机技术的迅猛发展和计算数学的日益成熟，系统仿真技术已成为工程领域必不可少的重要研发手段。

本章将简要介绍系统仿真关键技术，重点分享其在工程装备、商用车和新能源领域的最佳实践，方便读者更好地了解系统仿真典型应用场景及其工程应用价值。

Chapter 6 第 6 章 系统仿真：让系统 / 零部件匹配更好，性能更优

6.1 系统仿真概述

系统仿真通常指利用微分方程和数值方法实现对包含机械、电气、液压、热力学、控制、电磁等多学科的实物系统的虚拟试验或定量分析，以获得系统的结构、功能和行为随时间变化的动态关系。作为一种评估系统性能的方法，系统仿真被广泛应用于产品研发中，已成为三一产品研发的核心技术之一。系统仿真主要应用于产品方案设计和详细设计阶段：在方案设计阶段，它可以帮助工程师对初步设计方案进行快速评估，协助完成零部件 / 系统匹配选型；在详细设计阶段，它可以帮助工程师以设定的性能目标为基础，快速验证性能指标的合理性，完成设计优化，提升产品竞争力。系统仿真已经成为研究复杂系统行为、优化系统设计和提高系统性能的重要手段。

6.1.1 系统仿真关键技术

从系统仿真技术在工程装备研发领域应用的视角看，系统仿真技术主要包括机电液控联合仿真、动力经济性仿真、能量管理仿真等技术。机电液控联合仿真主要用于评估机械、电气、液压、控制等各子系统自身的动态特性及系统间的匹配关系；动力经济性仿真包含动力性和经济性仿真 2 个方面，用于预测整车最高车速、加速时间、最大爬坡度、能量消耗率和续驶里程等指标是否满足性能要求，以降低研发风险；能量管理仿真用于分析能量是如何在整车范围内被利用和消耗的，通常针对一个整车系统能量的产生、存储、转化、分配、利用和回收等过程进行全面分析与优化，以提升车辆整体效率，增加续驶里程和系统稳定性。

1. 机电液控联合仿真

机电液控联合仿真是基于功率键合图理论发展起来的建模与仿真技术，是多学科系统仿真的基础。功率键合图是在功率流概念基础上，描述系统功率的传输、转化、贮存、耗散的图形方法，能够在真实的物理系统和数学模型之间建立桥梁，适合处理涉及机械、电气、液压、热力学和控制等多学科领域复杂系统的动态行为建模与仿真分析。

工程装备产品十分复杂，其综合性能由各系统相互影响共同决定。液压系统输出的液压力为机械系统提供动力，使机械系统完成所要求的动作；机械系统输

出的速度、位移等运动参数又影响着液压系统的流量和压力等参数。传统的单学科仿真技术难以分析各系统之间的高度关联性和耦合性问题，机电液控联合仿真技术可实现对产品综合性能的整体分析与优化。

2. 动力经济性仿真

动力经济性包括动力性和经济性，属于汽车领域的关键性能之一，工程装备领域也非常重视动力经济性指标。

动力性是指车辆在良好路面上直线行驶时由车辆受到的纵向外力决定的、所能达到的平均行驶速度，通常由最高车速、加速时间、最大爬坡度 3 项指标来衡量。经济性是指在保证动力性的条件下，车辆以尽量少的能源消耗量行驶的能力。燃油车辆经济性指标包括百公里燃油消耗量和续驶里程，电动车辆经济性指标包括能量消耗率（经过规定的循环后，对动力电池重新充电至试验前的容量，从电网上得到的电能与行驶里程的比值）和续驶里程（在动力蓄电池完全充电状态下，以等速工况或一定的循环工况行驶，能连续行驶的最大距离），氢燃料车辆经济性指标为百公里氢耗量。

动力经济性仿真分析是汽车产品研发过程中必不可少的一个环节。动力经济性仿真分析支持动力总成匹配选型，可以帮助工程师初步评估动力经济性是否达成预期指标，与竞品相比是否具备足够的竞争力，降低后续研发风险，减少设计变更次数，节约试验费用，加快上市时间。

3. 能量管理仿真

能量管理随着新能源车辆的快速发展已成为当下的热门话题。狭义的能量管理，是指新能源车辆能量回收开发与应用、电池管理系统开发等。广义的能量管理，是指从源头出发分析能量在整车范围内利用和消耗的原理，包含车辆滚阻、风阻、坡道阻力、加速阻力耗散的能量，也包含空调系统、娱乐系统、灯光系统等电气类系统部件的能量消耗，还包含动力类等系统部件对外耗散的能量。能量管理仿真旨在针对整车与关键部件进行能量管理的模拟、分析与优化。工程师通过模拟车辆在不同驾驶循环和工况下的能量流动情况，可评估各部件的能量消耗、能量回收和能量利用效率，为优化整车能量管理策略提供依据。

热管理是能量管理系统的重要组成部分，主要包括散热系统的设计、冷却系统的调节等，进行热管理的目的是确保车辆各个部件的温度都在合适的范围内，

第 6 章　系统仿真：让系统 / 零部件匹配更好，性能更优

以保证系统稳定性和高效能，进而保证整车的正常运行。热管理仿真是基于车辆热管理系统的整车级、系统级和三电（动力电池、电机、电控）仿真。工程师通过模拟整车及关键部件在不同工况下的热量产生、传递和散失，可评估车辆热系统性能，从而优化热管理控制策略，确保车辆的安全性、经济性和舒适性。

在产品研发过程中，三电系统设计与优化、能量回收系统性能分析与优化、空调系统匹配选型与设计优化已成为能量管理仿真的主要需求。

综上所述，系统仿真技术是实现产品正向研发的重要使能技术之一。通过对整机及机械、液压、控制等各分系统工作原理进行深入分析，工程师可以实现整机功能 / 性能向分系统、零部件的分解与分配，进而实现整机性能最优化。

6.1.2　系统仿真典型应用场景

在三一，系统仿真典型应用场景如下：

（1）工程装备领域。在挖掘机、起重机、混凝土泵车等工程装备产品研发过程中，工程师利用系统仿真技术开展设计方案快速评估、机电液控快速匹配、零部件选型、整机 / 系统动 / 静态性能优化等。例如，挖掘机动力系统、液压系统、机械系统、控制系统和操纵系统性能匹配、零部件选型与策略优化。

（2）商用车领域。在自卸车、牵引车、搅拌车等商用车产品研发过程中，系统仿真技术在三电系统匹配选型、热管理系统设计、控制系统开发与验证等方面发挥着重要作用。例如，通过能量管理仿真，工程师可以模拟电机 / 动力电池等设备在不同工况下的散热情况，避免设备长时间运行在极高或极低温度环境下，保证产品安全性。

（3）新能源领域。在风电、锂电、氢能、光伏等产品研发过程中，工程师利用系统仿真技术对产品性能进行分析和优化。例如，在动力电池研发过程中，工程师利用系统仿真技术建立电池充放电模型与氢燃料电池性能模型，可以快速评估不同充放电策略下电池的衰减情况，精确分析氢燃料电池化学反应和能量转换过程，优化产品设计和控制策略。

6.2 机电液控联合仿真典型案例

工程装备属于典型的机电液控多学科综合的复杂产品，尤其是当前流行的全电控挖掘机、电动起重机、电动装载机等，均在传统机械、液压耦合基础上增加了大量电气部件，系统复杂度大大增加，同时控制系统的开发难度也呈现几何级数增长，使得机电液控联合仿真技术成为产品研发的刚需。

6.2.1 电动装载机：效率更高、能耗更低

三一电动装载机（见图6-1）具有强劲有力、响应速度快、作业效率高、操控智能、舒适便捷等特点，广泛应用于钢铁厂、电厂、煤厂、港口、搅拌站等作业场景。电动装载机能耗的高低直接影响企业的生产成本和盈利能力。为进一步降低产品能耗、提升作业效率，工程师采用机电液控联合仿真技术搭建了电动装载机系统仿真模型，在数字空间完成了能耗分析与优化，显著降低了产品能耗，提升了产品竞争力。

图6-1 三一电动装载机示意图

通过梳理电动装载机作业过程，工程师搭建了由动力传动系统、行走系统、转向系统、作业系统和控制系统组成的整机级系统仿真模型，以及驾驶员模型和

Chapter 6　第 6 章　系统仿真：让系统 / 零部件匹配更好，性能更优

装载物料负载模型，完成了升降、装卸、转向、行走、制动等动作模拟和掘进阻力、掘起阻力和物料重力模拟。

电动装载机能耗系统仿真技术路线如下：

（1）梳理电动装载机作业过程。电动装载机作业过程示意图如下（见图 6-2）。

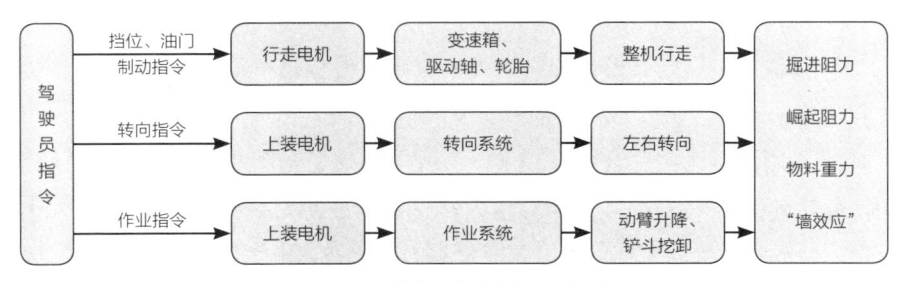

图 6-2　装载机作业过程示意图

（2）搭建电动装载机整机级系统仿真模型。装载机按照功能可划分为五大子系统，分别是动力传动系统、行走系统、转向系统、作业系统和控制系统。工程师通过搭建各功能子系统的性能仿真模型，并按照结构和逻辑关系将各功能子系统模型耦合成整机级系统仿真模型，可以模拟电动装载机真实作业过程，对系统的结构、功能和行为随时间变化的动态特性进行分析。电动装载机整机系统仿真模型示意图如下（见图 6-3）。

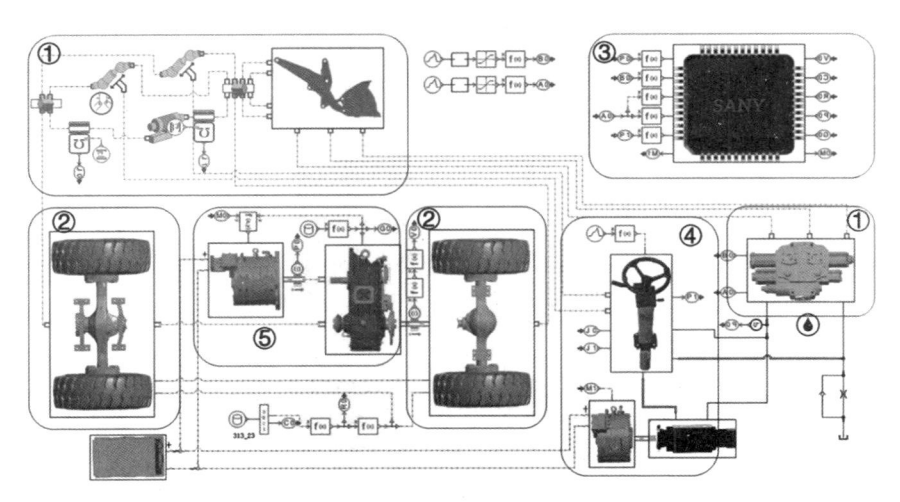

①作业系统　②行走系统　③控制系统　④转向系统　⑤动力传动系统
图 6-3　电动装载机整机系统仿真模型示意图

（3）搭建驾驶员仿真模型。作为整机系统仿真模型的输入端，驾驶员模型负责输出各种驱动指令，以驱动整机模型实现动臂升降、铲斗装卸、转向、行走和制动等动作。驾驶员模型以轨迹跟踪的通用驾驶员模型为基础进行开发，通过识别装载机的实际作业姿态来模拟驾驶员的真实行为。

（4）搭建装载物料负载仿真模型。以斗型和介质的物料负载模型为基础开发装载物料负载模型，能够模拟掘进阻力、掘起阻力和物料重力，同时可以模拟掘进过程中物料堆的"墙效应"（物料阻碍装载机前进，造成车轮打滑现象）。

通过采用机电液控联合仿真技术，工程师搭建了电动装载机整机级系统仿真模型，有效实现了产品效率、能耗、最大爬坡度等主要性能指标的快速分析与优化。三一电动装载机凭借在工作效率、节能降本等方面的突出优势，一经推出便以优异表现赢得了市场广泛认可，成为客户的"省钱利器"。以郑州某搅拌站为例，该搅拌站使用三一电动装载机作业，每生产1方混凝土就能节约1元钱，生产得越多，省得越多，以混凝土搅拌站年生产量40万方计算，一座搅拌站一年就可以省下40万元。

6.2.2 破拆消防车：臂架系统作业更平顺

破拆消防车是一种专门用于应对紧急救援和灾害现场的特种消防车辆。破拆消防车属于订单车型，通常需要经过特殊设计——装配各种破拆工具，同时需要具备良好的机动性和平稳性，以满足客户在复杂现场灵活作业的需求。破拆消防车在进行救援任务时需要重点关注油缸爬行、臂架抖动等平顺性问题，既要提升用户体验，又要避免出现安全隐患。三一破拆消防车示意图如下（见图6-4）。

图6-4 三一破拆消防车示意图

Chapter 6 第 6 章 系统仿真：让系统/零部件匹配更好，性能更优

在破拆消防车臂架系统作业时，运行平顺性是衡量作业性能优劣的重要指标之一。在产品开发早期，工程师需要提前对臂架系统的平顺性能进行分析与评估，尽早进行优化，避免开发后期不得不进行频繁的设计迭代，以加速产品上市时间。

破拆消防车臂架系统是多输入-多输出、高度非线性的刚柔耦合多体系统，主要由机械系统、液压系统、控制系统等组成。工程师需要建立机电液控联合仿真模型对臂架系统常用姿态、运动路径及动作平顺性能进行分析和验证，并基于多参数寻优技术，对臂架运动平顺性能进行优化，以提高作业效能，消除安全隐患。破拆消防车臂架系统仿真分析流程示意图如下（见图6-5）。

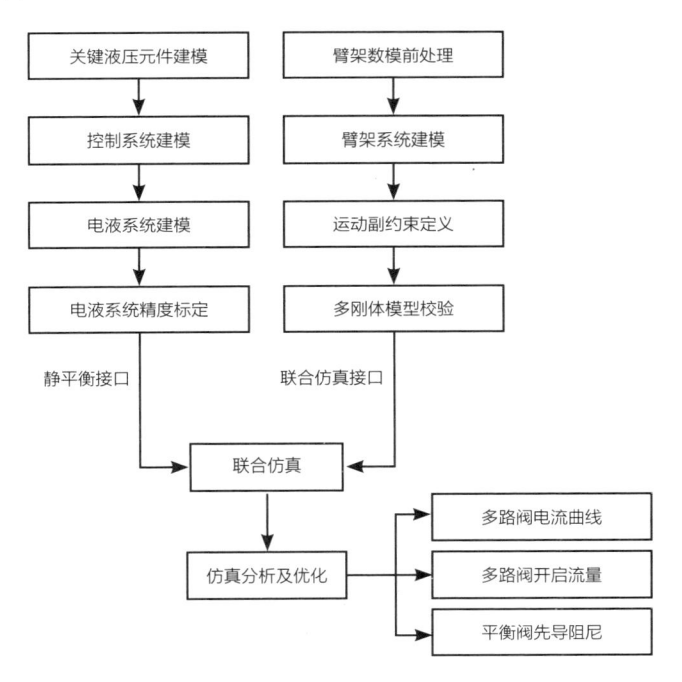

图 6-5 破拆消防车臂架系统仿真分析流程示意图

破拆消防车臂架系统仿真分析通用流程如下。

1. 仿真参数准备

对破拆消防车臂架系统各部件参数进行收集与整理，包括流量源、多路阀（压损与流量曲线、电流与流量曲线等）、平衡阀（先导比、进回油阻尼孔径等）、液

压缸（缸径、杆径、行程）等。

2. 仿真模型建立

建立电液系统仿真模型，主要包括流量源模型、多路阀模型、平衡阀模型和控制系统模型。其中，多路阀模型和平衡阀模型决定了整个系统的性能特性，须对这2类元件进行专项测试，以保证模型精度。建立破拆消防车臂架系统动力学仿真模型（见图6-6），根据臂架系统的运动学关系定义约束关系：各节臂之间是相对转动关系，需要添加转动副；油缸的活塞和缸筒之间为相对滑动关系，需要添加移动副。建立机电液与多体动力学联合仿真模型，通过联合仿真接口设置实现多体动力学模型和液压模型之间的数据传输和控制。

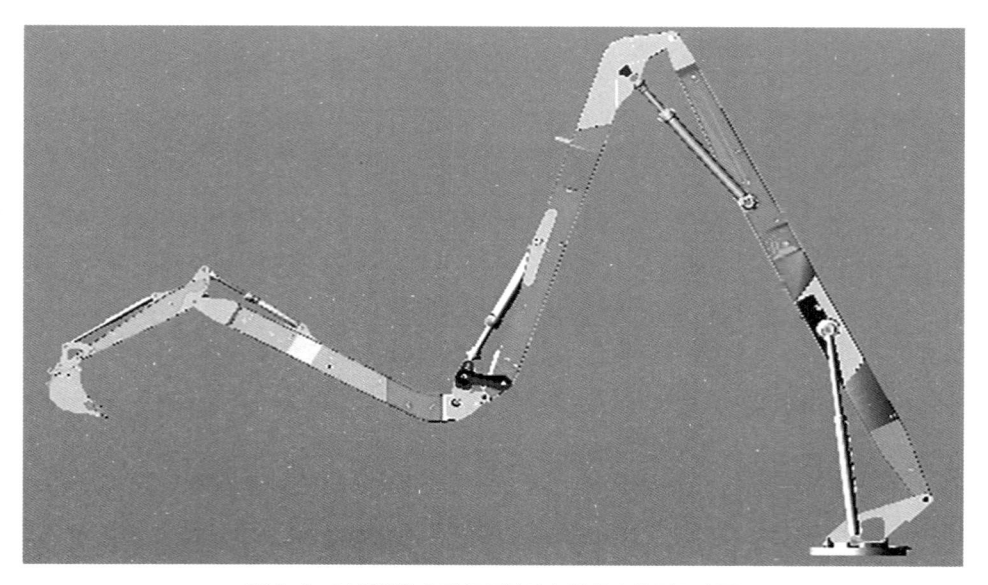

图6-6 破拆消防车臂架系统动力学仿真模型示意图

3. 仿真分析及优化

对臂架系统展开和收回工况下的运动平顺性进行仿真分析，结果显示臂架在收回过程中存在抖动现象（通过臂架油缸压力判断）。通过调整多路阀的流量和开启速度以及平衡阀的阻尼，基本消除了臂架抖动现象，优化方案最终获得实车验证。

工程师通过应用机电液控联合仿真技术，使破拆消防车臂架系统平顺性得到

第 6 章 系统仿真：让系统/零部件匹配更好，性能更优

显著提升，仿真精度达到 90% 以上，臂架抖动问题基本得到解决。三一破拆消防车具有功能多、作业范围大、破拆威力强、臂架动作速度快等特点，解决了大跨空间建筑的破拆、灭火等难题，为大跨空间建筑灭火方法的改进提供了关键装备，在多起火灾救援实战中发挥了重要作用，得到了消防救援人员的高度肯定，极大地提升了消防队伍的整体战斗力。

6.3 动力经济性仿真典型案例

动力性是衡量车辆性能的重要指标之一，直接影响到驾驶体验和安全性，决定了车辆的加速能力和操控性。随着人们环保意识的提升和全球能源资源的紧缺，车辆经济性和排放性能越来越受到关注。因此，对动力性和经济性的仿真分析及设计优化显得尤为重要。通过动力经济性仿真，工程师可以快速评估动力系统配置，优化传动系统匹配和驱动模式选择，发现并及早解决潜在的能源浪费问题，满足环境法规要求。

6.3.1 氢燃料牵引车：更低的氢耗、更长的续航

作为新能源商用车行业的领军企业，三一积极响应国家"双碳"政策，自主研发了具有长续航、低氢耗、轻量化、耐候性、舒适性、造型酷等特点的氢燃料牵引车（见图 6-7），相对于电动牵引车更适合长距离、重载运输，具有很大的发展潜力。氢燃料牵引车以燃料电池和动力电池并联，燃料电池为主、动力电池为辅的动力输出方式工作。三一通过系统仿真技术优化氢燃料牵引车整车动力经济性，进一步降低车辆购置成本与使用成本，扩大客户场景覆盖率。

工程师通过开发整车动力经济性仿真模型和整车控制策略模型，进行燃料电池、动力电池和电机等关键零部件选型与匹配，验证动力系统参数的合理性和有效性，优化控制策略，扩大牵引车工况覆盖率。具体技术路线如下。

图 6-7　三一氢燃料牵引车示意图

1. 仿真模型搭建

氢燃料牵引车整车动力经济性仿真模型（见图 6-8）主要包括驾驶员及车辆模型、电机及变速箱模型、燃料电池及动力电池模型、控制策略模型等。

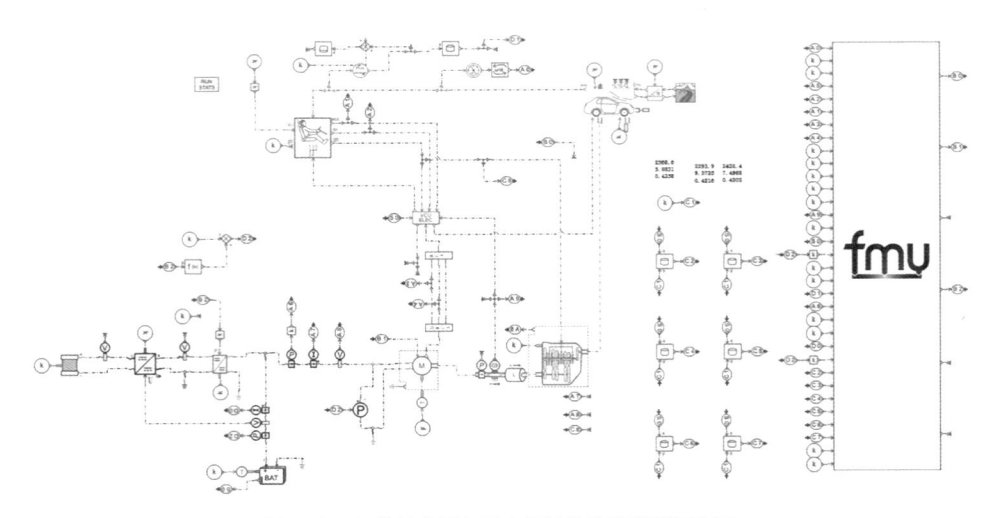

图 6-8　氢燃料牵引车动力经济性仿真模型示意图

第 6 章　系统仿真：让系统/零部件匹配更好，性能更优

- 驾驶员及车辆模型。以路试车速为参考，进行车速跟随控制，输出加速踏板、制动踏板和变速箱挡位信号作为车辆模型的控制信号。定义车重、滑行阻力、轮胎等相关参数，输入坡度、环境参数、轮边制动信号及扭矩并输出实时车速给驾驶员模型。
- 电机及变速箱模型。电机模型的主要参数为电机外特性参数及电机效率，变速箱模型的主要参数为变速箱比及后桥速比。
- 燃料电池及动力电池模型。定义燃料电池系统的伏安特性及氢气流量，根据燃电实时功率得到当前进氢流量，以此计算得到总氢耗量。定义动力电池单电池开路电压、电芯容量及串并联数量。
- 控制策略模型。控制策略包括燃料电池能量管理策略、BMS（电池管理系统）控制策略、整车控制策略 3 部分。燃料电池能量管理策略根据坡度、整车需求功率及动力电池 SOC（剩余电量）定义燃电输出功率，包含驻车模式和行车模式 2 种工作模式。整车控制策略包括制动能量回收策略、滑行能量回收策略、电机扭矩控制策略和动力电池 SOC 保护，工程师在制定各项回收及控制策略时需要同时考虑对电池的保护。BMS 控制策略主要定义动力电池持续输出功率与峰值输出功率的切换规则。

2. 动力经济性仿真

参考 GB/T 18385—2005《电动汽车 动力性能 试验方法》和 Q/SY 072372—2021《纯电动汽车动力性能试验方法》（三一内部的企业标准）的试验工况和加载条件进行氢燃料牵引车的动力经济性仿真，主要分析以下内容：

- 燃料电池、动力电池与电机动力链的匹配性。
- 最高车速、加速时间、等速氢耗等关键参数。
- 对于城市道路、国道、高速、高原及长爬坡工况的覆盖情况。
- 能量管理和动力电池保护控制策略优化。

通过动力经济性仿真，工程师在设计阶段优化了氢燃料牵引车动力性和经济性，扩大了客户工况覆盖率，指导了关键零部件选型与匹配，优化了燃电系统能量管理策略，降低了产品氢耗，提升了产品竞争力。三一氢燃料牵引车采用大功率永磁同步电机，高压 35MPa 大容量储氢系统，加氢 55kg，满载综合工况续驶里程超过 400km，整车百公里氢耗低于 10kg，可满足低速、倒短、港口等多种使

用场景,搭配三一制加氢一体站,为客户提供成本更可控的零碳运营模式,已在全国多地投入实地运营。

6.3.2 汽车起重机:更低的作业能耗、更出色的机动性能

汽车起重机是一种常见的重型起重设备,广泛应用于建筑、桥梁、物流等领域的搬运和安装,具有良好的适应性。相比于其他起重机,汽车起重机的最大特点是具有出色的机动性能,能够快速到达作业现场并搭设设备,因此受到广泛应用。汽车起重机主要有行驶和吊装作业2种工况,其中吊装作业工况的时长和能耗占比达到60%,如何降低汽车起重机的吊装作业工况能耗,已经成为各大厂家普遍关注的问题。三一汽车起重机示意图如下(见图6-9)。

图6-9 三一汽车起重机示意图

工程师通过制定汽车起重机作业系统动力经济性仿真分析流程(见图6-10),开展汽车起重机动力经济性仿真,对作业系统回转、卷扬、伸缩、变幅及典型工况下的能耗进行分析,优化控制策略,降低作业能耗。

Chapter 6 第 6 章 系统仿真：让系统/零部件匹配更好，性能更优

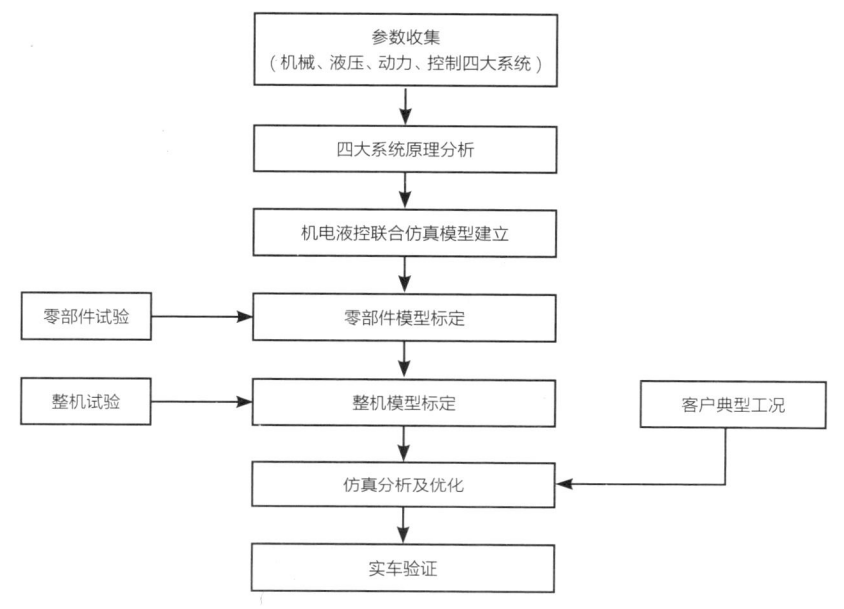

图 6-10 汽车起重机作业系统动力经济性仿真分析流程示意图

汽车起重机作业系统动力经济性仿真分析通用流程如下。

1. 仿真参数收集

收集机械系统、液压系统、动力系统和控制系统四大系统的输入参数。其中，机械系统需要回转机构、伸缩机构、变幅机构、卷扬机构的坐标位置参数，以及各结构件的重量、重心、转动惯量参数；液压系统需要油泵、马达、各阀系的排量和性能曲线；动力系统需要发动机的特性曲线；控制系统需要发动机和电机的控制策略。

2. 仿真模型搭建与标定

建立机械系统、液压系统、动力系统和控制系统四大系统仿真模型。
- 机械系统模型。主要包含转台、伸缩臂、卷扬机构、回转机构、伸缩机构及变幅机构等模块。机械系统建模方式主要为刚体建模，忽略系统的柔性作用。各系统部件之间需要依据实际连接关系建立旋转副、平动副、球面接触等连接和接触约束。
- 液压系统模型。搭建液压系统的机械－液压－控制仿真模型，根据

零部件结构参数和单体性能试验数据，对伸缩主阀、变幅主阀和平衡阀等关键零部件进行性能标定，根据实际工况试验数据对液压系统模型进行标定。

- 动力系统模型。包括发动机模型和电机模型 2 部分：发动机模型的主要输入参数为发动机供应商提供的万有特性曲线和外特性曲线，电机模型的主要输入参数为供应商提供的电机及 MCU（电机控制单元）总效率。
- 控制系统模型。包括控制器逻辑算法、信号反馈路径及执行机构驱动模型。通过建立自适应控制算法，构建包括压力、位移、速度等多物理量传感器的信号传输模型，以及比例阀组、油泵等执行机构的动态驱动模型。

3. 仿真分析与优化

基于回转、卷扬、变幅、伸缩及客户典型工况进行作业系统动力经济性仿真，分别输出各工况下发动机燃油消耗率和电池电耗，识别系统能量利用率的影响因素，优化控制策略。

工程师通过开展汽车起重机动力经济性仿真，在设计阶段快速完成了多方案权衡分析，及时锁定了最优设计方案，其优化结果可使起重机典型工况下能耗降低 7% 以上。经客户工况实测，能耗降低了 9% 以上，按照年销量 100 台计算，可节约能源成本近百万元，显著提升了产品竞争力和客户满意度。

6.4 能量管理仿真典型案例

在国家"双碳"政策驱动下，新能源装备得到了快速发展，其中整车能量管理系统起到至关重要的作用。通过对新能源装备整车能量管理系统开展仿真分析，工程师可实现控制策略优化，从而对发动机、电池、电机、电控、空调等系统及零部件进行合理匹配、选型与控制策略优化，让各系统处于最佳的工作温度区间，提升新能源装备安全性、经济性、舒适性和能源利用效率，让产品更具竞争力。

Chapter 6　第 6 章　系统仿真：让系统 / 零部件匹配更好，性能更优

6.4.1　电动自卸车：电池 / 电机系统匹配更好、运行更安全

纯电自卸车作为大电量纯电动车型，其电池系统的电芯单体数量多、电箱液压冷却管路布局复杂，如何保证电池系统始终在理想工作温度下充 / 放电运行，是三一在自卸车电池热管理系统研发过程中的重要关注点之一。同时，自卸车通常在环境恶劣的大型矿场、建筑施工现场等场地工作，因此电池及电机热安全性也需要重点关注。例如，在大型露天矿场，车辆行驶时扬起的尘土极易覆盖冷凝器的散热管和翅片，致使其散热性能变差，进而导致压缩机排气压力过大，触发高温报警，严重情况下可能会直接损坏压缩机。因此，为保证电动自卸车的作业可靠性，需要在设计早期充分验证热管理系统性能，以满足自卸车电池系统自身的使用要求，同时兼顾恶劣的使用环境对热管理系统的影响。三一纯电自卸车及其电池热管理系统示意图如下（见图 6-11）。

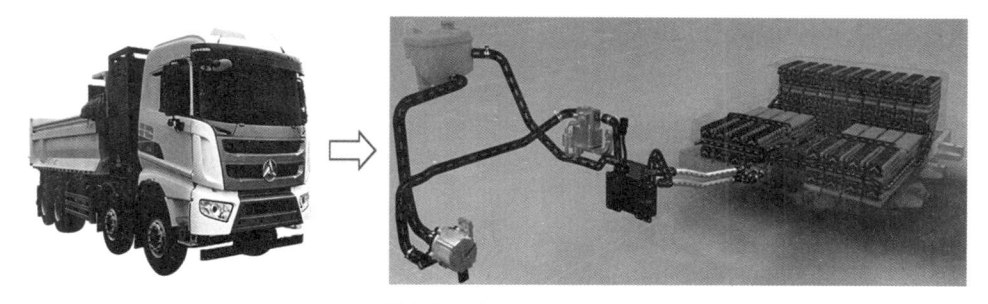

图 6-11　三一纯电自卸车及其电池热管理系统示意图

在充分研究电动自卸车热管理系统工作原理和能量流的基础上，三一制定了电动自卸车热管理系统仿真分析流程（见图 6-12），开展热管理系统仿真分析，在设计阶段尽早验证热管理系统关键性能，快速确认最优设计方案。

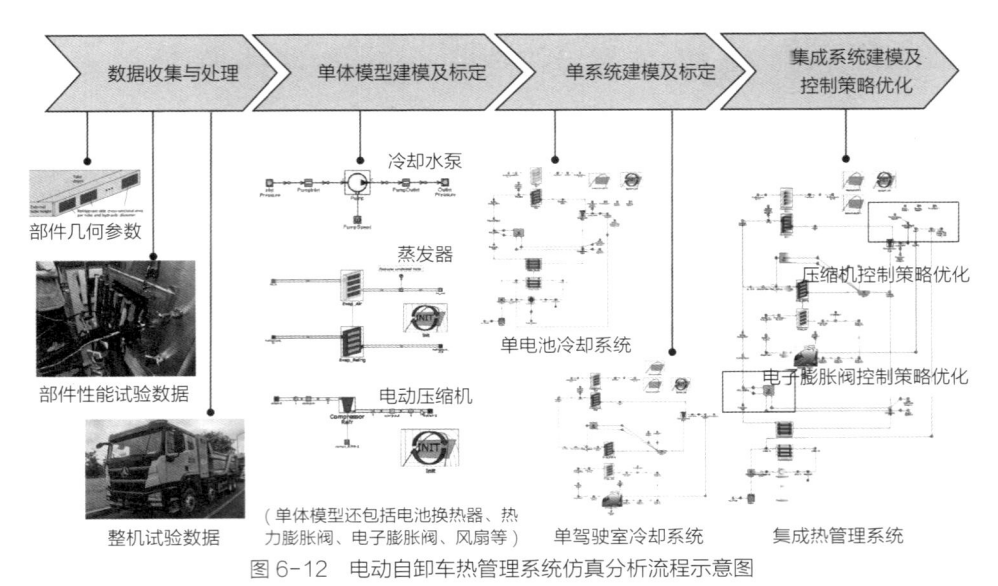

图 6-12 电动自卸车热管理系统仿真分析流程示意图

电动自卸车热管理系统仿真分析通用流程如下。

1. 工况确定

根据电动自卸车产品作业场景与环境特点，确定自卸车的建模范围和运行工况。

2. 参数准备

依据自卸车电池及热管理系统架构，收集建模所需的各部件参数、控制算法等核心数据。其中，客户典型工况曲线需要从客户端采集大量真实的行驶数据中获得。

3. 系统建模

构建自卸车热管理系统仿真模型，包括电池热管理系统（电芯、水泵、风扇、板式换热器、水冷板等）和电机热管理系统（风扇、水泵、电机水套等），每个部件都需要进行数据标定，以确保仿真结果与参考结果的一致性。

4. 性能验证

基于客户运行工况进行整机热管理系统仿真，输出电池最高温度、电池进/出口水温、电池冷却液流量、电机入口水温等评估热管理性能的关键指标，并依据标准判断热管理性能指标是否满足设计要求。

第 6 章 系统仿真：让系统 / 零部件匹配更好，性能更优

5. 方案优化

通过热管理系统仿真技术，可以在设计初期评估电池热管理系统在极限工况下的制冷和加热能力，评估指标为电池最高温度与加热速率。如果电池最高温度或加热速率不满足设定标准，则认为电池热管理系统的设计裕度不足，需要匹配效率更高的板式换热器或加大水泵流量。以电机入口水温为指标，评估电机热管理系统在极限工况下的制冷能力，如果电机入口水温高于限定值，则认为电机冷却裕度不足，亟须增加风扇风量或更换面积更大的散热器。如果要评估冷凝器、散热器在封堵等极端情形下的散热性能，可以对冷凝器、散热器进行额外污垢热阻的建模。

三一纯电自卸车具有低能耗、快补能、高安全的特点。目前，热管理系统仿真技术已推广应用于三一 10 余款电动自卸车产品的研发，极大地提升了电动自卸车热管理系统设计与零部件匹配选型效率，在降低产品能耗的同时，进一步提升了环境适应性、安全性、舒适性等关键性能，得到了广大客户的普遍欢迎。三一将持续秉承"以客户为中心"的发展理念，积极响应国家"双碳"号召，不断推出更多高性能、高品质的纯电自卸车产品。

6.4.2 电动装载机：集成式热管理系统极致的性能开发

集成式热管理系统是指电池、电机、空调等各部分的热管理集成在一套系统中，由集成策略统一进行控制。与传统的电池、电机、空调等各部件热管理系统相对独立相比，集成式热管理系统能够实现能量的精准分配，显著减少零部件数量，降低零部件成本，在极寒和高温等复杂环境下，不仅为驾驶员提供更舒适的驾驶体验，还能进一步降低能耗。目前，集成式热管理系统已成为新能源车辆主流的热管理解决方案。三一电动装载机集成式热管理系统示意图如下（见图 6-13）。

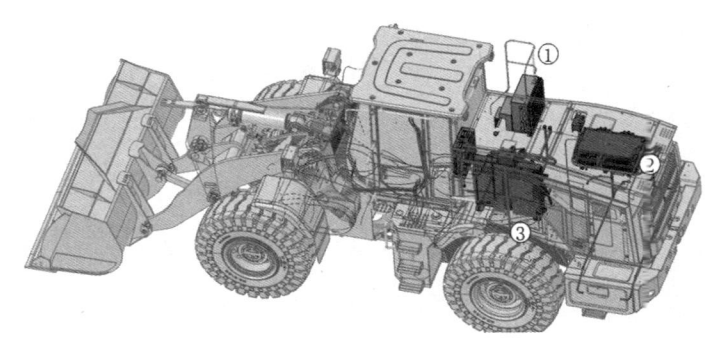

①空调系统　②电池冷却系统　③电机冷却系统
图 6-13　三一电动装载机集成式热管理系统示意图

在国家"双碳"政策与能源变革的驱动下，作为土石方工程机械领域电动化率最高的产品，电动装载机销量在国内市场呈现出爆炸式增长。三一电动装载机凭借其在可靠性、舒适性、效率与能耗等方面的出色表现，销量稳居行业前列。为进一步提高作业效率，降低产品能耗，提升环境适应性，三一采用热管理系统仿真技术开发全新的集成式热管理系统，其架构示意图如下（见图6-14）。

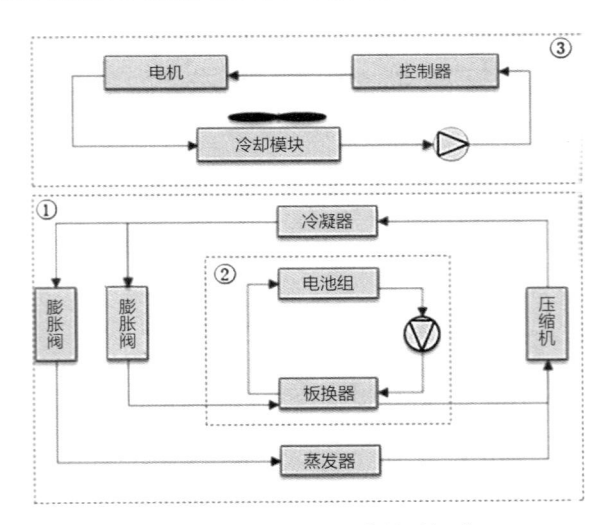

①空调系统　②电池冷却系统　③电机冷却系统
图 6-14　集成式热管理系统架构示意图

集成式热管理系统具有结构集成度高、成本低、能耗低、可靠性高、空间利用率高等优点。同时，该系统也存在控制策略复杂、故障排查难度大等问题。为

Chapter 6　第 6 章　系统仿真：让系统 / 零部件匹配更好，性能更优

攻克上述难题，三一制定了集成式热管理系统仿真分析与控制策略优化流程（见图 6-15），完成了从底层零部件到空调系统、电池热管理系统，再到集成式热管理系统的仿真建模，构建了高精度热管理系统仿真模型，实现了集成式热管理系统设计方案的快速验证与控制策略的快速优化，使空调及电池热管理电耗水平全面超越竞品。

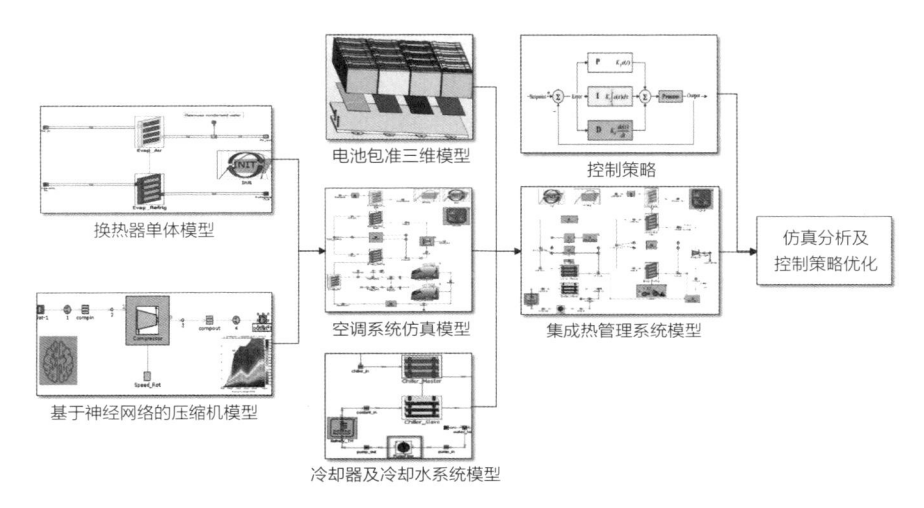

图 6-15　集成式热管理系统仿真分析与控制策略优化流程示意图

集成式热管理系统仿真分析与控制策略优化通用流程如下：

（1）零部件单体建模。基于热管理仿真和理论公式对冷凝器、蒸发器、冷却器、压缩机、水泵等零部件数据进行计算，确保零部件数据可靠、有效，完成零部件单体模型标定。

（2）驾驶室空调系统仿真模型标定。关闭电池冷却系统支路，采集并分析空调侧试验数据，完成驾驶室与空调系统模型的集成与标定，优化驾驶室温度舒适性与空调系统能耗指标。

（3）电池热管理系统仿真模型标定。在不开启空调系统的情况下，采集并分析电池侧试验数据，进行电池水冷回路与准三维电池热模型的耦合和标定，优化电池包温度均匀性，确保电池热安全性。

（4）集成式热管理系统控制策略优化。基于电池单 / 双枪充电以及驾驶室降温实测数据，完成驾驶室空调系统、电池热管理系统集成和标定，识别潜在设计问题，完成热管理控制策略优化，降低系统能耗，并通过实车完成试验验证。

借助热管理系统仿真技术，三一成功研发出首个电动装载机集成式热管理系统。经仿真优化后，热管理系统零部件数量减少了35%，成本降低约5000元/台。同时，驾驶室温度舒适性也得到了改善，能耗降低了10%，产品竞争力显著提升。目前，三一电动装载机热管理系统能够轻松应对-30～50℃的工况，完全满足在极寒地区与极热地区钢厂、港口、搅拌站、煤场、矿山等各类作业需求，显示出强大的极限工况适应能力。

6.5 数字样机：提升研发效率、缩短研发周期的利器

数字样机一般是指物理样机的全数字化模型，可以在数字空间表达产品的静态结构和动态行为，展现产品的功能和性能。在产品研发过程中，通常需要通过试制来制作物理样机，基于物理样机开展物理试验，进而验证产品各项功能/性能是否满足设计要求。为缩短物理验证周期，加快产品上市时间，在产品研发过程中往往需要制作多个物理样机，分阶段、分批次开展试验验证。有了数字样机之后，即可在计算机虚拟环境中模拟产品在不同使用场景下的功能/性能表现，不仅可以缩短和节省物理样机制作周期与成本，还可以大幅缩短和节省整机物理试验周期与成本。因此，数字样机是提升研发效率、缩短研发周期的利器。

由于数字样机涉及多学科、多尺度、多物理域的综合建模，因此其建模复杂性高、模型数据量大、计算性能要求高，需要机械、液压、控制等不同学科/不同专业工程师的深度协同才能构建完成，工作量巨大，但是效果非常好。例如，在飞机研发过程中，利用数字样机中的几何样机不仅可以实现结构关联设计、动静态干涉检查、装配仿真、人机工程等，还可以实现跨地域、多厂所[1]设计与设计、设计与制造、制造与制造数字化协同，大幅提升飞机协同研制效率；利用数字样机中的性能样机，可以实现物理飞机建造前产品的虚拟飞行，在计算机虚拟环境中，充分模拟与验证飞机的各项飞行品质与性能。

数字样机主要由几何样机、功能样机和性能样机组成，而系统仿真技术是构建性能样机的核心技术。本节将分享三一在整机级性能样机开发与应用方面的实践与心得。

---

[1] 厂所是"工厂"和"研究所"的合称，通常用于指代具备生产制造和研发设计功能的机构或单位，在工业、科研和军工等领域中较为常见。

第 6 章　系统仿真：让系统/零部件匹配更好，性能更优

6.5.1　什么是数字样机

2011 年 1 月 10 日，由中华人民共和国国家质量监督检验检疫总局[①]和中国国家标准化管理委员会共同发布了 GB/T 26100—2010《机械产品数字样机通用要求》国家标准，明确了数字样机分类、构成、模型要求、建构要求、应用以及管理要求。依据国家标准中的定义，数字样机是对机械产品整机或具有独立功能的子系统的数字化描述，这种描述不仅反映了产品对象的几何属性，还至少在某一领域反映了产品对象的功能和性能。数字样机主要由几何样机、功能样机、性能样机等组成。数字样机形成于产品设计阶段，可应用于工程设计、制造、装配、试验、交付、使用和运维等产品全生命周期。

几何样机主要通过计算机辅助设计（CAD）技术描述产品的拓扑结构、尺寸等几何特征以及材料信息、工艺要求等非几何信息，用于产品的设计协同、干涉检查、虚拟装配和三维展示等。几何样机从结构视角描述产品的组成、空间位置、装配关系、材料及工艺属性等，大多属于产品静态特性，主要面向产品的结构设计与加工制造。2003 年，美国机械工程师协会发布了三维模型标注信息内容的标准，波音公司率先在波音 787 飞机研制过程中采用了基于模型的定义（Model Based Definition，MBD）技术。MBD 技术实现了几何定义、材料信息、工艺信息等几何样机全部属性信息的完整描述，极大地提升了设计与设计、设计与工艺的协同效率。基于此技术，波音 787 飞机的研制周期缩短了 30%。

从市场的角度看，客户更加关心产品在真实使用场景下的性能表现，而不仅仅是产品外观。因此，性能样机是非常重要的。一个完整的性能样机应能基于客户不同的使用场景、不同的客户关注点展示产品不同的性能，如能耗、动力经济性、操稳平顺性、舒适性、可靠性、安全性、环境适应性等。因此，构建性能样机不仅需要系统仿真、结构仿真、流体仿真、振动噪声仿真等各项仿真技术，更需要多学科联合仿真技术、异构模型互操作技术、实时仿真技术、模型在环/软件在环/硬件在环技术、三维场景可视化技术等众多技术的综合应用，这些技术的协同作用尤为重要。性能样机技术的应用可以将机械、电气、液压、热力、控制等具有复杂交联关系的系统进行虚拟集成和仿真分析，实现多系统之间性能指

---

① 2018 年改为中华人民共和国国家市场监督管理总局。

标权衡分析，从而提升整机、系统和子系统的综合性能。通过构建多学科综合的整机级性能样机，工程师可以在物理样机建造之前实现产品的虚拟运行，分析并优化整机的关键性能。性能样机还可以模拟产品在极端工况、不具备物理试验条件、物理试验成本高昂等情况下的产品整体性能表现。

在飞机研发过程中，通过使用被称为"铁鸟"的地面物理装置，工程师可以开展电气、液压、控制以及其他飞机重要系统的物理集成和测试。有了"铁鸟"之后，虽然飞机仍旧需要开展飞行试验，但大幅降低并缩短了飞机飞行试验的成本和周期，极大地提升了飞机首飞的安全性。通过数字仿真技术，工程师可以构建飞机"数字铁鸟"，在设计方案阶段甚至概念阶段即可开展电气、液压、控制以及其他飞机重要系统的虚拟集成和测试，让飞机在物理样机还没有建造之前，就能实现虚拟飞行，大幅度提升飞机研发效率，缩短研发周期。

6.5.2 超大型挖掘机：整机级性能样机带来的美好体验

全球范围内大型矿山、大型工程、大型建筑等项目越来越多，推动了工程机械装备大型化的趋势。超大型挖掘机（以下简称"超大挖"）是矿山、石方工程中的主要施工机械，由于其吨位巨大、应用场景相对局限，因此产量少、研发成本相对比较高，这就要求超大挖产品的设计要具备极高的一次成功率。当前，世界范围内能够生产超大挖的厂家屈指可数，超大挖产品的主要核心零部件通常自研自产自用，技术保密性高，过去很多年被美国、日本和德国企业垄断。三一超大挖示意图如下（见图6-16）。

图6-16 三一超大挖示意图

第 6 章　系统仿真：让系统 / 零部件匹配更好，性能更优

由于超大挖产品吨位巨大，目前的试验场无法有效满足其整机测试需求，严重依赖客户侧的测试环境，因此，基于物理样机的试验验证周期比较长、成本也比较高。为加速产品上市周期，三一采用仿真驱动设计的产品研发模式开展新一代超大挖产品研发工作，设计与仿真高度并行迭代，构建了以数字样机（性能样机）为核心的整机虚拟集成与验证体系，在数字空间开展多方案快速权衡、机电液系统快速匹配与零部件选型、控制策略验证与虚拟调试，提前洞察并修正产品设计缺陷，大幅降低了对基于物理样机进行试验验证的依赖性。

在充分分析超大挖产品结构原理、驾驶方法、性能指标、作业特点和作业工况的基础上，工程师建立了包含动力系统、液压系统、机械系统、控制系统、驾驶员和物料负载系统的整机级性能样机。主要技术路线如下。

1. 非实时仿真模型开发

超大挖整机按照功能可划分为五大子系统：动力系统、液压系统、机械系统、控制系统和操纵系统。基于机械、动力、液压和控制系统原理，分别开发各子系统性能仿真模型，并基于产品架构模型，将各子系统仿真模型集成为超大挖整机级性能仿真模型，可以对超大挖产品结构、功能和行为进行动态仿真分析。

2. 实时仿真模型开发

对非实时仿真模型进行简化等效处理，加速仿真运算速度，从而实现固定步长有效仿真运算，生成实时仿真被控对象模型。将实时仿真被控对象模型装载到硬件在环设备上位机，连接实物控制器和实物手柄，从而实现三者的实时交互，开展硬件在环实时仿真。

硬件在环实时仿真（真实手柄＋真实控制器＋实时仿真被控对象模型）和物理样机（真实手柄＋真实控制器＋真实被控对象）的区别是被控对象不同。借助硬件在环实时仿真环境，无须物理样机即可提前开展超大挖产品操纵特性和控制策略的调试和验证。由于具有实时特性，其调试过程与物理样机调试过程基本无差别，极大地提高了调试效率，缩短了验证周期。三一超大挖硬件在环实时仿真环境示意图如下（见图 6-17）。

图 6-17 三一超大挖硬件在环实时仿真环境示意图（见书末彩插）

3. 实时仿真结果可视化平台开发

通过搭建超大挖产品高精度的三维可视化作业场景和动态行为展示环境，大幅提高了实时仿真的调试效率和客户体验。超大挖实时仿真可视化示意图如下（见图 6-18）。

图 6-18 超大挖实时仿真可视化示意图（见书末彩插）

第 6 章 系统仿真：让系统/零部件匹配更好，性能更优

三维可视化平台具有以下显著特点：

- 高保真的虚拟作业场景，可以模拟施工现场的各种操作，在虚拟环境中对超大挖产品进行全面的功能/性能测试。
- 支持从驾驶舱、设备外围等多角度进行三维实景显示，有利于客户全面了解超大挖产品的工作状态和操作效果。
- 超大挖产品动态性能实时反馈与产品姿态动态联动，可在三维可视化场景中直观展示所有性能参数，有利于及时发现问题和解决问题。

三维可视化平台与硬件在环实时仿真的完美结合让超大挖产品的研发变得更加快捷、高效、直观、可靠。机械、液压、控制等不同专业的工程师可以基于统一的性能样机展开分析与讨论，极大地提升了跨专业协同效率。

通过基于超大挖整机级性能样机的产品虚拟验证，工程师获得了超大挖产品上百种姿态下的系统压力数据和 10 余种工况下的 30 多项整机性能指标数据。它们为主机和核心零部件正向研发提供了强有力的性能数据支撑，大幅提升了主机和供应商设计协同效率，同时也为供应商提供了零部件性能虚拟验证环境，大幅提高了零部件匹配效率。通过对多种设计方案进行快速评估，工程师规避了产品设计风险，在设计阶段即可完成控制策略虚拟调试与验证，提高了物理调试的一次成功率。同时，工程师基于超大挖整机级性能样机完成了产品在各种极限工况下的性能验证，突破了物理试验环境的客观约束，提高了产品的极致性能。

Chapter 7　第 7 章
电磁兼容仿真：减少干扰，让系统更安全可靠

　　随着电气技术的不断发展，特别是新能源技术的快速普及，车辆电子设备数量大幅增加，电磁兼容性越来越受到重视。例如，车辆电磁干扰可能导致电子设备性能下降，出现电路板损坏、元器件烧毁、控制器失灵等故障，严重时还可能带来安全问题。国际标准化组织（ISO）、国际电工委员会（IEC）以及美国汽车工程协会（SAE）、德国电气工程师协会（VDE）、英国标准协会（BSI）等相关组织陆续制定了电磁兼容国际、国家标准。同时，客户也逐渐认识到产品电磁安全的重要性，市场对产品的电磁兼容性要求进一步提高。

　　本章将简要介绍电磁兼容仿真技术分类，重点分享其在工程装备、商用车和新能源领域的最佳实践，方便读者更好地了解电磁兼容仿真典型应用场景及其工程应用价值。

第 7 章 电磁兼容仿真：减少干扰，让系统更安全可靠

7.1 电磁兼容仿真概述

电磁兼容性（EMC）是指设备或系统在其电磁环境中符合要求运行，并不对其环境中的任何设备产生无法忍受的电磁干扰的能力。电磁兼容仿真技术是一种研究电磁兼容问题的重要工具。它以麦克斯韦方程组为基础，利用计算机模拟电磁场的分布、传播和相互作用，能够为解决复杂的电磁场问题提供有效手段。电磁兼容仿真主要应用于产品开发初期和样件试验验证阶段，可以快速验证产品设计与布局的合理性，帮助工程师完成技术方案的设计优化，降低产品研发过程中出现电磁兼容问题的概率，加速电磁兼容问题的改善，确保产品电磁兼容性能满足设计要求。

7.1.1 电磁兼容仿真技术分类

电磁兼容仿真有不同的分类。根据仿真频段的不同，可以分为高频仿真和低频仿真；根据仿真功能的不同，可以分为天线仿真、传导发射仿真、辐射发射仿真、敏感度仿真等；根据仿真目标的组成和尺寸的不同，可以分为 4 个层次的仿真，包括系统级、分系统级、设备级和组件级。

（1）系统级。主要对被测系统整体的电磁兼容性进行仿真分析。系统级电磁兼容仿真主要研究被测系统中各个分系统或设备的电磁兼容指标分配、电磁隔离度评估、射频通信评估等内容。系统级电磁兼容仿真分析的重点在于系统内各个分系统或设备的电磁场定性分析，得出是否存在电磁兼容风险的结论。一般来说，系统级电磁兼容仿真的求解目标尺寸很大，从几米到几十千米不等，因此要求电磁兼容仿真平台具有高性能计算能力。

（2）分系统级。主要对系统中相对独立的各个子系统或单元的电磁兼容性进行仿真分析，如高压充电子系统、电机控制子系统、二次电源子系统等。分系统级电磁兼容仿真起到承上启下的作用：既要关注从系统级分配的电磁兼容指标，以及与其他分系统的相互干扰和电磁隔离度；也要关注来自设备级和组件级的电磁辐射源、互联电缆，以及结构屏蔽体等组合在一起产生的整体电磁辐射变化。分系统级电磁兼容仿真的求解目标尺寸一般比系统级要小一些，对于仿真频段较高或仿真精度要求较高的分系统，要求电磁兼容仿真平台具有高性能计算能力。分系统级电磁兼容仿真的重点在于多种电磁场算法和仿真技术的集成，既要对系

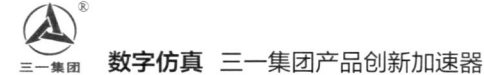

统级分配的指标进行定性评估，又要对设备级和组件级的整体电磁发射和敏感度水平进行定量评估。

（3）设备级。主要对各独立设备的电磁特性进行仿真分析，利用电磁场和电路仿真软件，对设备在各种工况下的电磁发射值或敏感度进行模拟分析。设备级电磁兼容仿真的重点在于电磁场仿真工具与电路系统仿真工具的结合，对设备电磁发射和敏感度水平进行定量评估。电路系统仿真工具可以导入或者建立有源器件的物理级模型或行为级模型，并设置工作频率和工作模式，与不同电磁场仿真工具配合，实现设备级电磁发射值与敏感度仿真分析。

（4）组件级。主要对设备中的PCB（印制电路板）单板、逆变器/变压器、开关电源电路、屏蔽结构、线束线缆、连接器等各个组件的电磁特性与屏蔽隔离特性等进行仿真分析。组件级电磁兼容仿真主要使用各种电磁场仿真工具导入或者建立组件模型，仿真各组件的电磁传播和屏蔽特性为组件设计和选型提供了参考依据。

通过对产品研发所处阶段和出现电磁兼容问题所涉及的层次进行分析，工程师可以选择合适的电磁兼容仿真方案，高效地完成产品电磁兼容设计和解决工程中出现的电磁兼容问题。目前，电磁兼容仿真重点关注的方向主要包括元器件封装和PCB电磁场仿真，开关器件、线缆、连接器电磁场仿真，电机和变压器电磁场仿真，电机控制系统仿真，天线设计及布局仿真，静电防护和雷击等瞬态电磁场仿真，复杂平台的系统级电磁兼容仿真等。

7.1.2 电磁兼容仿真典型应用场景

在三一，电磁兼容仿真典型应用场景如下：

（1）工程装备领域。土石方机械、混凝土泵车、起重机、路面机械、桩工机械、煤炭机械、港口机械等工程机械产品在复杂电磁环境下，容易出现各类电磁兼容问题。工程师应用电磁兼容仿真，可以优化产品设计，助力故障及时解决。例如，在高压电网附近的作业环境中，空调系统或部分传感器会出现失效故障，工程师可以通过电磁场仿真计算出各个部位的电场强度，优化敏感零部件的安装位置，解决出现的电磁兼容问题。

（2）商用车领域。随着搅拌车、牵引车、自卸车等商用车产品加速电动化转

第 7 章 电磁兼容仿真：减少干扰，让系统更安全可靠

型，电磁兼容的重要性凸显。相比于乘用车，商用车所用的电机功率更大，产生的电磁场强度也更强，更容易出现自兼容问题或者国内、国际法规测试超标问题，因此电动化商用车领域非常有必要加强电磁兼容仿真技术的应用。例如，搅拌车整车电磁辐射仿真、牵引车控制器传导发射和辐射发射仿真、牵引车天线布局优化仿真、整车高低压线束耦合仿真等。

（3）新能源领域。在风电、锂电、光伏以及驱动电机等产品研发过程中，大功率电机的开关器件、线缆、母排、PCB 等组件在运行时出现的电磁干扰问题已成为新能源领域的普遍难题。电磁兼容仿真技术的应用，可以大大缩短并降低后期故障排查与解决的周期和成本。新能源领域常用的电磁兼容仿真主要包括开关器件和母排等组件的寄生参数仿真、高压线束耦合仿真、电驱动系统电磁干扰仿真、光伏 PECVD 设备工艺腔电磁场仿真等。

7.2 电磁兼容仿真典型案例

7.2.1 牵引车："大脑"更加安全可靠

商用车内部往往包含许多电子电气设备，其中整车控制器（VCU）是车辆的"大脑"，是车辆主要控制电气的部件。工程师在设计好整车控制器内部电路的同时，一定要进行合理的安装布置，对强弱电采取隔离措施，避免出现电磁兼容问题（其严重时可能引起车辆刹车失灵、转向助力失效、动力缺失等安全问题）。因此，整车控制器的电磁兼容性是确保车辆安全行驶、稳定运行的关键因素。

电磁兼容性分为 2 类：电磁骚扰（EMI）和电磁抗扰（EMS）。一般情况下，整车控制器容易达到零部件电磁抗扰的法规要求，但是较难达到零部件电磁骚扰的法规要求。

为提升整车控制器电磁兼容性，避免整车控制器与车辆其他电气部件形成电磁干扰，工程师采用电磁兼容仿真与物理测试相结合的方式开展整车控制器电磁兼容性优化，确保传导发射、辐射发射等关键性能指标满足法规要求。通过研究整车控制器的电磁骚扰源、耦合路径等，工程师制订了整车控制器电磁兼容解决方案（见图 7-1）。

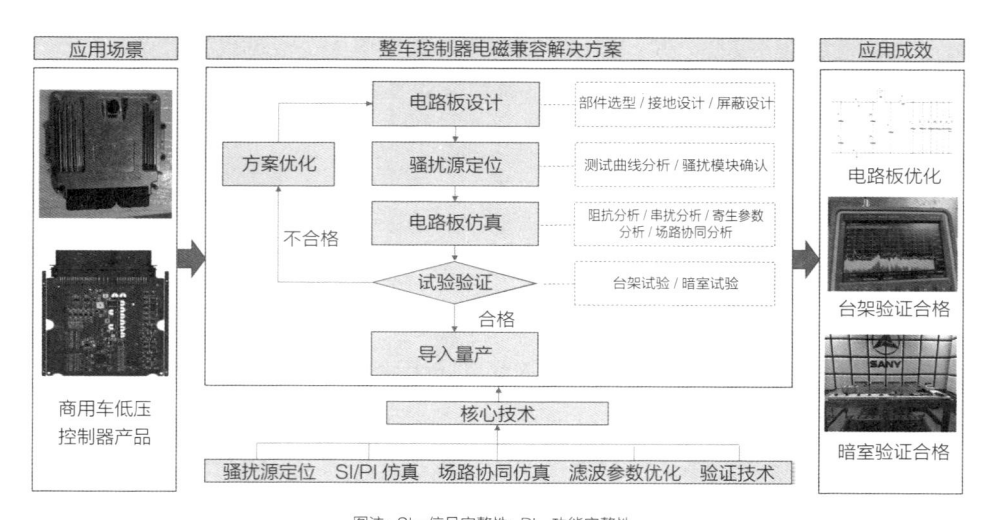

图注：SI—信号完整性；PI—功能完整性。

图 7-1　整车控制器电磁兼容解决方案示意图

整车控制器电磁兼容通用解决方案如下：

（1）骚扰源定位。对出现问题的整车控制器进行检查和分析，利用便携式频谱分析仪和近场探头对电路板工作时各个模块的频谱特征进行测试，并将测试结果与实验室的测试数据进行对比，从而锁定整车控制器主要超标的元器件和模块。

（2）电路板仿真分析。根据整车控制器电路板原理图和布局文件，利用电磁场仿真软件搭建整车控制器电路板仿真模型。进行电路板信号完整性和电源完整性分析，找出电路板布置的电磁兼容性风险。建立电路板上主要超标元器件和模块的端口参数，通过仿真得到各个端口的 S 参数（散射参数），并将其导入电路仿真软件中。在寄生参数仿真软件中，提取控制器电路板主要超标的元器件和模块相关网络节点的寄生电容、寄生电感、寄生电阻等参数，然后将其导入电路仿真软件中，结合电路板原理图建立电路板仿真模型。通过电路板仿真得到传导骚扰仿真数据，并将仿真结果推送到电磁场仿真软件中，以此为激励源进行电路板近场和远场的电磁场仿真，得到辐射骚扰数据。

（3）试验验证。将整车控制器电路板仿真得到的传导骚扰和辐射骚扰数据与试验数据进行对比分析，确认仿真有效后，对整车控制器电路板进行滤波电路、接地及屏蔽措施的优化，并在电路和电磁场仿真软件中对优化方案进行仿真分析，以验证优化方案的有效性。在整车控制器电路板上实施优化方案　进行零部件传

第 7 章 电磁兼容仿真：减少干扰，让系统更安全可靠

导骚扰和辐射骚扰的验证测试。若测试结果不能达到预定的电磁兼容要求，则继续进行优化方案的修改和完善；若测试结果达到预定的电磁兼容要求，则将该优化方案固化，并导入整车控制器量产。

经试验验证，该优化方案大幅提升了整车控制器电磁兼容性，最大超标点骚扰电平降低 14dB 以上，满足国家标准（GB/T 18655）等级 3 要求。以此为基础，三一建立了一套整车控制器电磁兼容仿真优化流程，并编制完成了整车控制器的电磁兼容设计指导规范，健全了整车控制器的电磁兼容设计与仿真能力。目前，该方案已经推广至多个产品的低压控制器设备研发。

7.2.2 牵引车：整车天线布局更合理

随着新能源商用车智能化水平越来越高，车载无线设备也越来越多，天线的整车布置位置与姿态直接决定了车辆的通信性能。如果无线设备的天线布局不合理，会导致整车通信、导航、收音机等相关功能无法正常工作。因此，整车无线设备的天线布局显得尤为重要，亟须建立整车天线布局仿真能力，解决车辆研发过程中可能出现的无线射频问题。

通过搭建整车环境仿真模型，包括 Wi-Fi 天线、RKE（汽车遥控钥匙）天线、收音机天线单体仿真模型，对各天线的布置以及相互之间的隔离度进行仿真优化，提出整车天线布局优化方案。通过对该优化方案进行试验验证，提升了整车 Wi-Fi、收音机、RKE 等无线射频性能，形成了整车无线设备天线布局设计与仿真规范。整车无线设备天线布局解决方案示意图如下（见图 7-2）。

整车无线设备天线布局通用解决方案如下：

（1）无线设备天线单体仿真。建立 Wi-Fi 天线、RKE 天线、收音机天线的单体仿真模型，并将仿真分析结果与天线的测试数据进行对比分析，验证天线激励源模型是否准确可靠。

（2）整车环境仿真模型搭建。通过对整车模型进行简化、清理、网格划分、网格质量检查及优化，生成符合 Wi-Fi 天线、RKE 天线、收音机天线仿真需求的整车仿真模型，便于模拟让各个天线发射的电磁波能准确传播的空间环境。

（3）整车搭载天线模型仿真。分别将 Wi-Fi 天线、RKE 天线、收音机天线单体模型导入整车仿真模型，进行整车环境下的天线模型仿真，模拟天线在工作时，

电磁波被周围空间环境吸收、反射等真实传播特性。

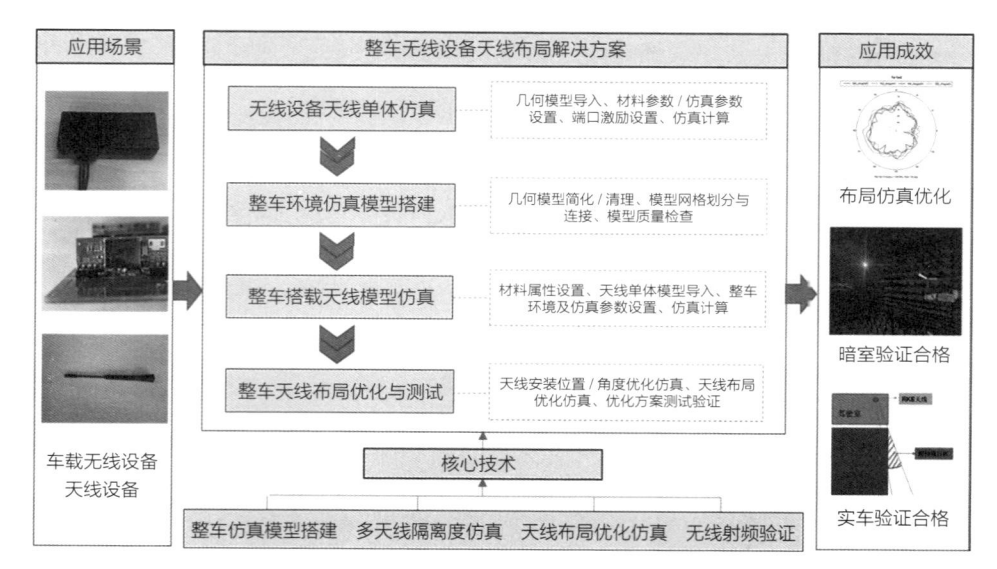

图 7-2 整车无线设备天线布局解决方案示意图

（4）整车天线布局优化与测试。通过将天线模型安装在整车的不同位置、不同角度进行仿真分析，找出最佳的天线布局方案。基于最佳天线布局方案，通过天线暗室和实车环境下的测试，验证整车天线布局仿真的优化效果。

通过整车无线设备天线布局优化方案的实施及验证，整车接收 Wi-Fi 有用信号的功率值在驾驶室右前方向提高了 100% 以上，车尾 RKE 解闭锁盲区面积减少了 15% 以上，车载收音机的有效收台数提高了 7 个以上。以此为基础，三一建立了一套整车天线布局仿真优化流程，编制了整车无线射频设备和天线布置规范，降低了整车出现无线射频问题的风险。

创新篇
数字仿真创新战略

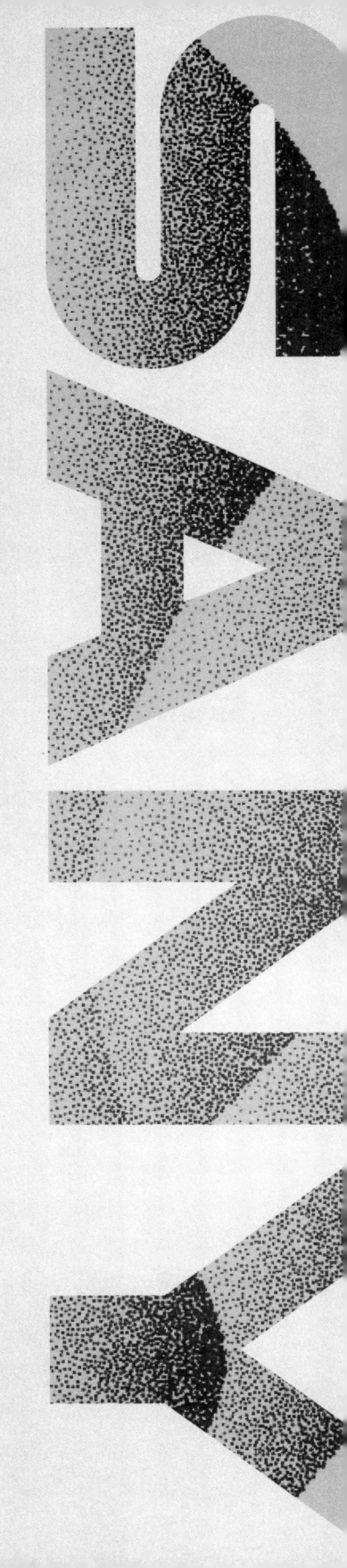

第 8 章　Chapter 8
仿真数智化：引领数字仿真发展趋势

在云计算、大数据、人工智能等先进数字技术的加持下，数字仿真技术正加速向自动化、智能化方向发展，从偏微分方程求解到数据与机理联合求解，数据、算力与算法正推动仿真技术的数智化演进。从仿真管理的视角看，数字仿真技术正由传统的仿真数据管理、仿真流程管理向仿真全量全要素在线协同管理的方向发展，设计、仿真与试验将高度并行协同，产品创新迭代效率将大幅提升。

Chapter 8 第 8 章 仿真数智化：引领数字仿真发展趋势

8.1 仿真自动化

数字仿真技术经过几十年的积累与发展，已在各行各业得到广泛应用，成为现代工业企业在产品研发过程中不可或缺的工具。然而，随着数字仿真技术在产品研发过程中的地位日益提升，数字仿真技术的应用也逐步走入了"深水区"。企业逐渐遇到了仿真计算周期长、仿真结果一致性难以保障、仿真技术门槛高，以及仿真知识和经验传承与复用困难等难题。为了解决上述难题，并充分释放数字仿真技术应用的宽度与深度，仿真自动化技术应运而生。

仿真自动化是数字仿真技术与计算机科学深度结合的产物，其本质是，通过计算机程序和算法来控制和管理整个仿真过程，使得仿真执行过程自动化。得益于仿真自动化技术，仿真模型的构建、求解计算、结果分析以及仿真报告生成等各环节和任务都可以自动完成。这不仅确保了仿真流程的规范化和标准化，还显著提高了仿真分析效率和仿真结果一致性。对企业而言，仿真自动化是提升仿真工作效率、规范仿真操作流程、保障仿真精度、实现仿真知识复用的重要手段。

8.1.1 仿真自动化的价值

仿真自动化作为数字仿真技术的重要组成部分，通过程序化、自动化的仿真流程，取代了繁杂的人工操作。不仅显著提升了数字仿真效率，还保证了仿真分析的精度与结果的一致性。同时，仿真自动化推动了仿真分析规范与仿真标准的软件化，固化了仿真的"软资产"，为企业带来了诸多益处。

1. 提升仿真分析效率

提升仿真分析效率、缩短仿真分析时间是仿真自动化的核心价值。在某些情况下，仿真效率提升的程度甚至可以直接决定仿真自动化实践的成功与否。在整个数字仿真分析流程中，通过自动化模型构建、参数化仿真、批量任务调度、并行计算与集群算力优化、自动化后处理与结果分析评价、自动优化寻优、自动生成报告等方法和手段，将大量复杂和重复的仿真工作结构化、流程化、自动化，可以降低工程师的工作量，全方位提高数字仿真效率。

三一开发了矿山设备结构仿真后处理自动化工具，使仿真后处理与仿真报告生成效率提升了 80% 以上，已全面推广应用于宽体车、采煤机、掘进机、液压支架、治沙楼等多款产品；三一开发了牵引车振动噪声仿真结果自动分析工具，使振动噪声数据处理效率提升了 20 倍以上；三一开发了通用型材框架结构焊缝仿真自动化工具，实现了焊缝建模、仿真结果后处理、仿真报告一键生成等功能，使仿真效率提升了 10 倍以上，已全面推广应用于自卸车、搅拌车、泵车、消防车等多款产品；三一开发了以载荷表计算为核心的履带吊仿真平台，实现了参数化建模、多方案自动批量对比、仿真报告一键生成等功能，使总体设计方案匹配优化周期由 30 天缩短到 15 天，4500 吨履带起重机研发周期由 3 年缩短到 1 年。

2. 保证仿真精度和结果一致性

传统的数字仿真在前处理、求解和后处理等过程中，通常依赖人工操作。由于仿真分析规范和仿真标准尚不完善甚至缺失，对工程师的指导和约束往往不足，导致不同工程师执行同类型仿真任务时存在差异，进而导致分析结果不一致。此外，大部分仿真分析规范和仿真标准增加了工程师的工作量，导致部分工程师不愿意严格按照规范执行仿真任务，影响了仿真结果的精度。同时，仿真操作复杂，经常需要处理大量（超百万个）的数据，任何细微的输入错误或操作失误都可能导致仿真结果出现显著偏差。

仿真自动化通过程序脚本或自动化工具来封装仿真分析规范和仿真标准，严格按照规范和标准组织和执行仿真过程，减少了人为操作的干扰，确保了仿真过程和结果的一致性，提高了数字仿真结果的置信度。

三一开发了港口设备结构仿真自动化工具，使仿真效率提升了 62%，仿真结果一致率高达 95%，已全面推广应用于正面吊、堆高机、抓料机、伸缩臂叉车等多款产品；三一研发了能源装备结构仿真自动化工具，使仿真效率提升了 64.5%，仿真结果一致率高达 99%，已全面推广应用于机械/液压压裂车、电驱压裂橇、电驱混砂橇、连续油管车等多款产品。

3. 降低仿真技术门槛

通过仿真自动化技术，复杂的仿真过程可以被软件化并封装或参数化、界面化的程序。工程师只需进行少量简单的鼠标操作，即可完成复杂的仿真任务，大大降低了仿真的难度。友好的用户界面不仅简化了传统复杂的仿真操作，还显著降低了工程师学习仿真技术的难度。特别是对于新员工，这种参数化、界面化的程序能够显著降低学习成本，缩短仿真技术与仿真方法培训周期，从而使新员工

Chapter 8　第 8 章　仿真数智化：引领数字仿真发展趋势

更快地胜任仿真工作。

三一开发了履带板结构轻量化仿真自动化工具，采用先进的模型参数化和多目标优化仿真技术，开发适用于履带板的结构优化方法，在不影响产品性能的前提下实现履带板减重的目的。通过固化仿真方法，三一实现了履带板设计、仿真与优化流程的自动化，形成了一款面向设计人员、操作简单、界面友好的履带板结构仿真自动化工具，覆盖了单齿、双齿、三齿 3 个板型，可适配 55 款产品，通用化率高达 98%，让设计人员也能轻松完成仿真工作。

4. 固化仿真"软资产"

长期积累的仿真知识和经验，如仿真分析规范、仿真标准、仿真基础数据、仿真模型、仿真报告以及仿真算法与经验公式等，构成了企业最重要的数字仿真资产和宝库。这些"软资产"是企业增强仿真能力、提升数字仿真应用价值和实现仿真驱动的产品正向研发的重要保障。通过仿真自动化，企业可以将这些宝贵的无形资产固化在有形的软件程序中，不仅充分发挥了"软资产"的价值，还能有效防止由人员变动导致的资产流失和能力断档问题。

三一开发的泵路仿真自动化工具集，沉淀了泵车、消防车、路面机械（以下简称"路机"）等多款产品的仿真知识和经验，经过多轮迭代升级，已成为泵路仿真工程师必备工具，即使部分仿真工程师已经离职，也不影响日常仿真工作的正常开展。

这款工具目前依然被仿真工程师在日常工作中广泛使用，并且被成功推广到工程车辆等其他单位。通过软件化，三一将宝贵的仿真知识和经验内嵌到自动化程序中，使其成为企业共享的实用工具，确保了知识和经验的持续传承和复用。

三一作为工程机械行业龙头企业，其业务涵盖混凝土机械、起重机械、挖掘机械、路机、商用车等多个领域。与汽车行业不同，工程机械行业的特点是，产品种类多、批量小，其产品种类多达几十种，在产品迭代速度快、研发周期短、质量要求高、仿真资源有限的背景下，亟须采用仿真自动化技术提升仿真工作效率与质量，以满足产品研发所需。

8.1.2　路机：结构仿真自动化工具集

三一路机立足高端，是国内成套道路施工设备供应商之一，主要生产摊铺机、压路机、平地机、铣刨机、沥青搅拌站 5 个系列的产品。这些产品是路面施工作业不可或缺的重要装备。在路机产品研发过程中，工程师陆续开发了若干结构仿真自动化小工具，它们为提升路机产品仿真效率立下了汗马功劳。随着路机产品加速向电动化、无人化、智能化的方向发展，大量在执行的仿真分析规范需要进行更新，新的仿真分析规范需要进行开发，与之对应的仿真自动化工具需要进行升级。一方面，需要将过去碎片化的仿真自动化工具整合形成一套集成度高、实用性强的路机结构仿真自动化工具集（见图8-1）；另一方面，需要新增焊缝建模等新功能，进一步提升仿真分析效率和完整性。

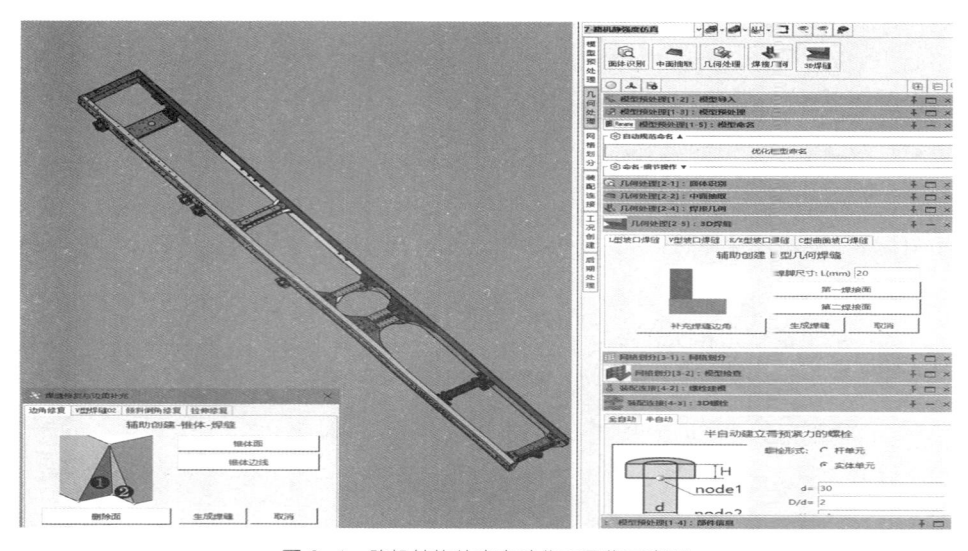

图 8-1　路机结构仿真自动化工具集示意图

该工具软件构建了覆盖"业务层—应用层—数据层—后台资源层"的仿真工具软件架构体系，综合考虑了压路机、平地机、摊铺机等产品的多种特征，创建了模型处理、螺栓建模、焊缝焊接、工况处理、模型检查、仿真报告自动生成等12类结构仿真自动化插件，满足刚度、强度、振动、疲劳耐久仿真分析所需。自动化软件架构示意图如下（见图8-2）。

该软件已成功应用于平地机、摊铺机、压路机等多款产品，在仿真模型开发、工况处理、焊缝建模、求解计算、结果分析、报告生成等方面，单项功能操作效率提升均在60%以上，综合仿真效率提升了52%，仿真结果一致率高达95%以上，显著提升了路机产品刚强度仿真、疲劳耐久仿真、振动仿真工作效率。

Chapter 8 第 8 章 仿真数智化：引领数字仿真发展趋势

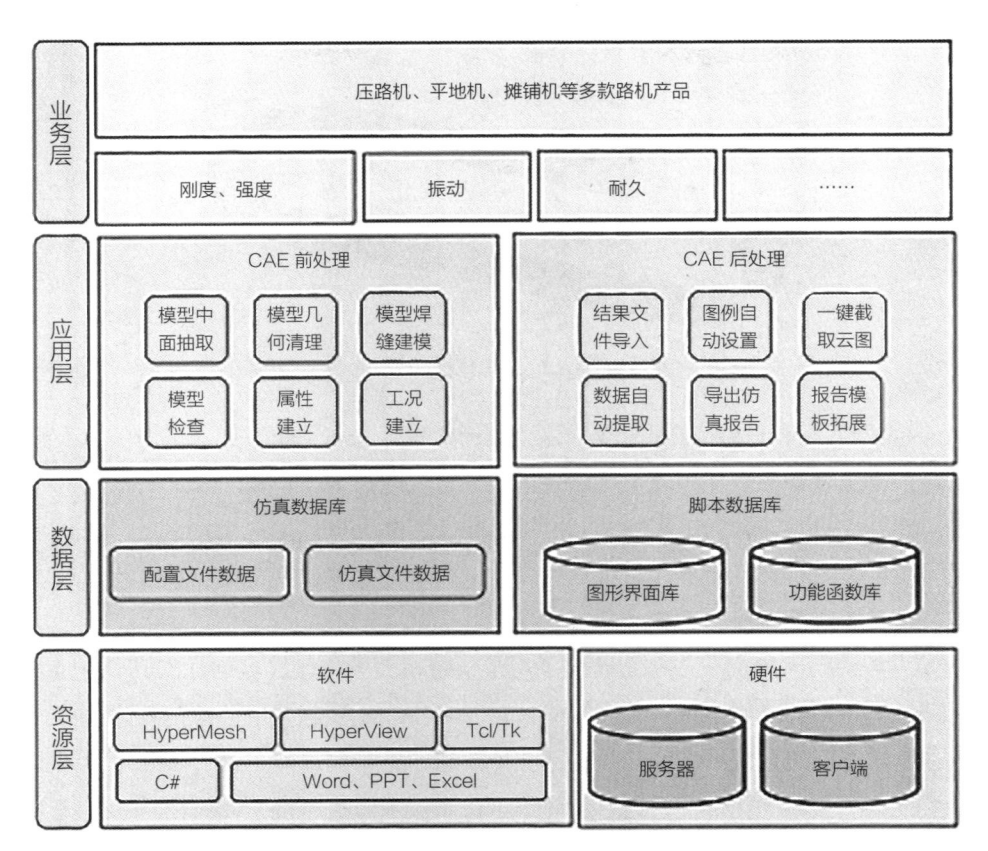

图注：HyperMesh—有限元分析前处理软件；HyperView—有限元分析后处理软件；Tcl/Tk—通用脚本语言及其图形用户界面工具包；C#—面向对象编程语言。

图 8-2 自动化软件架构示意图

8.1.3 履带板：结构轻量化仿真自动化工具

对工程机械产品而言，履带板是底盘件之一，常用在挖掘机、履带起重机、摊铺机等工程机械产品上。由于其直接与地面接触，使用条件恶劣，易磨损，属于典型的易损件，因此，客户对履带板结构强度、耐磨性等要求比较高。履带作为工程机械设备行走装置的重要组成部分，其重量和制造成本对整机竞争力有很大影响。履带板作为履带的核心零部件，其重量占比超过履带的 50%，其成本占履带总成本的 46%~64%，是履带底盘降本重点考虑因素。此外，履带板过重也会对整机性能带来不利影响。因此，工程师需要思考如何既保证履带板结构强度，又实现减重降本。履带板示意图如下（见图8-3）。

图 8-3　履带板示意图

按照传统设计流程，履带板须先由设计工程师完成结构设计，再由仿真工程师完成刚强度校核并提出减重优化建议。设计工程师基于仿真工程师的建议进一步完善结构设计，仿真工程师再开展第二轮分析与优化。如此反复迭代，直至达成减重降本的目标。显然，按照这种模式，需要迭代多次，花费较长时间，难以满足履带板研发周期的要求。

为解决该问题，三一自主研发了履带板结构轻量化仿真自动化工具——履带板正向开发仿真自动化软件（见图8-4）。该工具集成了多款常用的结构设计与仿真软件，通过对履带板结构设计与仿真分析流程的结构化封装，最大限度地实现了参数化建模与自动化仿真，进一步降低了仿真技术门槛，使设计工程师和仿真工程师都能轻松上手。

图 8-4　履带板正向开发仿真自动化软件示意图

Chapter 8　第 8 章　仿真数智化：引领数字仿真发展趋势

该工具封装了履带板结构刚强度、疲劳寿命与轻量化仿真方法。履带板结构轻量化仿真流程示意图如下（见图 8-5）。

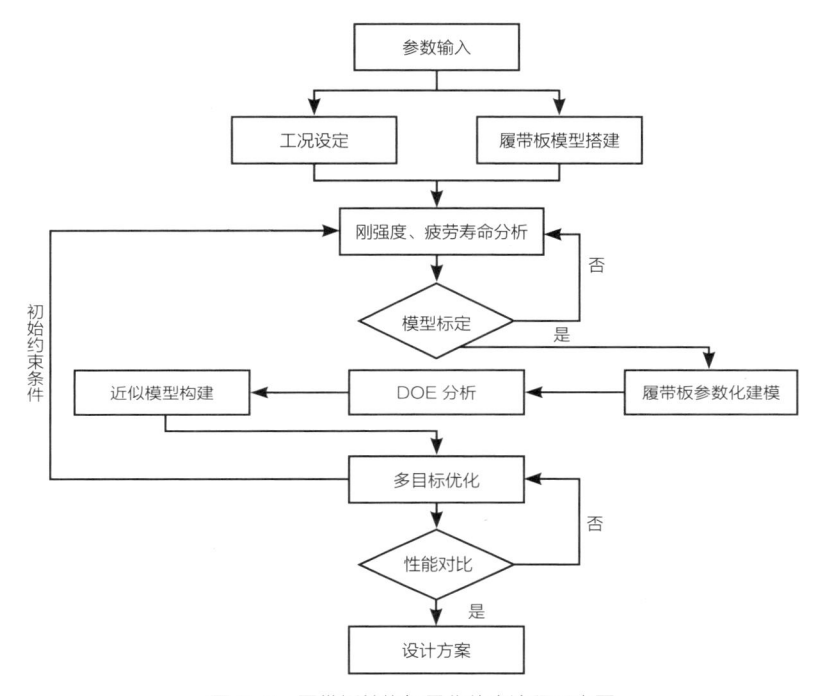

图 8-5　履带板结构轻量化仿真流程示意图

履带板结构轻量化仿真通用流程如下：

（1）履带板参数化建模。可实现基于草图尺寸和约束关系的履带板参数化模型快速生成，便于设计工程师快速调整设计参数，提升 CAD 建模效率，为后续优化参数打下基础。

（2）履带板刚强度与疲劳寿命仿真自动化。基于履带板几何模型，可以自动完成有限元仿真模型的搭建与求解计算，包含自动化几何清理、网格划分、工况加载、提交计算等多种功能，形成履带板刚强度与疲劳寿命仿真分析模板，使得仿真工作更加标准化和规范化。

（3）参数灵敏度分析。针对履带板板厚、齿高、齿宽等关键设计变量，通过 DOE 方法进行广泛的撒点试验和灵敏度分析，从而识别对履带板性能影响最大的设计参数，辅助设计工程师进行合理性判断。

（4）履带板结构优化。基于 DOE 的样本数据，构建近似模型，以履带板重量最小为优化目标，针对履带板板厚、齿高、齿宽等关键参数进行优化设计，快速、高效找到最优的结构设计方案，从而在不影响结构性能的前提下进行轻量化设计，实现履带板减重目的。

履带板结构轻量化仿真自动化工具通过封装以上仿真流程，能够实现履带板结构设计、仿真分析、结构优化全流程的自动化，从而方便设计工程师直接使用该工具完成履带板结构设计与仿真优化工作。目前，该工具已正式投入履带板产品研发中，覆盖单齿、双齿、三齿 3 类板型。经验证，履带板结构设计效率提升了 60% 以上，仿真结果一致率高达 99%，显著提升了履带板产品设计效率，同时也获得了较好的减重降本收益。

8.1.4 装载机：三维热平衡仿真自动化工具

在工程装备领域，热平衡是衡量整车散热性能的一项重要指标。热平衡指的是车辆或设备在工作状态下，其冷却系统的冷却介质达到一定的平衡温度。冷却介质温度过高会影响车辆或设备的工作状态，缩短其使用寿命，增加能耗，甚至会导致车辆或设备损坏。装载机、压路机等工程机械产品由于工作范围广、环境相对复杂多变，超过或未达到热平衡温度范围，都会对产品运行可靠性、环境适应性、环保性以及能耗产生不利影响。因此，开展热平衡仿真分析、提升整车散热性是非常必要的。

三一装载机广泛应用于矿山、港口、道路等场所进行装卸、疏运等露天作业，其冷却介质主要包括冷却液（发动机系统散热）、液压油（液压系统散热）和变矩油（变速箱系统散热），需要站在整机视角建立热平衡三维仿真模型。由于热平衡仿真建模相对复杂，仿真计算周期比较长，平均需要 2 周的时间才能完成一轮仿真计算，如果需要多轮迭代，往往需要花费更长的时间，难以满足装载机产品研发进度要求。

为了提升热平衡仿真效率，三一开发了专门应用于工程装备的三维热平衡仿真自动化工具——三维热平衡仿真软件（见图 8-6）。

Chapter 8　第 8 章　仿真数智化：引领数字仿真发展趋势

欢迎使用三维热平衡仿真软件

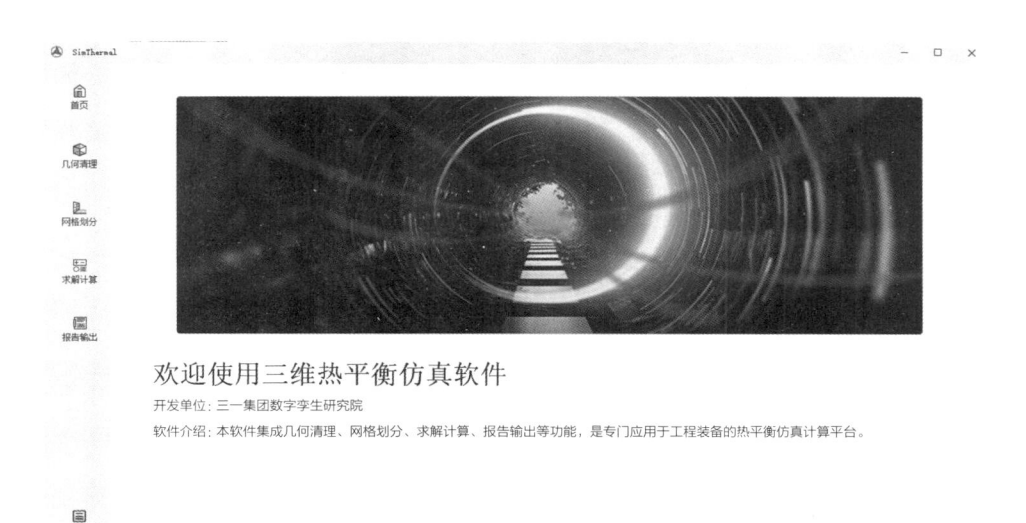

开发单位：三一集团数字孪生研究院

软件介绍：本软件集成几何清理、网格划分、求解计算、报告输出等功能，是专门应用于工程装备的热平衡仿真计算平台。

图 8-6　三维热平衡仿真软件示意图

热平衡仿真自动化软件的主要功能如下：

（1）几何清理。通过命令流的批处理功能，一键完成多项几何操作，实现几何的一键清理，大幅节省几何清理时间。

（2）网格划分。通过应用整车包面、网格质量自动优化、零部件自动组合、网格尺寸自动设置、参数自动保存等多项技术，实现一键生成面网格和体网格（见图 8-7）。

（3）求解计算。通过应用多孔介质参数计算、散热器热交换技术、散热器性能可视化、计算结果监控、参数自动保存等多项核心技术，实现一键提交仿真计算。

（4）报告输出。通过应用自动化输出曲线、自动化输出图片、自动化后处理、自动化生成报告、参数自动保存等多项核心技术，实现一键后处理和一键生成仿真报告。

通过应用三维热平衡仿真软件，装载机热平衡仿真效率提升了 150% 以上，仿真结果一致率高达 90% 以上，显著缩短了热平衡仿真周期，同时提升了装载机散热性能。目前，该软件已推广应用到泵车、牵引车、起重机等多款产品的热平衡仿真分析中。

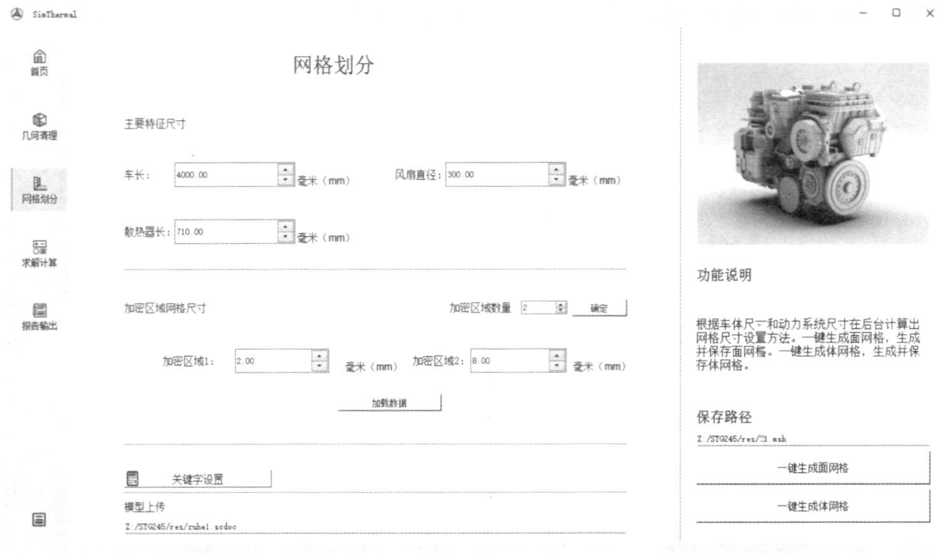

图 8-7 网格划分界面示意图

8.1.5 牵引车：动力经济性仿真自动化工具

动力经济性是商用车产品的核心竞争力之一，动力性决定了车辆的加速与爬坡能力，而经济性则决定了其能源消耗与能量管理能力。动力经济性仿真是商用车产品研发过程中不可或缺的重要环节，用于在产品设计早期及时判断商用车的动力性和经济性是否满足预期指标，能否在市场中具有一定的竞争力，从而有效降低商用车产品研发风险。

为进一步提升纯电、混动、氢燃料等不同类型牵引车在不同工况下动力系统匹配效率，实现动力经济性仿真模型的复用，让设计工程师不再依赖专职的仿真工程师也能轻松完成动力经济性仿真，三一自主研发了牵引车动力经济性仿真自动化工具——动力经济性仿真分析软件（见图 8-8）。

Chapter 8 第 8 章 仿真数智化：引领数字仿真发展趋势

图 8-8 动力经济性仿真分析软件示意图

动力经济性仿真分析软件的主要功能如下：

（1）动力系统快速选型与匹配。三一自主研发了牵引车（包括电动、混动和氢燃料 3 种类型）电机、电池、变速器等 10 余个关键部件系统仿真模型，实现了动力系统核心部件的快速选型与匹配。

（2）动力经济性仿真。对纯电、氢燃料电池和混动牵引车在不同工况下的最高车速、爬坡度、加速时间与能耗等关键性能进行仿真分析。

（3）仿真模型库管理。该软件包含丰富的仿真模型库，包括组件库（如发动机、变速器等子系统模型）、整车库（各种商用车的完整车辆模型）、工况库（不同行驶条件的模型和数据）和控制器库（管理和优化车辆运行的控制算法）。

（4）工况处理。基于安卓和 iOS 系统实采的 GPX（GPS 交换格式）数据，可实现车速和路谱一键生成，自动去除数据噪声，鲁棒性强、精度高。基于历史数据，可进行特征提取、数据降维和聚类，自动生成最有代表性的车速和坡度曲线，适配客户侧的真实工况。

通过应用动力经济性仿真分析软件，纯电、混动、氢燃料牵引车动力系统匹配选型效率提升了 90%，复杂工况处理效率提升了 100%，仿真精度高达 90% 以上，大幅提升了牵引车动力系统匹配效率。该软件参数化的软件界面，使设计工程师可以轻松完成牵引车动力经济性仿真工作。目前，三一新能源牵引车具有超长的续航和更低的能耗，其动力强劲，加速、爬坡性能优异，多次荣登新能源牵引车销量榜冠军，深受广大客户欢迎。

8.2 仿真全量全要素在线

随着数字仿真技术应用进入"深水区"，仿真流程执行低效化、仿真数据碎片化、仿真知识难复用、仿真软件孤岛化等问题已成为企业仿真管理亟待解决的问题。仿真流程、仿真数据、仿真规范、仿真报告、仿真人员、仿真软件等仿真全量全要素在线管理，已成为大势所趋。

本节将深入探讨仿真在线的应用价值及其在三一的实践历程，阐述其在提升仿真协同管理效能方面的独特作用。

8.2.1 仿真在线的价值

仿真在线是指仿真管理活动与仿真业务执行的全面在线化，包括仿真项目管理、仿真任务管理、仿真流程管理、仿真数据管理、仿真知识管理、仿真人员管理、仿真软件管理等仿真管理活动，以及仿真模型构建、仿真参数设置、仿真求解计算、仿真报告生成等仿真业务执行过程。它是研发数智化的重要组成部分，其核心价值如下。

价值1：提升仿真协同效率

仿真是对产品设计结果开展分析与优化的一种手段。在产品研发过程中，企业通过"设计—仿真优化—再设计"的高频迭代，可以在数字空间完成产品功能/性能的充分验证。因此，设计与仿真的协同效率不仅影响产品研发的进度，还在有限的产品设计周期内，决定了仿真技术应用的宽度。同时，仿真结果的置信度也需要通过物理试验进行判定与修正，因此仿真与试验的关系也较为密切。在传统的研发过程中，企业往往通过组织设置的形式来解决仿真与设计、试验的协同效率问题，要么把仿真与设计放在一个团队，要么把仿真与试验放在一个团队，要么把仿真作为一个与设计、试验同样等级的独立团队。仿真组织设置模式的不

第 8 章　仿真数智化：引领数字仿真发展趋势

同，反映了企业对仿真价值定位的差异化。但无论采用哪种模式，仿真与设计、试验的协同关系不会变，企业可以通过数字化的手段，打通设计、仿真与试验在流程与数据层面的协同链路，实现基于流程、数据驱动的设计、仿真与试验高效协同。

价值 2：提升仿真管理效能

让有限的资源发挥最大的战斗力是管理者孜孜不倦的追求。通过仿真在线，管理者可以实时查看每一位仿真工程师的工作任务执行情况和完成情况，有利于管理者合理、高效、动态安排仿真任务。通过分析每一位仿真工程师的工作计划完成率和仿真任务时长，管理者可以洞察瓶颈点，有针对性地提升工程师的仿真技能，改善软硬件环境，持续提升仿真任务执行效率。

价值 3：提升仿真知识复用率

由于仿真学科种类多，涉及结构、流体、振动噪声、多体动力学、机电液控、电磁等，因此仿真工具软件种类繁多，学习成本高。同时，在产品研发过程中，仿真工程师会沉淀大量的仿真方法，而大部分产品均为改型、改进型产品，很多仿真方法是可以复用的，但由于仿真方法掌握在仿真工程师手中，很容易因仿真工程师离职而导致能力与知识流失。通过仿真在线，仿真工程师可以将产品研发过程中所有的仿真方法沉淀在系统里，随时调用，从而大幅提升仿真知识复用率。

价值 4：提升仿真任务执行效率

在传统的仿真任务执行过程中，仿真工程师需要手动建立仿真模型、输入仿真参数、上传文件到后端的高性能计算环境进行求解计算、导出仿真结果、编写仿真报告等，比较耗时耗力。通过仿真在线，可以实现仿真任务执行全流程高度参数化、自动化，减少大量手动线下工作量，大幅提升仿真任务执行效率。

综上所述，对具有一定规模仿真队伍的研发组织来说，仿真在线对于强化仿真管理效能、提升仿真任务执行效率、改善设计 / 仿真 / 试验协同关系等方面能发挥重要作用。

8.2.2　三一仿真在线实践

数字技术的不断进步为仿真管理提供了更加强大和高效的手段。三一一直紧跟时代发展潮流，致力于将先进的数字技术与实际的仿真业务相结合，实现仿真技术的高效管理与应用，坚定践行仿真数智化道路。在三一，仿真管理经历了以下发展阶段。

第一阶段：仿真本地管理

最初，仿真工程师通过本地电脑或工作站直接进行仿真分析。相关的仿真文件、材料数据、仿真结果数据等都会保存在本地电脑，而仿真流程则主要依靠仿真工程师人为控制。在这个阶段，仿真工程师的个人能力和水平对仿真任务完成进度和质量起到了决定性作用。此外，由于数据分散保存，难以管理，容易造成流失，导致仿真知识继承性差。

第二阶段：仿真云和高性能计算

当仿真技术应用发展到一定规模时，本地电脑和工作站已经无法满足仿真工程师的数据处理工作量和仿真计算速度要求。三一打造了高性能计算环境，并与仿真云进行结合，为仿真工程师提供弹性、可扩展的仿真计算环境，使其可以根据仿真业务需求进行弹性扩展，有效解决了仿真计算资源瓶颈问题。

第三阶段：仿真数据管理

仿真数据管理简称为 SDM（Simulation Data Management），SDM 系统实现了对各种类型的仿真数据进行保存、访问和共享的功能，包括但不限于仿真模型、仿真参数、仿真结果等。该系统可以有效降低由于仿真数据丢失带来的损失，有利于仿真工程师快捷地查询、对比、回溯仿真数据，实现仿真数据的管理与复用。

2021 年，三一打造了自己的 SDM 系统，实现了仿真业务流程标准化、仿真业务执行在线化，解决了仿真数据存储散乱的痛点问题，是三一在仿真数据管理方面的一大进步。

第四阶段：仿真全量全要素在线

为进一步提升仿真全量全要素管理效能与仿真任务执行效率，实现基于流程、数据驱动的仿真与设计、试验在线协同，三一于 2023 年开始自主研发仿真在线系统（见图 8-9），并于 2024 年开始陆续在全集团推广应用。

Chapter 8 第 8 章 仿真数智化：引领数字仿真发展趋势

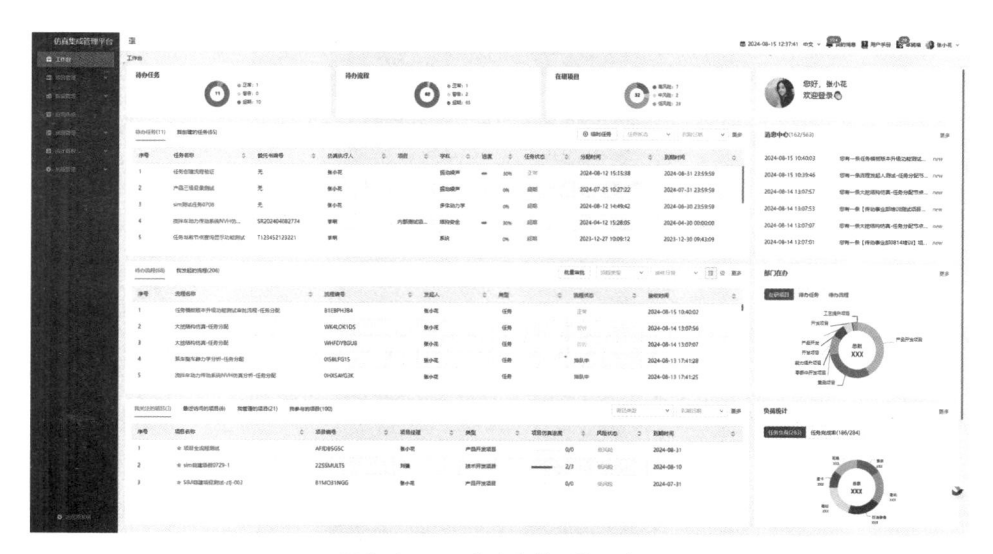

图 8-9 三一仿真在线系统示意图

在产品研发过程中，仿真在线系统接收来自产品设计在线系统下达的仿真任务需求以及相配套的产品设计数据。仿真工程师可以在仿真在线系统里完成仿真任务的创建、下达、执行（仿真模型创建、仿真参数输入、仿真求解计算、仿真报告生成）与结果审签，并将仿真结果返回设计在线系统，从而完成仿真任务的闭环管理。在物理试验验证阶段，仿真工程师可以将仿真在线系统中的仿真结果与试验在线系统中的试验结果进行关联，从而完成仿真验证有效性的判定，持续提升仿真方法的成熟度。仿真在线业务流程示意图如下（见图 8-10）。

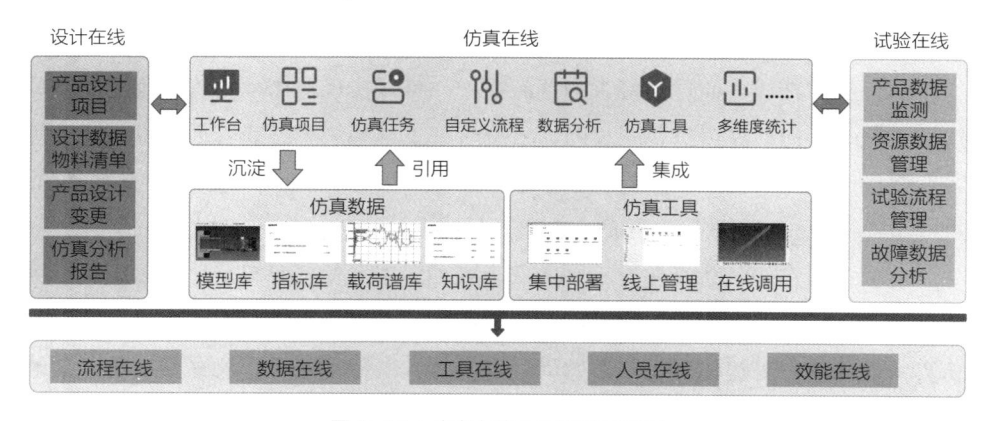

图 8-10 仿真在线业务流程示意图

179

仿真在线系统具备如下核心能力：

（1）流程在线。仿真在线系统采用标准化的接口定义，对接产品设计在线系统与试验在线系统，可以打通"设计—仿真—试验"全业务流程，实现业务流程100%在线，并支持根据仿真业务需求自定义仿真工作流程，实现流程自动化，从而满足不同产品、不同专业的仿真业务需求。同时，该系统通过设计、仿真与试验的在线协同，可以确保从产品设计到仿真分析再到物理试验的数据一致性，避免因数据不一致导致大量返工所造成的时间与成本浪费，从而提升仿真工作效率。

（2）数据在线。仿真在线系统通过建立仿真模型、物理参数、性能参数、材料参数、载荷数据等在线数据库，可以实现仿真数据积累，并统一仿真过程数据的规范与标准，实现仿真数据的结构化管理，从而确保在仿真任务执行过程中，系统可以将相关数据自动归档、在线引用。仿真数据在线化管理一方面可以提高仿真数据的规范性，另一方面可以提升仿真数据的复用性，为仿真方案智能化推荐与决策提供数据支撑。

（3）工具在线。三一所使用的仿真软件主要包括两大类：通用仿真软件（如通用结构仿真软件、通用流体仿真软件、通用仿真前处理软件、通用仿真后处理软件等）和面向特定场景与需求的专用仿真软件（如三维热平衡仿真软件、动力经济性仿真分析软件、履带板正向开发仿真自动化软件等）。各类仿真软件与仿真App集中部署在仿真云平台上，仿真在线系统可通过标准化的接口自动传递仿真参数与文件给仿真软件与仿真App，实现对各类仿真软件与仿真App的在线调用，以及对仿真结果文件的自动归档与在线存储，既提升了仿真软件利用效率，又提升了仿真任务执行效率。

（4）人员在线。通过对接人力资源系统，可以实现对结构仿真工程师、流体仿真工程师、振动噪声仿真工程师、系统仿真工程师、电磁兼容性仿真工程师等各专业仿真工程师的在线管理，同时实现了与三一内部企业办公软件的互联互通，进一步提升了仿真工程师跨团队、跨专业协同与沟通效率。

（5）效能在线。仿真在线系统集成了多种图表插件以及轻量化展示工具，可以对仿真全量全要素进行不同维度（如组织、产品、仿真学科、仿真人员等）的仿真效能评估与可视化展示，帮助管理者及仿真工程师及时了解最新的仿真效能情况（如仿真计划完成率、仿真问题关闭率等），并根据实时数据做出相应的洞

第 8 章 仿真数智化：引领数字仿真发展趋势

察与决策，持续提升仿真效能。

8.3 仿真智能化是大势所趋

从 2022 年 OpenAI 公司正式发布 GhatGPT 以来，生成式 AI 迎来了迅猛发展期，尤其是具备多模态理解与多类型内容生成能力的 GPT-4 迅速引爆各行各业，融合了工业细分领域数据与专家经验的垂直化、场景化、专业化的工业大模型已成为应用的重点。在装备制造领域，大模型可以生成创新性的产品概念方案，提供更加逼真的、多元化的虚拟仿真与测试场景，有效弥补了测试数据量少、场景单一的缺陷，提升了仿真的精度与效率，使仿真智能化从概念走向了现实。

8.3.1 仿真智能化的内涵

仿真智能化是融合仿真技术与智能化技术的新兴领域，通过集成人工智能（AI）、机器学习（ML）、大语言模型（LLM）、增强现实（AR）、虚拟现实（VR）等先进技术，让数字仿真更加逼近真实世界，在虚拟环境中更加精准地模拟、分析、预测复杂系统的行为和性能表现，提升数字仿真的准确性、效率与交互性，进一步扩大数字仿真的应用范围，让数字仿真更"真"、更"快"。

在仿真需求分析阶段，企业可以通过大数据与机器学习技术更精确地定义仿真需求；通过分析产品在客户侧运行过程中产生的大量历史数据和实时数据，洞察产品潜在的设计缺陷，主动识别仿真优化需求。例如，在电动工程机械产品研发过程中，针对海量的产品历史运行数据，企业可以利用机器学习算法对不同工况下产品的动力性和经济性进行分析，识别出动力不足和能耗过高的问题，有针对性地开展动力性和经济性仿真优化。

在仿真模型开发阶段，AI 算法可以大大提升建模的精度与效率。企业利用 AI 可以生成复杂、多维的虚拟化测试场景与测试数据，大幅提升仿真的效率与精度；使用深度学习和神经网络技术，可以自动化生成高精度的仿真代理模型，提升仿真模型实时化水平；通过神经网络模型，可以提升仿真模型参数辨识精度，同时提升仿真模型求解速度；基于机器学习的仿真参数优化，通过识别结构关键特征，可以快速确定最优参数，优化网格划分和材料参数，提升仿真效率。例如，三一在电池框结构设计中使用机器学习算法自动寻找最优材料参数和结构参数，提升电池框拓扑优化、刚强度与疲劳仿真效率。

在仿真结果分析阶段，大数据与 AI 技术可以辅助分析仿真结果数据的潜在价值，对仿真结果数据进行高效洞察，帮助企业快速理解复杂的仿真结果数据。同时，企业可以借助 AI 大模型的知识分析与问答能力，对仿真结果进行深入分析，让其给出更加精准的产品性能预测，并提供更具创新性的产品设计建议。

8.3.2 仿真智能化的探索与实践

目前，全球数字仿真领先企业均在积极布局仿真智能化，以持续提升仿真效率与精度，在更大的求解空间里实现仿真更"真"、更"快"。2024 年，美国 ANSYS 公司正式发布了基于人工智能技术的仿真解决方案 SimAI。它将仿真技术与创成式 AI 技术相结合，无须依赖几何参数来定义设计架构，可通过输入设计的形状本身，实现更高大空间的设计探索，并且可将设计流程加速 10~100 倍，有助于生成更多的设计方案，满足业界对于提高仿真生产力和保证仿真准确性的迫切需求。同时，SimAI 作为云化的通用物理场仿真平台，可以在几分钟内对复杂仿真场景进行性能预测，提升了产品创新速度，缩短了产品上市时间。德国西门子公司推出了 Simcenter AI 解决方案，实现了在概念设计阶段对产品架构的探索与快速寻优、在系统设计阶段基于 AI 的控制策略验证与优化、在试验验证阶段基于 AI 的可执行数字孪生等。法国达索系统公司将 AI 与建模和仿真技术相结合——AI 提供数据驱动的解决方案，建模和仿真提供机理驱动的解决方案，通过两者的融合为产品设计提供更加精确的决策依据。

AI 技术为复杂装备研制能力与研制效率的提升提供了无限的想象空间。AI 通过算法可以为产品设计提供非常多的创新方案，使其突破传统依赖经验的设计局限性。AI 在数字仿真领域的应用场景同样具有很大的探索空间。

在总体方案阶段，企业利用数字仿真技术可以开展机电液控系统匹配、零部件选型与多方案权衡工作。受过往产品设计经验和思维定式的影响，产品物理架构的设计与权衡往往创新性不足。企业利用 AI 技术和创成式设计方法，可以快速生成海量的备选方案，通过将系统仿真、机器学习、最优控制理论等相结合，在仿真场景下构建产品可运行的数字样机模型，实现对整机 / 系统行为的全面理

Chapter 8 第8章 仿真数智化：引领数字仿真发展趋势

解，快速评估整机/系统性能及各种备选方案，精准定位最优设计方案。

在产品设计阶段，企业利用 AI 降阶模型可以开展多学科优化，高效解决多变量输入、多目标协调、多约束限制的复杂问题。例如，工程机械产品既要能耗低、重量轻，又要可靠性高、环境适应性强。同时，在复杂装备设计过程中，往往需要机械、液压、控制、电气、流体、传热等多个学科应用场景进行耦合仿真，需要消耗大量的计算资源，计算周期非常长，难以满足设计周期要求。企业通过深度学习算法应用，可以显著提升仿真计算效率。以流体仿真为例，流体仿真网格数量庞大、普遍耗时长、仿真精度不高，主要依靠提升硬件性能或者采用第三方计算资源来加速仿真。利用深度学习算法，企业可以大幅提升流体仿真计算速度，同时依靠分块训练技术，可以支持上亿网格的流体仿真训练与推理。理论上，基于深度学习的模型降阶技术可适用于无限大网格的仿真分析，与传统数值仿真相比，基于深度学习的模型降阶精度可以达到 98% 以上，计算速度可以达到传统仿真的 2000 倍以上。

在试验验证阶段，企业利用数字仿真与 AI 技术可以构建精度高、实时性强的虚拟测试环境，从而有效弥补传统物理试验边界条件与实车工况差异较大的不足。控制系统调试对计算速度和计算步长有严格要求。传统的被控对象仿真模型很难满足控制系统开发与调试需求，而采用模型降阶生成的高保真神经网络模型可以很好地满足计算速度要求，以及控制系统早期验证需求。

三一非常重视仿真技术与 AI 技术的融合应用，通过将基于仿真的机理分析与基于大数据/机器学习算法的预测性分析相结合，进一步提升仿真分析与预测的准确性。在风力发电机组性能的仿真预测与优化中，三一利用机器学习算法分析历史数据，预测设备可能出现的问题，提前进行结构改进及预防性设计，同时通过物联网技术收集实时运行数据，动态调整风轮转速和叶片角度等控制参数，以便最大化提升能量捕获效率。在电动搅拌车产品能耗优化过程中，三一借助机器学习算法，模拟不同作业条件下搅拌车的运行状态，优化产品能耗，同时通过不断调整参数和策略，找到最优的能耗优化控制策略，实现能耗的最小化和性能的最大化。在超大型挖掘机产品研发过程中，三一通过采用基于自动机器学习算法的模型降阶技术，构建了挖掘机实时仿真模型，大幅提升了整机级仿真效率，取得了如下成效。

1. 性能预测更准

通过机器学习技术，可以快速构建挖掘机产品的仿真降阶模型。该模型基于大量的挖掘机产品历史数据、物理试验数据和仿真数据进行训练，能够精确预测挖掘机在不同作业工况下的行为和性能表现。模型降阶不是简单的数据拟合，而是通过对数据演变规律的学习，最大化挖掘历史数据价值，带来更加精确的性能分析与预测能力。

2. 仿真速度更快

降阶模型显著减少了仿真所需的计算资源和时间。相比传统的物理仿真，降阶模型能够提供实时的仿真预测结果，同时还能保持较高的仿真精度，使得超大型挖掘机这样的复杂装备也能实现整机级实时仿真。

3. 迭代效率更高

在降阶模型的支持下，挖掘机控制策略可以不再依赖传统的物理样机，在以数字样机为核心的半物理仿真环境下直接进行虚拟调试、快速迭代和优化，并快速评估其对挖掘机性能的影响，从而筛选出最优方案。

未来，随着以 ChatGPT 为代表的通用大模型与各领域专用小模型的快速发展，企业可以通过 AI 实现仿真模型构建、仿真参数设置、仿真求解计算与仿真结果处理等流程的全面自动化与智能化。工程师只需输入简单的仿真命令，计算机即可高效率完成仿真工作。工程师可以将基础的仿真工作交与 AI 完成，自己则更加专注于开发新的仿真方法，进而将其结构化、标准化与智能化。

AI 大模型正在催生新一轮技术创新与产业变革。AI 大模型正在深刻改变各行各业的格局，越来越多的企业主动拥抱 AI，多学科交叉融合成为新的趋势。在"数智化"战略的指引下，三一必将积极开展"AI+"的实践与探索，通过 AI 与数字仿真技术的融合应用，进一步释放研发活力，为产品创新注入新动能。

Chapter 9 第 9 章
数字孪生：谱写数字仿真新篇章

近年来，数字孪生（Digital Twin）技术在全球范围内的热度持续攀升，逐渐成为各大科技榜单和技术展望中的焦点话题。美国洛克希德·马丁公司于 2017 年将数字孪生列为未来军工产业和航天工业六大顶尖技术之首，全球知名 IT 研究与咨询公司 Gartner 甚至将数字孪生列为十大战略科技发展趋势之一，进一步凸显了其重要性和发展潜力。数字孪生得到了产业界和学术界的广泛关注。

本章将简要剖析数字孪生的概念与内涵、关键技术及其在三一的实践案例，为读者提供一个全面而深入的视角，有助于读者更好地理解和应用这一热点技术。

9.1 数字孪生概述

数字孪生起源于装备制造领域，逐渐在智慧医疗、智慧城市、智慧能源等领域得到快速发展。本节主要聚焦工业领域，介绍数字孪生的概念与内涵及关键技术，因此也可称之为工业数字孪生。

9.1.1 数字孪生概念与内涵

国际数字孪生领域知名学者、*Digital Twin*（《数字孪生》）国际期刊创始人、北京航空航天大学国际前沿交叉科学研究院院长陶飞教授认为，数字孪生作为实现虚实之间双向映射、动态交互、实时连接的关键途径，可将物理实体和系统的属性、结构、状态、性能、功能和行为映射到虚拟世界，形成高保真的动态多维、多尺度、多物理量的数字模型，为观察物理世界、认识物理世界、理解物理世界、控制物理世界、改造物理世界提供了一种有效手段。

国际建模仿真学会原主席、中国仿真学会荣誉副理事长、中国工业合作协会仿真技术产业分会会长、北京航空航天大学学术委员会副秘书长张霖教授认为，数字孪生是物理对象的数字模型，该模型可以通过接收来自物理对象的数据而实时演化，从而与物理对象在全生命周期保持一致。人们基于数字孪生可以进行分析、预测、诊断、训练等，并将仿真结果反馈给物理对象，从而帮助对物理对象进行优化和决策。

数字孪生最早由美国密歇根大学教授迈克尔·格里夫斯（Michael Grieves）于 2002 年提出，他希望用计算机建立一个与实物完全相同的数字模型。2011 年，美国空军研究实验室（AFRL）、美国国家航空航天局和美国国防部开始关注数字孪生，并主要在航空航天领域开展应用。美国通用公司号称其为每一个交付的航空发动机都创建了数字孪生模型，用以提升航空发动机服务保障能力，确保航空发动机可以安全可靠运行，减少由于故障带来的损失。目前，数字孪生已经从航空航天领域向工业各领域全面扩展，并在装备制造、城市建设、医疗、教育、能源等领域的数字化转型中扮演着重要作用。

在装备制造领域，数字孪生可广泛应用于产品全生命周期，包括产品数字孪生、生产数字孪生和运营数字孪生。在产品研发和运营阶段，可以打造由物理模型、机理模型和算法模型组成的多尺度、多物理量、多学科综合的数字孪生模型，通过物联网技术实现与物理产品的虚实共生，进而提供对物理产品的监控、分析、预测、优化、控制等功能，通过基于仿真的机理分析与基于大数据/算法的预测性分析的有机结合，不仅可以基于客户侧运行工况监控并复现物理产品真实的行为与性能表现，还可以精确地预测物理产品未来的性能趋势，以此来更好地优化产品性能，并提供高效运维，降低甚至避免由于产品停机带来的损失。在生产制造阶段，可以打造覆盖生产线、物流、设备的数字工厂孪生系统，在虚拟空间对生产全流程、全要素开展模拟分析与优化，洞察生产瓶颈，提高生产效率和产品交付速度。

9.1.2 数字孪生关键技术

数字孪生关键技术包括物理建模与仿真、物联网与大数据、机器学习及三维可视化等先进数字技术。这些技术共同构建了逼真的数字孪生模型，助力产品设计、生产制造和服务保障等装备研制全生命周期，展现出极大的应用潜力。复杂装备数字孪生主要涉及如下关键技术：

（1）物理建模与仿真技术。数字孪生模型的核心是对物理对象的跨物理量、跨领域和跨尺度的全数字化表征，其本质就是基于物理建模技术构建物理对象的数字模型，包括几何形态、物理特征、运行机理等，用以反映物理对象真实的运行状态，并可以基于实际的运行数据对物理模型进行修正。复杂装备数字孪生模型的运行及机理分析离不开数字仿真技术的应用。对机电液热控等多学科综合的复杂装备产品而言，数字仿真技术可以精确地模拟固体运动、结构变形、气体和液体的运动、热交换、能量传递、压力变化、化学反应、电磁现象和能量转换等现象，确保数字孪生模型与物理实体运行机理的一致性。

（2）物联网与大数据技术。数字实体与物理实体的双向交互离不开物联网与大数据技术的应用。物联网系统通过传感器、控制器等设备，可以采集物理实体各类运行数据；大数据平台则可以对海量数据进行清洗、分析和转化，使其能够被数字孪生模型使用，进而实时反映物理实体真实的运行状态。同时，数字孪生系统通过汇聚和沉淀物理实体海量真实数据，可以实现数据的聚合、画像和模拟，为物理实体的状态监测、性能优化以及预测分析提供重要数据支持。

（3）机器学习技术。数字孪生模型是有生命力的，是可以自感知、自学习、自进化的。它不仅可以反映物理实体当下真实的运行状态，还可以对物理实体未来的运行状态进行预测与分析，其核心就是机器学习技术的使用。在数字孪生系统中，数字孪生模型会感知大量来自物理实体的实时数据。借助各类机器学习算法，数字孪生模型可以训练出面向不同需求场景的模型，进而对物理实体开展诊断、预测及决策，甚至在物理实体运行状态不明确、运行数据不完善的情况下，也能够实现对未来运行状态的预测。这使得数字孪生模型具备"先知先觉"的能力。数字孪生通过对物理世界的精准映射，为机器学习算法提供了一个符合真实物理规律的训练环境，使其可以更好地学习和理解物理世界的运行规律，提高其在实际应用场景中的准确性和可靠性。例如，在智慧矿山作业场景中，智慧矿山系统可以构建挖掘机、宽体车、装载机等不同设备的无人化协同作业数字孪生模型，基于矿山无人化作业协同机制及各类设备的运行数据对机器学习算法进行训练，提高各类无人设备在矿山作业场景下的安全性、稳定性和协同作业效率。

（4）三维可视化技术。物理实体在数字世界的呈现离不开三维可视化技术。该技术可以将物理实体从研发、制造、测试到运行、维修的全生命周期状态以超现实的数字化形式展现，并将对物理实体分析产生的数据以虚拟映射的方式叠加到对应的数字孪生模型中，从视觉、声觉、触觉等各方面提供沉浸式感知。这样既能增强数字孪生模型的展示效果，又能增强数字孪生模型的可交互性和体验感。

综上所述，数字孪生是物理建模与仿真、物联网与大数据、机器学习及三维可视化等多项技术的综合应用，需要设计工程师、仿真工程师、算法工程师、大数据工程师、软件工程师等多个岗位协同工作，才能真正发挥出数字孪生的核心价值。随着5G、大数据、物联网、人工智能、云计算等技术的不断发展，数据采集、传输、分析与处理的效率将大幅提升。在人工智能技术的加持下，数字孪生模型构建、分析与优化决策能力也将进一步增强。万物皆可建模、万物皆可互联、万物皆可孪生，数字世界将与物理世界一样，拥有独立的生命周期，其迭代、演进、成长速度甚至远远超过物理世界。数字孪生技术将极大地促进各行业的创新与发展，满足市场对高度定制化、精细化服务的要求，具有极大的发展潜力与广阔前景。

9.2 数字孪生典型案例

三一对数字孪生的探索，贯穿了产品设计、生产制造、服务与支持全生命周期，用以优化产品性能，提升生产效率，增强服务保障能力，降低研发、生产和运维成本。

9.2.1 抓料机：基于数字孪生的产品能耗优化

抓料机是一种多用途高效物料处理设备，广泛应用于各大钢厂、港口、堆场、企业仓储中心等场所，可完成废钢、散杂货的装卸、堆垛作业，还可进行物料抓取、吊装、切割等作业。安全可靠和节能高效是抓料机产品的核心竞争力。随着工业需求的不断增长，市场对抓料机的工作效率和能源消耗的要求也越来越高。为进一步提升抓料机的工作效率，降低产品能耗，三一决定基于客户侧真实的使用场景和工况数据，采用数字孪生技术为抓料机能耗优化提供一种全新的解决方案。三一抓料机示意图如下（见图9-1）。

图 9-1　三一抓料机示意图

三一自主研发的抓料机数字孪生平台（见图9-2），可实时检测客户侧抓料机真实的工作状态，利用孪生模型中的仿真机理模型和算法模型对抓料机能耗与作业效率展开分析，通过对历史工况数据进行回溯，基于海量的历史工况数据和实时工况数据，结合抓料机数字孪生模型，进一步优化控制策略，降低抓料机能耗，提升抓料机作业效率。同时，对抓料机异常情况进行监控，提升抓料机的运行可靠性。

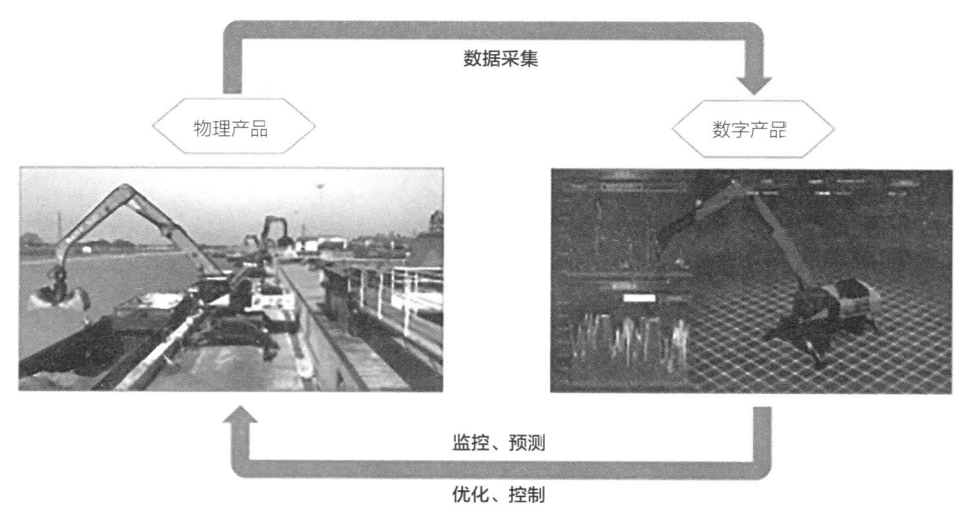

图 9-2 抓料机数字孪生平台示意图（见书末彩插）

抓料机数字孪生平台的核心功能如下：

（1）抓料机运行数据采集与管理。该平台通过传感器和物联网设施，可以实时采集抓料机工作数据，包括载荷、速度、位置、油耗等关键参数，并将这些数据实时传输至数字孪生平台，实现全面的数据收集和分类管理。

（2）抓料机运行状态监测与能耗影响因素分析。该平台基于客户侧真实的工况数据、运行数据和抓料机数字孪生模型，可以全面真实地反映客户侧每一台抓料机真实的工作状态和能耗表现。工程师利用抓料机数字孪生模型，可以深入分析影响能耗的关联因子，识别出影响抓料机能耗的关键因素和操作环节。

（3）抓料机能耗控制策略优化。通过数字孪生模型提供的实时仿真功能，工程师可以快速模拟和验证抓料机在不同控制策略下的能耗表现，并利用仿真结果，识别出最有效的优化方案，从而降低抓料机能耗。

（4）实车验证。工程团队将验证后的能耗优化策略应用到客户侧抓料机产品中，并进行持续监控和调整，确保优化策略能够在客户侧达到预期效果。

客户侧实车验证结果显示，通过实施基于数字孪生的抓料机能耗优化方案，

第 9 章 数字孪生：谱写数字仿真新篇章

该设备平均能耗降低了 13.6%，工作效率提升了 6.6%，显著提升了产品竞争力。三一抓料机拥有节能控制、液压联动、防倾翻保护、故障自动化检测等多项核心技术，具有卓越的整机性能，产品安全可靠、节能高效，能够满足客户在港口、钢厂、堆场等不同场景下的作业需求。

9.2.2 混凝土搅拌站：基于数字孪生的智慧园区

随着中国高铁、高速公路等基建项目的大规模实施，混凝土搅拌站数量快速增长，已成为建设施工中不可或缺的设施。混凝土搅拌站是用于集中搅拌混凝土的重要设施，一般由配送系统、储料系统、给送料系统、卸出料系统、混凝土搅拌系统等组成。

为进一步提升搅拌站园区低碳化、智能化水平，逐步实现搅拌站"无人值守"的目标，三一自主研发了混凝土搅拌站数字孪生系统，其主要特点如下：

（1）高保真的搅拌站数字园区。以搅拌站实际运营场景为基础，三一构建了基于数字孪生的混凝土搅拌站园区（见图 9-3），实现了搅拌站核心设备及园区环境的一比一还原。

图 9-3 基于数字孪生的混凝土搅拌站园区示意图（见书末彩插）

（2）实时监控、精准决策。基于搅拌站园区数字孪生系统，三一实现了对搅拌站内部和外部作业全流程的实时监控和管理。高精度的三维模型可直观呈现出园区布局和各设备运行状态，实现了对设备运转状态的全方位监测，增强了管理的透明度和互动性。同时，管理人员可以借助搅拌站园区数字孪生系统进行远程监控和操作，在安全舒适的办公环境中完成复杂的操作任务，提高了工作效率和决策精准度。搅拌站核心设备监测功能示意图如下（见图9-4）。

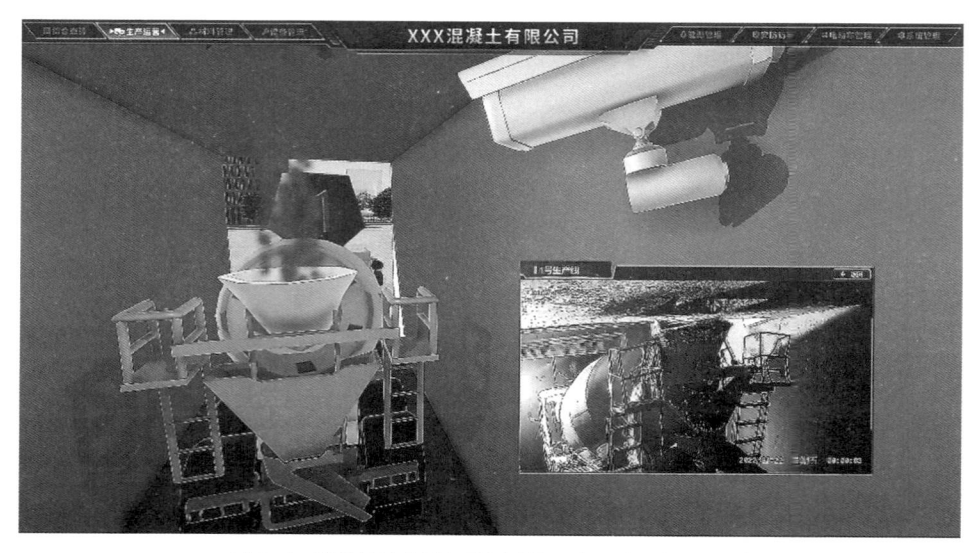

图 9-4　搅拌站核心设备监测功能示意图（见书末彩插）

（3）故障预测与安全生产。通过搅拌站园区数字孪生系统，三一实现了设备潜在故障的精准预测，并提供事前预警，帮助管理人员及时采取维修措施，减少设备停机时间，确保生产的连续性和稳定性。在此基础上，运营团队还可以优化生产流程，提高资源利用率，降低运营成本。通过持续监测园区安全风险，三一能够快速识别潜在的危险操作，及时发出告警提示。例如，当设备操作异常或人员进入危险区域时，系统会自动发出警报，预防事故发生，显著提升了园区的安全管理水平，有效保护了人员和设备的安全。

通过建设混凝土搅拌站数字孪生系统，三一实现了搅拌站园区的实时监控、故障预警、安全生产、绿色能源管理等，全面提升了搅拌站的数智化管理水平，使园区运维效率提高了15%，管理效率提高了20%，运营成本降低了10%。三一积极践行绿色低碳环保理念，不断提升搅拌站园区智能化水平，未来将为客户打

Chapter 9　第 9 章　数字孪生：谱写数字仿真新篇章

造更多的"绿色灯塔"搅拌站。基于数字孪生的混凝土搅拌站设备检测与安全生产示意图如下（见图 9-5）。

图 9-5　基于数字孪生的混凝土搅拌站设备检测与安全生产示意图（见书末彩插）

9.2.3　光伏装备：基于数字孪生的组件智能工厂

为了实现中华民族伟大复兴的中国梦，紧紧抓住第四次工业革命叠加第三次能源革命带来的超级技术窗口期，三一制定了"全球化、数智化、低碳化"三大战略，全面布局新能源产业，进入风、光、氢、储能和新能源电池产业，将新能源产业作为三一转型发展、绘就三一事业第二增长曲线的主攻方向。

针对光伏板块，三一依托在装备制造领域的丰富经验，于 2022 年进军光伏行业，成立了三一硅能，仅用 9 个月就成功打通从单晶到电池以及组件的光伏全产业链。为提升光伏组件生产线建设效率，提前洞察生产线瓶颈与风险点，降低生产线建设成本与周期，三一决定打造基于数字孪生的光伏组件智能工厂，进一步提升光伏组件生产效率和产品质量，缩短组件生产线设计和建设周期，降低试错成本，确保生产线在建造前就处于最优状态。光伏组件生产线数字孪生平台示意图如下（见图 9-6）。

数字仿真 三一集团产品创新加速器

图 9-6 光伏组件生产线数字孪生平台示意图（见书末彩插）

在光伏组件生产线设计阶段，三一利用数字孪生技术建立光伏组件生产线的虚拟模型，高保真度还原实际生产线的布局和操作流程，并允许设计团队在虚拟环境中进行快速迭代和优化。通过模拟物料的流动路径、设备间的互动以及人机交互界面，快速找到最优布局方案；通过模拟完整的生产流程，精准测量每个工艺节点消耗的时间，识别可能的瓶颈和优化点；通过模拟不同的生产工艺参数和设备布局，预测生产线的效率、能源消耗和潜在瓶颈，从而在实际建设中实施最佳设计方案；通过数字孪生技术，可以在虚拟环境中详细观察和分析关键设备的运动轨迹，模拟设备运行过程中可能出现的干涉和交互问题，包括设备与设备之间的干涉、设备与工艺流程之间的干涉，以及设备与操作人员之间的交互等问题。在虚拟环境中识别并解决这些潜在问题，可以避免实际建设中出现因干涉和交互导致的设备损坏、生产停滞和安全事故等问题，从而保障生产线的高效、安全运行。

在光伏组件生产线运维管理阶段，数字孪生技术发挥了更加全面的作用。三一利用部署在实际生产线上的各种传感器和智能设备，实时采集和传输数据，形成了一个动态的孪生工厂。运营团队利用数字孪生平台，可实时监控生产线的运行状态、设备性能及产品质量，预判设备故障、优化工艺参数并制订相应的维

第 9 章 数字孪生：谱写数字仿真新篇章

护计划，从而有效减少设备故障率和意外停机时间。同时，自动化的设备巡检系统和智能监管平台进一步降低了人力成本，提高了监管效率和精确度。

通过建设光伏组件孪生工厂，三一提前在数字空间开展生产线布局和生产节奏的虚拟验证，进而指导物理生产线建设和优化，使生产线设计面积缩减了 40% 以上，空间利用率提高了 10%，生产节奏的稳定性提升了 20%。同时，三一通过精准、高效地识别关键设备间的干涉问题，使停机时间显著减少，产品损坏风险也大幅降低，有效提升了整体运营效率和生产线的可靠性。未来，三一将专注于拉晶、切片、电池、组件的光伏领域全流程技术研究及产业化，在产业高能耗的制造过程中，积极探索、寻找绿色能源解决方案，为清洁能源发展做出更大贡献。

9.2.4 综采设备：基于数字孪生的综采智能作业

随着物联网、5G、大数据、云计算等先进数字技术的快速发展，我国煤炭生产逐渐进入智能化开采阶段，智慧矿山、绿色矿山建设已成为行业趋势，煤矿综采工作面的无人化、自动化、智能化程度越来越高。同时，越来越多的企业将数字孪生技术作为智慧矿山建设的重要使能技术，用以优化和提升煤矿运营效率，保障煤矿安全与稳定生产。在此背景下，三一积极布局智能综采解决方案，自主研发了综采工作面数字孪生系统，满足智慧矿山标配数字孪生的运营需求。

三一综采工作面数字孪生系统具有如下特点：

（1）高保真的煤田 GIS（Geographic Information System，地理信息系统）数字模型。该模型可独立展示煤田勘探场景，并结合传感器数据，直观展现煤炭回采进度和开采情况。

（2）单设备准/实时孪生。该系统实现了采煤机、支架、供液系统、供电系统等 9 类核心设备关键数据和状态的准/实时同步，通过摄像头实时传输矿下作业场景，及时监测和观察矿下环境，通过与采煤机、液压支架等设备的联动，实现远程启停及参数调整等远程控制。液压支架单设备数字孪生示意图如下（见图 9-7）。

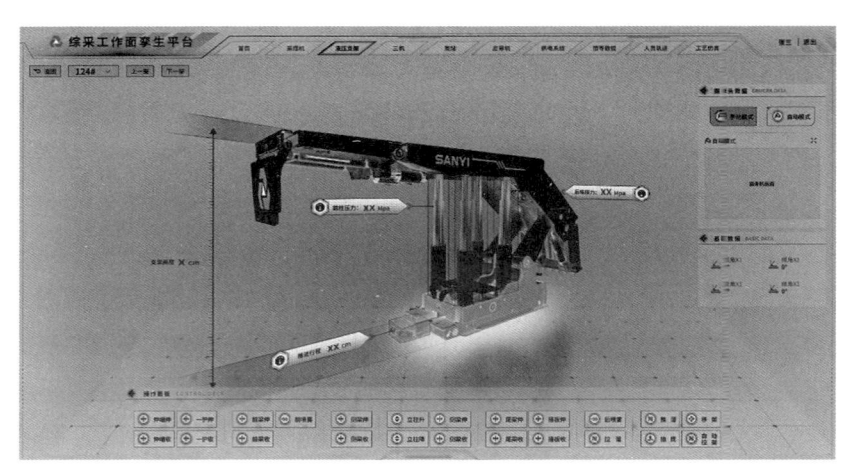

图9-7 液压支架单设备数字孪生示意图（见书末彩插）

（3）提升采煤效率。该系统可以回放煤矿工人的行进轨迹、采煤机惯导数据及惯导纠偏数据，助力运营团队复盘和监测采煤机作业流程。同时，该系统通过分析采煤机截割惯导数据，可以评估截割效果，提供优化建议，提升采煤效率。

（4）优化生产工艺。该系统基于液压支架电液控的自动跟机工艺进行参数配置，可以在数字孪生系统中计算并自动模拟工作流程，直观展示可能出现的工艺问题，提供优化建议，帮助工程师及时预防和解决生产工艺问题。综采工作面数字孪生系统示意图如下（见图9-8）。

图9-8 综采工作面数字孪生系统示意图（见书末彩插）

第 9 章 数字孪生：谱写数字仿真新篇章

三一通过建设综采工作面数字孪生系统，提升了采煤机、支架、供液系统、供电系统等 9 类综采设备的利用率，有效降低了管理成本和人工投入，使设备运维效率提升了 30%；通过实时监测井下作业情况，提升了煤矿生产效率，保障了井下作业环境的安全性，减少了工作人员的风险，助力智慧矿山建设。三一智能综采解决方案给煤炭行业带来的生产革命已呈现燎原之势。"采煤不见煤"是很多煤矿人的愿望，三一让梦想照进了现实。

9.2.5 正面吊：基于 AR/VR 的虚拟培训

正面吊根据作业对象不同分为集装箱正面吊、原木正面吊、塔筒正面吊、多用途正面吊等，主要应用于港口、码头、铁路、堆场、风电、公路中转站等场所。作为一种安全性要求极高的特种设备，正面吊现场安装、调试、验收，以及驾驶员操作、服务人员维修等技能培训非常重要。然而，正面吊培训面临 2 个方面的挑战：一是正面吊操作人员须经过专业培训才能上岗，培训内容多、成本高；二是在进行实车培训时，教员和车辆数量较少，无法开展大批量教学。为此，三一自主研发了基于 AR/VR 的正面吊虚拟培训系统。该系统包含基于智能手机端、平板电脑端、AR 眼镜端的正面吊知识学习系统，以及基于半实物一体机的正面吊驾驶训练系统。

正面吊知识学习系统将正面吊的装配流程、操作手册、注意事项等培训内容形成知识库，并将知识库与正面吊的数字模型进行融合展示，并支持学员通过不同终端与正面吊数字模型交互，帮助其对培训知识进行沉浸式的学习。该系统拥有智能手机、平板电脑和 AR 眼镜等多终端版本，可以满足学员对不同场景的学习需求。学员不仅可以在智能手机和平板电脑上随时查阅学习内容，还可以基于 AR 眼镜，通过手势交互享受沉浸式学习体验。该系统无须专业的物理培训场地，显著降低了培训的人力和物力成本。基于 AR 眼镜的正面吊虚拟培训示意图如下（见图 9-9）。

学员通过正面吊知识系统的学习后，可申请在一体机上进行驾驶训练和考核。正面吊一体机驾驶训练系统从整车、零部件和操作场景等多个维度对正面吊进行精细化建模，模型保真度达到 90% 以上。该系统借助数字孪生技术，可直观展示液压系统工作原理，助力学员高效理解正面吊能量流作业流程；通过对正面吊工作机理进行运动学和动力学建模，可实现数据驱动的作业场景虚实交互；通过实

图 9-9 基于 AR 眼镜的正面吊虚拟培训示意图（见书末彩插）

时数据采集系统，可全面收集驾驶舱各项数据，并将其传输和应用于虚拟空间，实现物理操作与虚拟学习空间的及时联动。

通过应用正面吊基于 AR/VR 的虚拟培训系统，三一有效解决了在传统培训过程中遇到的多重挑战，显著降低了培训成本。通过智能手机、平板电脑等多终端的知识学习和高拟合度的一体机驾驶训练，学员能够在短时间内掌握专业操作技巧，既提升了培训效率，又提高了培训安全性。

9.3 工业数字孪生向工业元宇宙演进

随着 5G、算力网络、AR/VR、区块链、智能传感等先进技术的快速发展，工业数字孪生正在向工业元宇宙的方向不断演进和发展，实现工业场景中的"人、虚拟世界、现实世界"虚实映射、融合、交互的工业全要素、全价值链、全产业链的开放、互联、协同。2023 年 8 月 29 日，工业和信息化部办公厅、教育部办公厅等 5 部门联合印发了《元宇宙产业创新发展三年行动计划（2023—2025 年）》，明确指出要加快重点行业工业元宇宙布局，探索工业元宇宙创新应用模式，打造一批标杆应用。元宇宙与工业融合发展已成为推动工业数智化转型、加快构建新

第 9 章　数字孪生：谱写数字仿真新篇章

型工业化的重要抓手，推动了全国各地元宇宙相关产业的快速发展。

9.3.1　工业元宇宙概念与内涵

中国工程院院士李伯虎先生认为，工业元宇宙具有三重内涵。一是虚实共生、综合集成的新型工业数字空间。它是工业现实物理空间与其虚拟平行空间的合集，是对工业实体生产过程的数字化映射和模拟，构建了新型数字化应用环境。二是虚实协同、全沉浸式的新型工业智慧互联网系统。工业互联网中的新型数字化工业系统、人与机器、机器与机器、机器实体与数字孪生体的全面智慧互联和互操作，使得工业互联网中实体空间向虚拟空间延伸、时空一致向预测性时间延伸和价值延伸。三是数字经济与实体经济融合发展的新型载体。它通过对工业过程和场景的虚拟空间进行全面部署，可以达到"虚实映射、虚实交互、虚实融合、以虚强实、以虚促实"的目的，可以促进虚实融合的工业高质量发展。

工业数字孪生聚焦的是数字孪生在工业领域中的典型应用场景，如工厂的数字孪生、设备的数字孪生、服务的数字孪生等，其应用场景相对聚焦和单一。工业元宇宙是工业领域离散的数字孪生系统的进一步发展，基于完整的工业全场景构建的端到端的全面互联、人在回路、虚实融合的工业系统。因此，工业元宇宙要比工业数字孪生更加复杂和全面，覆盖了工业全要素、全价值链和全产业链。

工业元宇宙关键技术如下：

（1）数字孪生。数字孪生是工业元宇宙的基础。它通过物联网设备实时采集数据，并结合建模与仿真技术，将真实世界中的工业实体和过程在虚拟环境中再现，并对其未来的行为进行预测、分析、优化和决策。

（2）VR 和 AR。VR 可以提供完全沉浸式的体验，让人们在数字世界中享受身临其境的感觉。AR 是在 VR 的基础上叠加了环境感知、高精度定位、光学成像等技术，需要使用智能手机、平板电脑、AR 眼镜或头戴设备，为用户提供交互性极强的超现实体验。工业元宇宙利用 AR 技术构建完全虚拟的环境，可以对产品设计和生产过程进行模拟；利用 VR 技术可以将数字信息叠加到现实世界，提升产品设计、生产、维修等工作效率。

（3）物联网。工业数字世界和物理世界的联动离不开物联网技术的应用，它将各种设备、传感器、物品等相互连接，实现数据的共享与控制。

（4）人工智能。机器学习、深度学习、大语言模型等人工智能技术，在工业元宇宙中可以实现产品性能预测、生产过程优化、设备故障诊断／预测／维护等。

（5）区块链。区块链作为一种去中心化的分布式数据库技术，在工业元宇宙中可以确保数据的透明、安全和可追溯，尤其是在供应链管理和产品质量追溯方面，区块链技术能够确保每一个生产环节和交易过程的真实性和可靠性。

（6）5G／下一代通信技术。5G 提供了高速率、低延迟、大容量的网络连接，支持大规模设备的实时互联和数据传输，为工业元宇宙从概念走向现实提供了重要的数字基础设施。中国移动、中国联通、中国电信等企业积极布局 5G 高速网络、算力等元宇宙基础设施建设，为工业元宇宙提供了高带宽、低延时、高可靠的网络接入能力，大幅提升了工业元宇宙在仿真模拟、实时渲染、虚实互动等场景下的工作体验和效率。

9.3.2 工业元宇宙带来的变革

工业元宇宙是新一代数字技术与制造业深度融合的产物，为工业产品研发、制造、服务全生命周期提供了更为真实的沉浸式体验，实现了从物理空间向数字空间的全面拓展，赋能工业各环节高效运转。工业元宇宙帮助工业企业在虚拟世界中开展生产经营活动，助力工业企业转型升级和创新发展。

目前，工业元宇宙在中国乃至全世界范围内还处于起步和探索阶段，我们不妨大胆畅想一下工业元宇宙可能带来的工业变革：

（1）产品设计。企业通过构建高保真、沉浸式的跨地域、多专业、全场景的工业产品数字化设计环境，可以在虚拟世界中模拟整机、系统、零部件设计过程，突破时空边界，实现跨地域、多组织的设计协同。工程师不仅在虚拟世界中可以完成产品设计任务，同时可以将虚拟世界中的设计成果返回真实世界，实现虚实协同，提升产品设计效率与协作体验。

（2）生产制造。工业元宇宙围绕生产全要素、全价值链、全产业链打造虚实融合的智能制造环境，实时感知全球范围内各生产单元的作业场景，实现智能感知、远程监控、生产调度与作业指导；促进产业链各企业在虚拟世界中进行跨地域、多组织的协同制造与资源共享，真正实现网络化协同；工业元宇宙可以将客户带到虚拟世界中直观感受产品生产全流程，甚至在虚拟世界中直接参与、指导生产过

Chapter 9 第 9 章　数字孪生：谱写数字仿真新篇章

程，实现产品的个性化定制。

（3）服务保障。工业元宇宙拉近了企业与客户的时空边界。在虚拟世界中，数字企业、数字产品、数字客户可以直接面对面高效交流。客户可以更便捷地获取产品的使用信息，并在其数字化的使用场景下对产品的功能/性能进行确认。企业可以在虚拟世界中对产品使用全场景进行模拟和分析，并将产品潜在的故障及时反馈给现实世界中的服务人员，提升产品服务保障效率。

从数字仿真到数字孪生再到工业元宇宙，科技的进步驱动工业技术的快速发展，装备研制将迈入更加高效、更加智能的新场景。以石油勘探开采压裂井场为例，大数据技术将汇聚全球各地压裂井场的海量数据，包括地质结构、设备性能、作业参数等。工程师通过分析这些数据，能为特定井场的仿真提供精准的初始条件和对比参考。人工智能技术利用大数据训练的模型，可对压裂过程进行智能预测，如压裂裂缝的延伸方向和形态，从而帮助作业团队提前调整作业计划。数字孪生技术则为压裂井场创建一个实时、精准的虚拟镜像。从地面设备到地下岩层，每一个细节都能在虚拟空间中呈现和模拟，工作人员可在孪生模型上进行预演和虚拟测试，减少实际操作失误。通过数字孪生技术，运维人员可以在远程实时监控设备的运行状态，包括设备的各项参数、运行轨迹、能耗情况等。一旦设备出现异常，系统可以立即发出预警，并提供详细的故障信息和解决方案，使运维人员能够及时进行处理，大大提高了运维效率和设备的可靠性。工业元宇宙将这些元素整合，打造沉浸式的压裂井场环境，使工程师可以如同身处井场般进行操作和监控。不同地区的专家可以在工业元宇宙中协作，共同解决复杂问题。它们还可以通过虚拟传感器，在工业元宇宙中实时获取井场数据进行仿真分析，进一步优化作业流程，提高压裂效率和安全性，推动压裂技术迈向新高度。

工业元宇宙的诞生为工业领域带来了诸多机遇与挑战，使物理世界和虚拟世界可以进行无缝交互。企业能够借助虚实融合参与到生产经营活动中，打造创新型的生产经营新模式。随着工业元宇宙在工业领域的应用逐步成熟，我们可以挖掘和探索更多有价值的应用场景。相信不远的将来，梦想就会照进现实。

彩　插

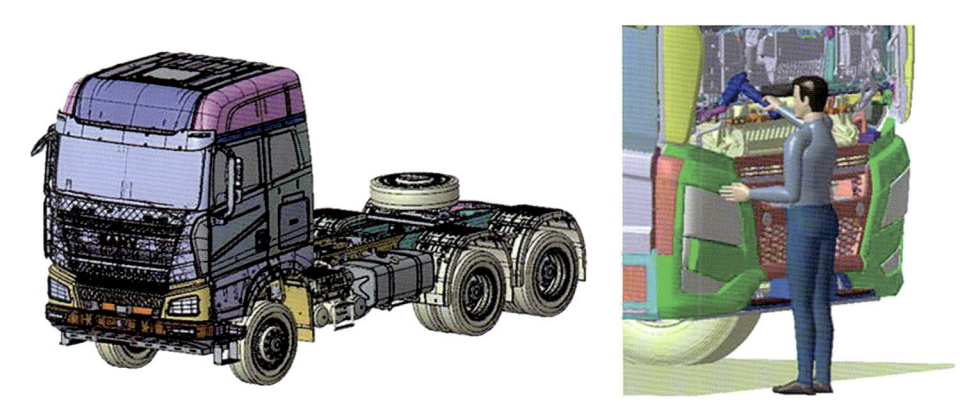

图 1-1　牵引车数字样机与人机仿真示意图

图 1-4　正面吊基于 AR/VR 的故障诊断与预测性维修示意图

数字仿真 三一集团产品创新加速器

图 6-17 三一超大挖硬件在环实时仿真环境示意图

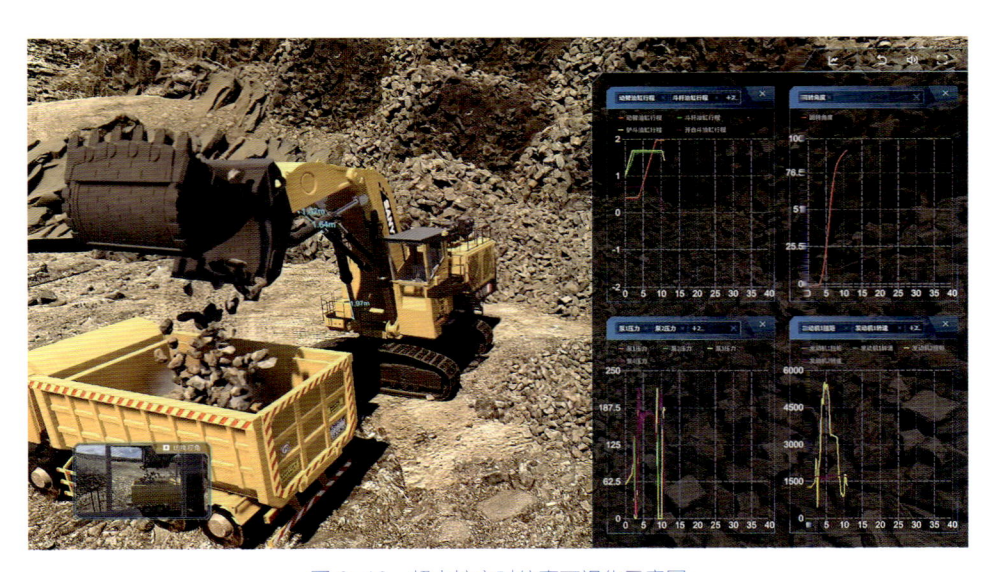

图 6-18 超大挖实时仿真可视化示意图

彩插

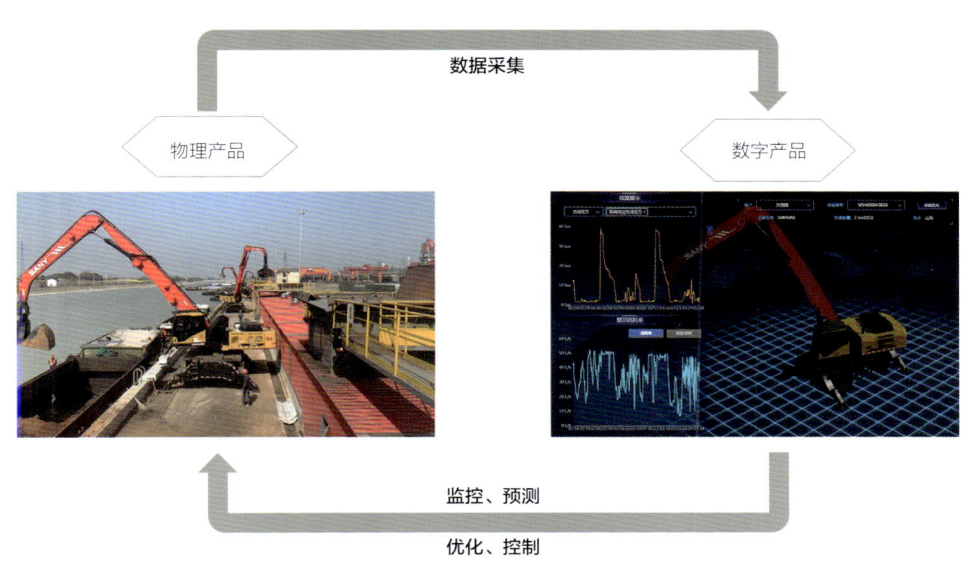

图 9-2 抓料机数字孪生平台示意图

图 9-3 基于数字孪生的混凝土搅拌站园区示意图

图 9-4　搅拌站核心设备监测功能示意图

图 9-5　基于数字孪生的混凝土搅拌站设备检测与安全生产示意图

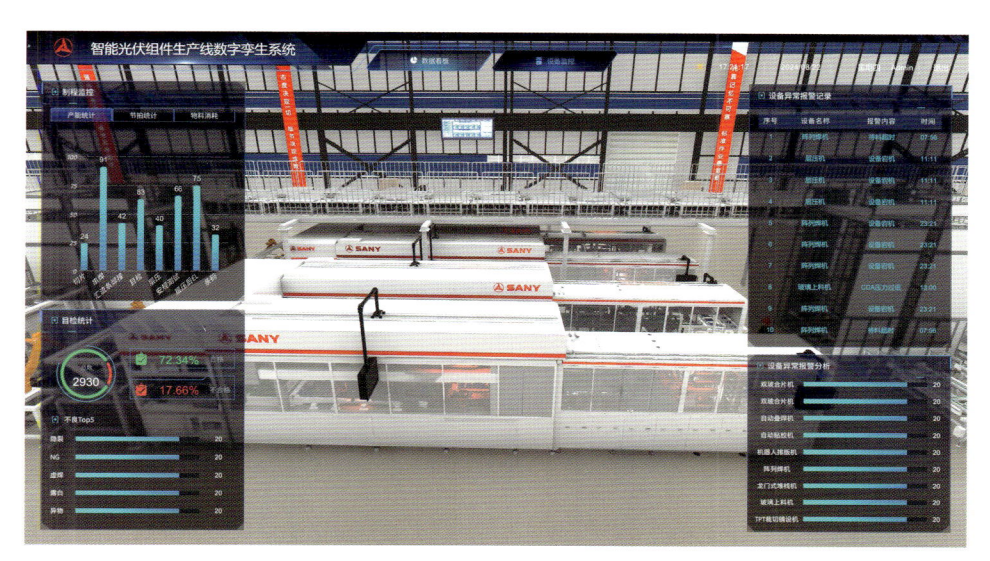

图 9-6 光伏组件生产线数字孪生平台示意图

图 9-7 液压支架单设备数字孪生示意图

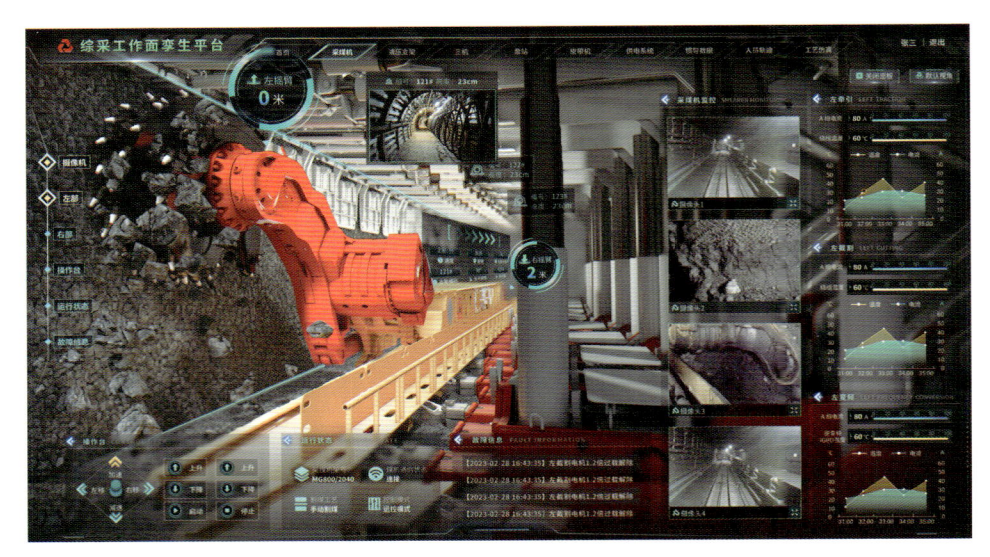

图 9-8　综采工作面数字孪生系统示意图

图 9-9　基于 AR 眼镜的正面吊虚拟培训示意图